I0820777

1966

Alberto Blanco

1966

EL AÑO DEL NACIMIENTO DEL ROCK

RESERVOIR BOOKS

El papel utilizado para la impresión de este libro ha sido fabricado a partir de madera procedente de bosques y plantaciones gestionadas con los más altos estándares ambientales, garantizando una explotación de los recursos sostenible con el medio ambiente y beneficiosa para las personas.

1966
El año del nacimiento del rock

Primera edición: mayo, 2024

ISBN: 978-607-384-224-2

Impreso en México – *Printed in Mexico*

If you wanna find the truth in life
Don't pass music by

ERIC BURDON & THE ANIMALS

Este libro está dedicado a Paty
mi esposa, amante, compañera y cómplice
con quien he compartido miles y miles de horas de música

ÍNDICE

A hard
rain is
falling
right
now...
And the
Answer
Still is
Blowing
in the
Wind...

PRÓLOGO

Por principio de cuentas, quiero decir que este libro dedicado al nacimiento del rock ha sido escrito por un escritor mexicano que vivió todos los años sesenta en México, que tenía quince años en 1966, y que hablaba y vivía en español. Este último dato es muy importante, porque es innegable que, aunque el rock se convirtió en un fenómeno musical —y más que eso— en todo el mundo, se gestó en inglés: en Estados Unidos e Inglaterra. Y el hecho de haber vivido vicariamente muchos de los acontecimientos y fenómenos que le dieron forma al rock a la distancia no debe ser soslayado. Yo no fui un testigo presencial de lo que relato, pero aquello que observé desde lejos lo escuché muy de cerca, íntimamente, y como a muchos y muchas, me tocó de por vida.

México estaba en otra onda y en otro tiempo, mientras que en Londres y Los Ángeles, Nueva York y San Francisco nacía una nueva cultura o subcultura. La única oportunidad que tuve de ver de cerca, a lo largo de la década de los sesenta, así fuera en mínima parte, lo que sucedía en la joven e incipiente escena roquera norteamericana —entonces todavía se hablaba de *pop music*— fue en Los Ángeles, durante el invierno de 1965: mi primer viaje fuera del país. Y lo que vi allí me llenó de asombro: las primeras minifaldas, los primeros cabellos largos, los primeros y tentativos hippies (o casi) en la calle.

De ese primer viaje regresé a México con el disco sencillo del momento: "Get Off of My Cloud", de Rolling Stones, el más que anticipado éxito después de la tumultuosa "Satisfaction". Canciones cuyas letras, por cierto, no trataban, como era costumbre y obligación, de amores adolescentes; eran otra cosa. Pero, a pesar de que para esos años ya hablaba yo bien inglés, me costaba trabajo entender las letras. Y entonces no eran accesibles para ser leídas en ninguna parte. Habría que esperar hasta el *Sgt. Pepper's Lonely Hearts Club Band* para que las letras aparecieran impresas en un álbum.

La principal fuente de información musical era, por mucho, la radio. Y en cuanto a las letras, ni siquiera las canciones de Bob Dylan —cosa que siempre lamenté— estaban a la vista en sus discos. Ni yo ni mis amigos, adolescentes todos, teníamos el dinero para comprar discos; sólo uno que otro —atesorados como lo más preciado— y muy de vez en cuando. Había que pensar muy bien en qué se iban a invertir los contados pesos disponibles. Y en la radio mexicana el mejor pop se escuchaba a cuentagotas. Abundaban, en cambio, las pobres y limitadas —salvo muy raras excepciones— versiones en español de los éxitos del *hit parade* gringo. Y no fue sino hasta fines de los sesenta que se pudieron escuchar en la radio transmisiones con lo mejor del pop y del rock, como la benemérita emisión *Vibraciones*, de Radio Capital. Por ella me pude enterar de mucho de lo que pasaba en el rock internacional. Y era sombroso.

Para muchos chavos en México en la segunda mitad de los años sesenta, los artículos que José Agustín y Juan Tovar escribían en el suplemento cultural de *El Heraldo de México* fueron recibidos como agua en el desierto. Se trataba de notas traducidas de revistas gringas acerca del rock y los grupos entonces en boga, algunas notas sobre cine y artículos y reseñas de la autoría de estos dos escritores. Como bien recuerda Pedro Moreno, gran conocedor de rock, con quien he mantenido correspondencia durante todo el proceso de escritura de este libro:

> Juan Tovar, aunque después se desrocanrolizó, fue también uno de los críticos de rock más inteligentes que tuvimos. El par [José Agustín es el otro] sacó unas antologías fabulosas, donde aparecían las letras en inglés y en español, traducidas por ellos; una selección de canciones de los grupos y solistas de mayor fama; recuerdo, evidentemente, Beatles, Rolling, Dylan, Donovan, Hendrix, Janis, Incredible String Band, Leonard Cohen, Jefferson Airplane *et al. El Heraldo del Domingo* llegaba casi en la noche a la ciudad de Monclova, donde un adolescente como yo vivía, y la verdad lo esperaba con ansia. Juan Tovar sacó una vez un artículo sensacional en dos partes llamado "El rock del reposo".

Es muy difícil imaginar hoy la atmósfera que privaba en el país en ese entonces, lo cuadrado y pacato que era todo. Conseguir en esos años un buen disco de rock era toda una aventura. Puedo recordar perfectamente la noche en que fui por mi disco de los Young Rascals (*Groovin'*) a El Gran Disco, de Balderas; o esa otra vez en que pude conseguir el primer disco de Pink Floyd, *The Piper at the Gates of Dawn*, en Yoko; o el *Last Exit* de Traffic en Hip 70. O el hallazgo punto menos que inverosímil de discos raros, como el segundo de H. P. Lovecraft o el primer acetato de Fever Tree. Difícil también se presentaba el panorama de la radio musical en México, salvo excepciones. Como escribió Hugo García Michel, jefe de redacción de la extinta revista *La Mosca*:

> Gracias a *Vibraciones*, muchos conocimos a Janis Joplin and the Holding Company, a Jefferson Airplane, a Bob Dylan, a Canned Heat, a Jimi Hendrix, Doors, Pink Floyd, It's a Beautiful Day... y un largo etcétera. Incluso un grupo que en los años siguientes se haría popularísimo en México. ¿Su nombre? Creedence Clearwater Revival. Los *Cridens*.

Pero para 1968 las cosas comenzaron a cambiar en México, para todos, en todas partes. Y para mí en lo personal. Mucho tuvo que ver en todo ello, por supuesto, el Movimiento del 68, que más que causa de las transformaciones fue la culminación de las mismas. Por muchas razones —entre otras, la edad y las económicas— comencé a tener acceso directo a muchos más discos y a más y mejores propuestas musicales. Las canciones y los álbumes eran cada vez más sofisticados. Y en poco tiempo estaba ya conspirando con un grupo de amigos para formar nuestra primera banda: La Comuna.

Al igual que nosotros, muchos otros grupos de chavos, hartos ya de soportar el tristísimo y paupérrimo panorama musical de México, decidieron comenzar desde cero y empezar a componer y a tocar su propia música con mil limitaciones. En inglés —sobre todo en inglés, en un principio— y en español. Y por un breve tiempo todo parecía ir de maravilla... hasta que en septiembre de 1971 vino Avándaro. Pero ésa es otra historia.

Entre las muchas cosas excepcionales que sucedieron en México en 1968, por lo que toca al rock, es necesario destacar aquí la publicación de un libro sin antecedentes en el país: *La nueva música clásica*, de José Agustín. Y es que en este breve e inusitado volumen, su autor, de tan sólo 24 años, nos ofreció un mapa —no sin fallas, es cierto, como todos los primeros mapas— valiosísimo para orientarnos en el complejo panorama musical del rock de fines de los años sesenta. Cito en extenso el inicio del libro de José Agustín, porque es el inicio, porque es pertinente y porque se trata del trabajo de un pionero que reconozco sin trabas. *La nueva música clásica* por sí sola colocó al rock en México en otro nivel y permitió captar lo que estaba sucediendo en la música popular en el momento en que estaba sucediendo —un logro verdaderamente asombroso— desde una perspectiva fresca, informada e inteligente:

> El título de este libro es una exageración. En realidad debió ser una nueva forma de la música clásica, o algo así, más cercano a la objetividad. Sería ridículo afirmar que el rock (aunque incorrecto, utilizaré el término por razones de comprensión) es la nueva música clásica, pero creo que ya nadie negaría que el rock se ha convertido en una búsqueda musical

> digna, compleja y revolucionaria. Leonard Bernstein no titubeó en catalogar "She's Leaving Home", la canción de Beatles, a la altura de los mejores *Lieds* de Schubert; y Karl von Meier, especialista en música clásica, aseguró: "La música popular", *pop music*, "es ya una forma artística. 'Satisfaction' es la canción más grande que se ha compuesto y yo exijo los discos de Rolling Stones y Beatles en mi curso de apreciación musical en la Universidad de California".

Cabe hacer notar que en 1968 alguien tan enterado como José Agustín todavía utilizaba el término *rock* con cierta reticencia. "Naturalmente, no todo el rock es arte —asevera el autor de *Se está haciendo tarde (final en laguna)*, tal vez la novela más pasada y psicotrópica de la literatura en nuestro idioma— [pero] los avances del rock experimental no tienen paralelo en la historia de la música". Y más adelante remataba de forma contundente: "El rock es ya una forma artística porque, simplemente, crea belleza".

Por lo que toca a las cada vez más complejas letras de las mejores canciones del rock, José Agustín —y como escritor es comprensible que se interesara vivamente en ellas— dice: "los Doors, Jagger y Richards, Lennon y McCartney, Frank Zappa, Lou Reed [...] dan su visión del mundo a través de metáforas e imágenes que son verdadera poesía. Esta cualidad de los mejores compositores jóvenes tiene su origen en Bob Dylan". Desde sus inicios, Dylan se había interesado en la poesía tanto como en la música.

Pero dudo mucho que hubiera mucha gente en México, o en cualquier otro país de habla hispana, que se diese cuenta de algo que, con el paso del tiempo, resultó obvio aun para sus detractores: Bob Dylan era, y es, un poeta en toda forma. El Premio Nobel, por cuestionable que pueda parecer a muchos, no se le dio por casualidad. Hay una obra. Y el hecho de haber llegado a esta revolución musical y literaria en tan poco tiempo es casi inconcebible. "Es el largo [y sinuoso] camino de *I want to hold your hand* a *I'd love to turn you on*".

Prueba de ello es que mientras escribía estas líneas, en marzo de 2020, recluido forzosamente en casa, como todo el mundo, a resultas de la terrible pandemia del coronavirus, Bob Dylan acababa de dar a conocer, después de casi diez años de silencio, una nueva canción: "Murder Most Foul", que es quizá la más ambiciosa de toda su carrera y ciertamente la más larga. En diecisiete minutos y con una letra de casi 1 500 palabras, Dylan relata a partir del nefasto día del asesinato del presidente Kennedy la historia de Estados Unidos y, de paso, la saga del rock.

John F. Kennedy fue el primer presidente de Estados Unidos que nació en el siglo XX. Con él llegó a la Casa Blanca un nuevo aire —al menos así lo querían sentir millones de norteamericanos y gente de todo el mundo— y la posibilidad de terminar con la Guerra Fría y el macartismo. Un cauteloso optimismo. Pero muy pronto su turbulenta presidencia se vio en la necesidad de confrontar a la Unión Soviética de Kruschev con la llamada "crisis de los misiles" en Cuba.

Cuando Fidel Castro y el Che Guevara, cabezas visibles de la Revolución cubana, lograron coronar sus esfuerzos e iniciaron un nuevo régimen en la isla el 1 de enero de 1959, comenzó una nueva etapa de la Guerra Fría. Las inclinaciones socialistas del gobierno revolucionario pusieron a temblar todo el aparato militar de Estados Unidos. El apoyo de la Unión Soviética no hizo sino aumentar la tensión que desembocó, en octubre de 1962, en una aguda crisis que estuvo a punto de llevar al mundo a una guerra nuclear.

El terror en el que fueron indoctrinados los niños de Europa y Estados Unidos —no se diga Japón— ante la posibilidad latente e inminente, con la crisis de los misiles, de una conflagración donde se utilizaran por segunda vez armas nucleares, mantenía paralizado al mundo. Como recuerda Suze Rotolo, la brillante pareja de Bob Dylan en sus inicios (ella es la chica que aparece con Dylan en la portada del disco *The Freewheelin' Bob Dylan*, de 1963) en su libro de memorias, *A Freewheelin' Time*:

> Era octubre de 1962, y el diecinueve estalló la crisis de los misiles cubanos. Estaba en un café viendo a Kennedy en la televisión. Fue muy tenso. La gente se amontonaba alrededor del televisor en un silencio atónito. Todos pensaban que el mundo estaba al borde de la aniquilación nuclear. La vida como la habíamos conocido estaba a punto de terminar.

Dylan, por su parte, decía: "Los maniacos ahora sí lo iban a hacer", y no le quedó más que expresar una resignación fatalista, como le sucedió a tanta gente en todo el mundo: "Sólo espero que sea rápido y que no tenga que sufrir mucho con las radiaciones". Roger Waters, del otro lado del mundo, había vivido el mismo terror de niño en Inglaterra: "Mother, do you think they'll drop the bomb? / "Madre, ¿tú crees que tirarán la bomba?". Porque no hay que perder de vista que la primera generación de roqueros padeció en su infancia los horrores de la Segunda Guerra Mundial de un modo más o menos directo. No pocos roqueros ingleses tienen frescas las imágenes de haber jugado de niños entre los escombros de las casas destruidas por los bombardeos nazis.

En México el temor a la bomba atómica no existía. No al menos entre la inmensa mayoría de la población, que vivía una realidad muy distinta a la de los países desarrollados y estaba preocupada por otras cosas. La bomba atómica, si acaso (hechas las honrosas salvedades de siempre), era un tema de películas clasificación B o, peor aún, de estúpidos chistes. Las únicas referencias que yo recuerdo a la realidad y al peligro de los arsenales nucleares en el imberbe rock que se hacía entonces en México son las de los Sinners, con Federico Arana en el comando, y su "Rebelde radioactivo", de 1965; y una rola de Los Monjes, la primera banda de garage en México, que contenía esta perla entre sus líneas: "Hermano, perdiste tu cara / fue por la radioactividad". Me decanto por no hacer mayores comentarios.

Sin embargo, con la crisis de los misiles, incluso en México se sintieron las trepidaciones. Yo recuerdo perfectamente la mañana en que los niños y niñas de mi salón de clases en sexto de primaria nos quedamos tras las clases en la escuela a compartir nuestro miedo, nuestra impotencia y angustia, luego de recibir la terrible noticia por boca de nuestros profesores: el mundo se podía terminar en cualquier momento.

En este sentido, es algo engañosa la portada del segundo álbum de Dylan, el célebre *The Freewheelin' Bob Dylan*, escrito y editado en esos tiempos convulsos. No se advierte la crisis. Lo que sí se puede ver en la foto es una pareja de jóvenes enamorados paseando por las calles heladas de Greenwich Village dándose calor. Es una imagen espontánea, romántica y casual, que dista años luz de las fotos convencionales y de rigor de los artistas posando frente a las cámaras, bien maquillados, iluminados y luciendo su mejor ángulo.

En las tres primeras piezas del disco, que se convirtieron de inmediato en clásicos de la época, ya se puede apreciar la almendra nutricia de lo que sería el mensaje de Dylan: "Blowin' in the Wind", "Girl from the North Country" y "Masters of War", donde se escuchan estos versos descarnados y directos, sin mayores adornos ni subterfugios… fuera máscaras:

> Come you masters of war
> You that build the big guns
> You that build the death planes
> You that build all the bombs
> You that hide behind walls
> You that hide behind desks
> I just want you to know
> I can see through your masks

> Vengan, maestros de la guerra
> ustedes que construyen las grandes armas
> ustedes que construyen los aviones de la muerte
> ustedes que construyen todas las bombas

ustedes que se esconden detrás de las paredes
ustedes que se esconden detrás de los escritorios
tan sólo quiero que sepan
que los puedo ver a través de sus máscaras

¡Qué lejos quedaban las canciones de Bobby Darin y Lesley Gore; las películas insulsas de Rock Hudson y Doris Day! Los beats habían cuarteado la fachada del edificio, pero la nueva generación estaba a punto de tomarlo por asalto. Los problemas y las confrontaciones estaban a la orden del día. Muy pronto se hablaría del "generation gap", el abismo generacional, y no sólo en la Unión Americana, sino en todo el mundo, incluido México. Dylan dejaba muy en claro que muchos jóvenes pensaban ya en otros términos y sentían las cosas de distinta manera. La lucha por los derechos civiles cobraba día con día más fuerza, y el horror que les provocaba la posibilidad de una nueva guerra contra los adversarios armados hasta los dientes con armas nucleares no era cosa de juego. Así lo anunciaba otra de las canciones clásicas de este segundo álbum de Dylan: "A Hard Rain's a-Gonna Fall". Y no hacía falta que la tormenta que se aproximaba fuese de átomos en proceso de desintegración. Los tiempos estaban cambiando. Y más iban a cambiar a partir del asesinato del presidente Kennedy el 22 de noviembre de 1963.

Escucho y leo el talking blues de Dylan, "Murder Most Foul", y veo los vasos comunicantes por todas partes; me parece que se trata de eso que llamo *un acuerdo*: la validación de las premisas de este libro por una sincronía: una "coincidencia" en otro plano y de otro orden. Caminos que desde zonas distintas y distantes se encuentran en el momento oportuno. Y quede claro que esto pasa cuando ya tenía el ensayo escrito en su casi totalidad. Y así como reconozco la simetría y el paralelismo de la pieza de Dylan, reconozco y aplaudo un libro dedicado a 1966 del que me enteré cuando ya iba yo muy avanzado: *1966: The Year the Decade Exploded*, de Jon Savage. El libro se publicó en Inglaterra en 2015, pero yo me enteré de su existencia hasta hace unos años, y unos meses después lo pude conseguir y leer. El extenso libro es extraordinario y provocó que diera por cancelado e inútil mi proyecto. Así se lo hice saber a mi querido amigo Pedro Moreno:

> ¿Te acuerdas, Pedro, de mi deseo (¿anhelo?) de escribir un ensayo/libro sobre 1966 como el año del nacimiento del rock? Pues han pasado cosas… no lo he dejado… y lo he abandonado… y he llegado a la conclusión de que no era necesario… lo he vuelto a retomar, y me ha parecido redundante, sobre todo a raíz de que, luego de una intensa pesquisa en la red (antes se pescaba con red; ¡ahora se pesca *en* la red!), descubrí lo que ya me sospechaba yo: que debería existir por allí un libro dedicado al mismo tema.
>
> Se trata de un librazo, reciente (fines de 2015), *1966: The Year the Decade Exploded*, de John Savage, que trata el mismo tema que yo pretendo cubrir. Obviamente me dejó en claro que mi proyecto salía sobrando. Además, estoy seguro de que ya lo deben estar traduciendo al español en España, pues les encanta la literatura roquera.
>
> El asunto es que yo estaba sobre esta pista desde mucho antes, con la gana de haber tenido todo listo para 2016, el año justo del cincuentenario del nacimiento del rock. Pero no sucedió así.
>
> Me llevó un rato conseguir el libro de Savage, pero con la ayuda de mi hijo Andrés, lo logré. Y ya casi lo termino de leer. Es enorme y me ha dado mucho placer leerlo. Y ahora que ya casi lo acabo, sorpréndete: ¡creo que sí vale la pena que escriba yo mi libro, porque el enfoque es totalmente diferente!
>
> El libro de Savage, si bien sigue el hilo conductor de la música popular de 1966 —del rock en particular— es más bien un libro de sociología. Muy bien escrito y mejor investigado y documentado, el libro ofrece muchas conexiones y pistas importantes. La mayor parte de ellas ya las tenía yo en foco, pero algunas otras no.
>
> El caso es que mis lecturas, investigaciones y notas, que han venido creciendo sobre 1966 en estos años, dieron por fin con la punta de la

madeja: ¡encontré el punto de partida del libro! Y a partir de este primer punto, todo ha comenzado a desarrollarse de un modo orgánico y vertiginoso. Como si ya tuviera todo el libro escrito en mi cabeza. Ya sabes cómo funciono y trabajo, querido Pedro, y no es la primera vez que me sucede.

Así que el libro que el lector tiene entre manos es, como el correo que acabo de citar en extenso, una correspondencia. Lazos tendidos entre muchas personas, épocas y lugares, hechos y más, comenzando por mi propia historia. Y para predicar con el ejemplo, he decidido comenzar el libro justamente con una genial correspondencia: con una cita del célebre soneto "Correspondencias", de Baudelaire, en la traducción de uno de los Novísimos, el poeta español Antonio Martínez Sarrión:

La Creación es un templo donde vivos pilares
dejan surgir a veces unas voces oscuras;
allí los hombres pasan a través de espesuras
de símbolos que observan con ojos familiares.

Como confusos ecos que a lo lejos se ahogan
en una tenebrosa y profunda unidad,
vasta como la noche, como la claridad,
perfumes y colores y sonidos dialogan.

Y así hay perfumes frescos como recién nacidos,
verdes como los prados, dulces como el oboe,
y hay otros triunfadores, densos y corrompidos,

todos de una expansión infinita movidos,
como el almizcle, el ámbar, el incienso, el aloe,
que cantan los transportes del alma y los sentidos.

Parafraseando al autor del *Spleen de París* y *Los paraísos artificiales*, diré que el rock es una forma de creación de donde se elevan, a veces, unas voces oscuras, como las del Captain Beefheart, Tom Waits, Van Morrison o Leonard Cohen —las cito en orden descendente de gravedad y en orden creciente de oscuridad (o al revés)—, o claras, como las de Roy Orbison, Diana Ross o Elton John; voces gravísimas, como las de Ray Charles o Nick Cave; o bien altísimas, como las de Jon Anderson, Freddy Mercury y Steve Winwood; voces potentes, como las de Aretha Franklin, Grace Slick, Anne Wilson o Robert Plant; o muy suaves, como las de Donovan, Cat Stevens, Sufjan Stevens y Kate St. John; voces ríspidas, como las de Joe Cocker, Rod Stewart o Kurt Cobain; o voces transparentes, como las de David Crosby y Art Garfunkel; voces imposibles de clasificar, como las de Janis Joplin, Leon Russell o Nick Drake, o voces que han ido desde la transparencia angelical hasta la más densa oscuridad, como la de Marianne Faithfull; voces, en fin, privilegiadas, como las de Sam Cooke, Paul McCartney, Jim Morrison, Elvis Presley, Sinéad O'Connor o Amy Winehouse.

Lo curioso es que la voz más escuchada y representativa del rock es una de las más feas y desafortunadas: la voz de Bob Dylan, que sin miramientos alguien ha comparado con la de un perro con tuberculosis. A este respecto, vale la pena citar en extenso la entrevista de *Playboy*, de 1966, tanto porque habla de la "tu-ber-cu-lucas" (cortesía de David Lindley) como porque deja ver a las claras la creatividad, la inventiva y el gran sentido del humor de Dylan:

> —¿Qué te hizo decidirte por el camino del rock'n'roll?
>
> —El descuido. Perdí a mi verdadero amor. Empecé a beber. Lo primero que sé es que estaba en una partida de cartas. Luego me doy cuenta de que es un juego de mierda. Despierto en un billar. Una mexicana enorme me saca de la mesa a rastras y me lleva a Filadelfia. Allí me deja en su casa, que de pronto arde en llamas. Acabo en Phoenix. Consigo chamba como chino. Empiezo a trabajar en una tienda de baratijas y me

mudo con una chica de trece años. Después, la mexicana enorme de Filadelfia llega y le prende fuego a la casa. Me voy a Dallas. Consigo trabajo como el "antes de" en una campaña de publicidad donde el "después de" era Charles Atlas. Me mudo con un repartidor que cocina unos chiles y unos hotdogs fantásticos. Después, esta chica de trece años de Phoenix llega y quema la casa. El repartidor —que realmente no era tan bondadoso— le da un cuchillo y lo siguiente que sé es que estoy en Omaha. Hace mucho frío; para entonces yo ya estoy robando mis propias bicicletas y friendo mi propio pescado. Tengo un golpe de suerte y consigo trabajo como carburador en las carreras de autos de los jueves por la noche. Me mudo con una profesora de secundaria que trabaja al mismo tiempo como plomera y a la que no hay que prestarle mucha atención, aunque fue capaz de construir un nuevo tipo de refrigerador que podía convertir el periódico en lechuga. Todo va muy bien hasta que el repartidor aparece y trata de acuchillarme. No necesito decir que también incendió la casa y yo me di a la fuga de inmediato. El primer tipo que me levanta me preguntó si yo quería ser una estrella. ¿Qué podía yo decir a esas alturas?

—¿Y así fue como te convertiste en cantante y estrella de rock'n'roll?

—No, así fue como contraje la tuberculosis.

Con voces irónicas, oscuras y graves, claras y altas, potentes o suaves, rasposas o transparentes, los hombres y las mujeres pasan a través de las espesuras de toda especie, bosques de símbolos y una selva de sonidos que los observan con ojos atentos y familiares. Voces imposibles y privilegiadas que llaman a soñar a los chavos y a las chavas en la soledad de sus cuartos o en la comunidad de sus fiestas; en el azote de un descalabro amoroso o en la exaltación de una experiencia psicodélica. Voces que llaman a la rebeldía y al desacuerdo, a la meditación y a la acción.

Y sigo con la paráfrasis del poema "Correspondencias", de Baudelaire. Para la segunda mitad de los años sesenta los intensos perfumes y los colores comenzaron a dialogar con los sonidos. La sinestesia, un fenómeno caro a los poetas simbolistas que para alguien como Syd Barret era algo natural y cosa de cada día, hizo que se mezclaran los sentidos en una profundidad tan vasta como la de la noche estrellada, y tan clara como la luna llena en el desierto. A lo lejos se escuchaban ecos grises, confusos, que pretendían ahogar la música y la belleza... pero nada le impidió al rock llegar a la cima de su creatividad hasta alcanzar la redondez para la que estaba destinado.

El simbolismo es un movimiento poético y artístico que habría de influir decisivamente en el rock psicodélico y en el arte que lo acompañó durante los breves años de su reinado. Los carteles que decoraban las paredes de mi cuarto, como los de tantos miles y millones de chavos, provenientes de los anuncios de las portadas de los discos o de los conciertos en el Fillmore o en el Avalon, de San Francisco, en el Rainbow o el Crawdaddy, de Londres, y en mil otros espacios, remitían lo mismo al *art nouveau*, heredero del gran simbolismo francés, que a las experiencias psicotrópicas.

Surgieron entonces por doquier canciones que destilaban perfumes frescos y texturas tan delicadas como la piel de los recién nacidos; o verdes como los prados ("In the park the air is cleaner, and the smell of grass is greener" / "En el parque el aire es más limpio, y el olor de la hierba es más verde", dice la letra de una de las canciones de H. P. Lovecraft), y tan dulces como el oboe: "Somebody calls you, you answer quite slowly / A girl with kalcidoscope eyes" / "Alguien te llama, respondes muy despacio / una chica con ojos de caleidoscopio". Piezas triunfadoras, densas y aun corrompidas. Música en expansión infinita que canta los transportes del alma y los sentidos.

No hace falta ser un experto ni un gran conocedor del rock... vamos, ni siquiera un aficionado, para saber que todo género musical, como toda forma artística, se comporta como un organismo; es decir: está vivo. Y como todo ser vivo, tiene sus ancestros. El rock tiene sus ancestros, no todos ilustres, desde luego, pero los tiene. Ha pasado luego, necesariamente, por un periodo de gestación hasta llegar al nacimiento; y por supuesto ha crecido a su propio ritmo, transitando por la infancia, la adolescencia, etcétera. Y justo es decirlo, hace mucho que el rock peinó sus primeras canas. Más aún: no es improbable que el rock haya muerto hace un buen rato y que ni siquiera nos hayamos dado cuenta. Refraseo: es más que probable que el rock se haya transformado, desde hace muchos años ya, en otra cosa, y siga ganando batallas.

Mucha gente piensa que el rock ha muerto y existen opiniones de todo tipo con respecto a cuándo murió. El consenso apunta, en todo caso, al hecho incontrovertible de que a partir de los años noventa, y con el advenimiento de los tremendos cambios tecnológicos que introdujo internet, el panorama de la música popular en general, del rock en particular y de la cultura toda en su conjunto, cambió de modo radical. Y no hay vuelta atrás. Se acabó el dominio de las disqueras, las tiendas de discos, las estaciones de radio, los estudios de grabación. Hoy en día cualquiera puede hacer música en su casa, en solitario o en combinación con otros músicos (y hasta con gente que no toca nada) en los rincones más apartados del planeta y ponerla a circular en la red para quien tenga servicio de internet o un teléfono móvil y la quiera escuchar.

Un solo servicio de música, podcasts y videos digitales, como Spotify, ofrece hoy en día más de sesenta millones de canciones, de las cuales por lo menos veinte millones no han sido escuchadas por nadie nunca. ¿Quién tiene tiempo para oír todo esto? ¿Quién puede saber qué maravillas se encuentran ocultas en el pajar de sonidos? En una época en la que los consumidores de música ya no tienen que comprar discos ni ceñirse a la limitada oferta de las disqueras, las estaciones de radio y los canales de video, el gusto se ha vuelto ecuménico. Todo el mundo escucha de todo. Y los jóvenes no tienen ningún reparo en pasar de los Beatles a Greta Van Fleet, o de Billie Holiday al más rabioso hip hop. No tienen que tomar partido y todo se vale. Además, a estas alturas del siglo XXI no sólo el hip hop y el rap son más populares y significativos para millones de jóvenes que el rock, sino que aun la música country (allí surgió Taylor Swift), latina y de muchos otros géneros tiene mayor aceptación.

Con el rock ha sucedido algo parecido a lo que pasó con el jazz: dejó de estar en el frente de batalla para pasar a los márgenes, donde se puede sentir muy a gusto, con espacio para experimentar y seguir evolucionando. El rock no ha desaparecido, es sólo que cada vez menos personas consideran que tiene un significado cultural decisivo como el que tuvo en los años sesenta.

¿Cómo hablar de bandas dominantes hoy, como lo fueron Led Zeppelin o Queen en los años setenta, cuando un solo medio, YouTube, ofrece un menú prácticamente ilimitado de opciones musicales y videos de rock? Es tanta la oferta, tal el tamaño del monstruo, que no hay manera ya de saber qué o quién es "lo mejor" en este o aquel género. Además de que la explosión misma de géneros queda ya a años luz de lo que sucedió en la década del nacimiento del rock. En todo caso sólo se sabe qué es lo más comercial y lo que más vende. Y no es el rock. Todo ha cambiado de manera inverosímil. El mundo es otro. Y ya se sabe que, como dice el Tao Te Ching, todo cambia para que todo siga igual.

En este contexto, es imposible que vuelvan a surgir las grandes bandas que caracterizaron al rock en sus años de apogeo, y no por falta de calidad. No es descabellado pensar que la última estrella del rock haya sido Kurt Cobain, y que con su muerte —y la de Nirvana— en 1994 haya muerto también el rock. Lo cual no significa que ya no se haga muy buen rock en estos tiempos. Prueba de ello, por dar un solo ejemplo luminoso, es Radiohead y sus proyectos paralelos.

Además, sigue habiendo roqueros de cepa —como Dylan, como los Stones, McCartney, Ray Davies, Roger Waters, Neil Young, Jimmy Page, The Who— que pasan de los setenta y hasta de los ochenta años que continúan en inesperada circulación.

Y si bien se encuentran activos aún, dando conciertos y grabando discos, y se encaminan sin mayores remordimientos a la octava década de su vida, queda claro que sus grandes años y logros han quedado muy atrás. El rock puede presumir, incluso, de un flamante Premio Nobel, cosa absolutamente imposible de pensar en los años sesenta, la década que lo vio nacer. ¿Cómo sucedió todo esto?

El presente ensayo no se aboca a tratar de responder esta pregunta que ha hecho correr ríos de tinta y seguramente seguirá precipitando torrentes de palabras. Sin embargo, sí intenta ofrecer una hipótesis, discutible y defendible como todas las buenas hipótesis, a otra interrogante que tal vez vale la pena plantear: ¿cuándo nació el rock?

De hecho, este libro ofrece varias alternativas para responder a la pregunta, pero todas giran en torno a 1966, un año que se destaca como el eje de este nuevo género musical. Claro que, como tantas cuestiones y pseudoproblemas, en gran medida todo se puede reducir a la clarificación de un nombre, una nomenclatura. ¿Cuándo nació el rock? Con la misma curiosidad nos podríamos preguntar: ¿qué es el rock? Porque de la manera en que entendamos o definamos esta palabra dependerá la respuesta (o las respuestas) que podamos dar respecto a su fecha de nacimiento.

Las opiniones son muchas y la realidad es compleja… multifacética, también. Es mi mejor deseo que este libro, si bien escrito, oído y visto desde una perspectiva muy personal, pueda arrojar algo de luz en un género musical que canta "los transportes del alma y los sentidos". Una época excepcional en la cultura. Una luz que toca y pertenece a todos.

ALL U NEED IS LOVE

1963
La prehistoria

La escena, como en casi todas las películas con tema rupestre o prehistórico, sucede en una cueva. Sólo que en esta cinta, que se sitúa en los años sesenta y gira en torno a 1966, la caverna se encuentra en Liverpool: The Cavern, un club de jazz que abrió en la calle Mathew de Liverpool el 16 de enero de 1957. El club se transformó a principios de los sesenta en un centro de rock and roll y se hizo famoso por convertirse en la improbable guarida de los Beatles durante sus primeros años.

El término *rock 'n'roll* (el original) o *rock and roll* fue reconocido por el *Diccionario de la lengua española* hasta su vigesimosegunda edición. En un principio sólo se aceptó el término *rock and roll* como una voz inglesa, a la manera de un anglicismo, pero ya en la vigesimotercera edición el género fue adoptado en nuestro idioma como *rocanrol*. Esta sonora palabra designa un género musical de ritmo muy marcado que se deriva de una mezcla de muy diversos géneros de música estadounidense: el jazz, el blues, el rhythm and blues, el doo wop, el gospel y el country. La expresión ya se usaba en el rhythm and blues de los años treinta, pero fue el locutor Alan Freed quien la popularizó en los cincuenta en sus programas de radio, utilizándola para designar un nuevo estilo musical.

Escribir sobre música, se ha dicho, es como bailar sobre arquitectura… y si en otras sociedades y en otros tiempos hacer algo así no habría sido del todo descabellado (y aquí pienso en sociedades tradicionales donde un arte *objetivo*, como le llamaba Gurdjieff, permitía a los músicos lo mismo traducir matemáticamente un tapete tradicional que mover montañas con una flauta, o danzar arquitecturas), hoy en día estamos no sólo ya muy alejados de todo ello, sino viviendo verdaderamente en las antípodas.

Ya no se trata de que a la sociedad de nuestro tiempo no le interese la tradición, sino que —como bien lo vio y dejó asentado René Guénon— vivimos en una sociedad realmente antitradicional. Así que no es de extrañar en lo más mínimo que los textos que se escriben sobre música (salvo los pocos textos de auténtica musicología para iniciados) en lugar de sumergirse en la materia misma de este arte incomparable —tiempo, sonido y silencio— se vayan por las ramas o por las piedritas. Reconozco que éste es, en alguna medida, el caso del presente ensayo centrado en 1966, el año en que, conforme a las consideraciones que expondré a lo largo del libro, el mundo fue testigo del nacimiento escandaloso del rock.

Y vuelvo a la prehistoria y sus pinturas rupestres y sus animales: The Beatles, The Crickets, The Animals, The Yardbirds, The Turtles, The Byrds, The Monkees, The Hawks, The Eagles, The Scorpions, Camel, Los Lobos, A Flock of Seagulls, The Jayhawks, The Stray Cats, The Black Crows, The Doves, Pantera, Phish, Gorillaz, Grizzly Bear, sin faltar un T. Rex. Hablamos, sobre todo, de los Super Furry Animals que se convirtieron en los abuelos instantáneos del rock el día en que salieron —como en la célebre historia de la caverna de Platón que aparece en el séptimo libro de *La República*— a la luz del sol y se dieron cuenta de que el mundo existe.

La historia de la caverna de Platón es conocida de sobra, pero no está por demás recordarla: hay un grupo de seres humanos que vive dentro de una cueva. El símil es implacable y cruel: estos hombres se han pasado toda su vida encadenados dentro de la caverna, inmovilizados frente a una de sus paredes. A sus espaldas, y sin que ellos lo hayan advertido nunca, crepita un fuego encendido que arroja sombras todo el tiempo sobre el muro, que es lo único que pueden ver. Detrás de esta fogata hay un pasillo donde circulan hombres con toda clase de objetos y siluetas que proyectan sus sombras sobre la pared de la cueva. Como los hombres sujetos nunca han salido al mundo, creen que las sombras son la realidad; es todo lo que conocen.

La metáfora resulta transparente: los hombres, esclavizados por sus prejuicios, educación y condicionamiento, no pueden ver ni entender otra cosa que sombras. Realidades irreales que jamás les permitirán comprender qué es el mundo ni cómo funcionan las cosas. El cuento de la ilustre caverna de Platón admite muchas lecturas, pero la crítica que hace del modo de pensar —y de la educación— común y corriente es radical.

En la historia de la caverna llega el día en que uno de los hombres sujetos —llamémosle "un esclavo"— consigue librarse de alguna forma de sus cadenas y darse la vuelta. La luz de la fogata lo ciega en un principio, pero logra acostumbrarse y comienza a vislumbrar la realidad de su situación, a pesar de que no entiende nada.

Tarde o temprano sale de la cueva y lo que ve lo deja estupefacto; hay allí fuera toda una realidad que jamás habría podido imaginar: la tierra, el cielo, el agua, el fuego, plantas y animales, el sol, la luna, la lluvia y las estrellas, y otros seres humanos que lo han tenido cautivo. Tanto él como sus compañeros han sido engañados, y siente nacer una profundísima rebeldía ante la injusta situación.

Decide, como un verdadero Bodhisattva, regresar a la caverna para dar la buena nueva a sus hermanos y hermanas sujetos: ¡la realidad es otra cosa! ¡Allí fuera hay un mundo! ¡Existe todo un maravilloso cosmos! Pero quienes siguen viendo "sombras nada más" no creen lo que les dice… desconfían de inmediato de este hombre extraño y su mensaje, y se proponen quitarle la vida en cuanto la ocasión les sea propicia. Pregúntenle a Sócrates.

Algo así ha sido la historia del rock. Antes de mediados de los años sesenta, la música popular cantada en inglés (por no hablar de otras formas de música popular de otras culturas y cantada en otros idiomas) se ocupaba casi exclusivamente de las historias románticas de siempre, y raramente se atrevían a mirar un poco más allá. No resultaba redituable y a nadie se le ocurría hacerlo. Hasta que llegaron las plantas de poder y el LSD.

A principios de los años sesenta, en la música popular cantada en inglés el paisaje se hallaba cubierto casi en su totalidad por plantas inocuas y maleza. Es cierto que de vez en cuando surgía por allí algún fruto raro, dulce o amargo —los Platters o Billie Holiday— que presagiaba algo distinto. Pero si le damos un vistazo a la lista de los grandes éxitos en la radio de Estados Unidos en 1963, antes de la llegada de The Beatles, por ejemplo, podremos constatar de inmediato lo dicho: proliferaban rolas simplonas como "If I Had a Hammer" ("El martillito"), de Trini Lopez; o románticas como "Blue Velvet", de Bobby Vinton; "It's Up to You", de Ricky Nelson; o "Losing You", de Brenda Lee.

Buenas piezas, incluso excelentes, como "I'm Sorry", de Brenda Lee, pero muy lejos del sempiterno rumor, triste y melancólico del blues. "El blues es un misterio —dice B. B. King en su autobiografía, *Blues All Around Me*— y nunca es lo que parece". En el mismo libro agrega más adelante:

> Conforme me iba haciendo más viejo, más podía ver la majestuosidad del blues. [...] El blues es la fuente. Todavía me irrita cuando oigo a la gente decir que el blues sólo es tristeza. El caso es que el blues contiene todos los sentimientos básicos del ser humano: dolor, felicidad, miedo, coraje, confusión, deseo... todo. Sentimientos complicados contados en historias sencillas. Ésa es la genialidad del blues.

Hoy nadie recuerda que ella fue la solista con más discos vendidos en toda la década de los años sesenta. Una década que para millones comenzó el 22 de noviembre de 1963, cuando el popularísimo presidente de los Estados Unidos, John F. Kennedy, fue asesinado en Dallas en condiciones que jamás han sido del todo esclarecidas. Lo que sí quedó muy claro desde un principio fue que a partir de ese momento terminaba la edad de la inocencia —"Losing You"— y comenzaba la década de los sesenta con toda su turbulencia y una serie de secuelas que seguimos viviendo, disfrutando y padeciendo hasta la fecha. Todavía hay mucha gente que puede recordar exactamente dónde, cómo y con quién estaba cuando escucharon la noticia del infame magnicidio.

Ya he dicho en el prefacio que mientras escribía este libro se dio a conocer una nueva composición de Bob Dylan: "Murder Most Foul", centrada, precisamente, en ese terrible día. A partir de ese momento la *pax americana*, que había campeado en la mente de la mayoría de los norteamericanos durante casi toda la posguerra, se reveló como una ficción insostenible. En realidad siempre lo había sido (las guerras de Corea y de Vietnam), pero el asesinato de su presidente más mediático y popular no dejó lugar a dudas.

Por desgracia, el asesinato de Kennedy no fue el último acontecimiento estremecedor… sólo fue uno más en la historia del mundo, y el primero de una larga y negra lista por venir en la segunda mitad de los sesenta en EUA. Nadie fue inmune a su devastador impacto. Los Beatles, como todo el Reino Unido, se quedaron como anestesiados con la noticia. Pero nada paró la incontenible beatlemanía. Apenas poco más de dos meses después de la emboscada en Dallas, los Beatles aterrizaron por primera vez en Nueva York listos para ofrecer un contrapunto al horror. Y se toparon con un recibimiento que no esperaban y que no se le había brindado a nadie.

Los Beatles habían sido teloneros de Brenda Lee en 1962 en el Star Club de Hamburgo, y ella pudo sentir de inmediato el potencial de estrellas del cuarteto. Y no tuvo que pasar mucho tiempo para que se escucharan versiones de canciones de los Beatles —"She Loves You" o "Can't Buy Me Love"— en la gran voz de Little Miss Dynamite (¡medía menos de metro y medio!), tal como apodaron a Brenda Lee. Otra canción suya que inesperadamente cobraría tintes dramáticos tras la muerte de Kennedy fue "The End of the World", reciclada luego en una versión aún más fresa por Herman's Hermits.

Por uno de esos inescrutables *acuerdos* de la historia o del destino, el 22 de noviembre de 1963 el presidente John F. Kennedy fue asesinado mientras viajaba en una caravana por Dealey Plaza en el centro de Dallas, exactamente al mismo tiempo en que *Please Please Me*, el álbum debut de los Beatles, era lanzado en el Reino Unido.

Decir que la década de los sesenta comenzó el 22 de noviembre de 1963 es tan válido —o tan arbitrario— como decir que el siglo XX comenzó el 28 de junio de 1914 con el atentado de Sarajevo que daría pie al inicio de la Primera Guerra Mundial; o como decir que el siglo XX se terminó con la caída del muro de Berlín en el otoño de 1989. Hay otras propuestas, desde luego, con respecto al inicio y el final de los sesenta. Joe Boyd, por ejemplo, en su muy recomendable libro *White Bicycles*, comienza con una frase que no se anda con medias tintas: "Los sesenta comenzaron en el verano de 1956 [¿Elvis Presley y su 'Heartbreak Hotel'?] y terminaron en el otoño de 1973 [¿con el final de Ziggy Stardust?]". Todo puede ser… la primavera no llega puntual el 21 de marzo, sino un poco antes o después. Pero llega. Y el invierno queda atrás.

Alguna vez le preguntaron a Ray Davies: "¿Cuándo empezaron los años sesenta?". Y ésta fue su respuesta:

> Tal vez comenzaron en las escuelas de arte. La gente de la clase trabajadora tuvo de pronto acceso a áreas que antes les eran vedadas, lo cual era muy bueno. No fue una década, fueron sólo unos pocos años mágicos. De 1964 a… en realidad ya había terminado cuando hicieron *Blow-Up*, en 1966.

El invierno de los cincuenta terminó con la llegada de los Beatles y la primera ola de la invasión inglesa. Despuntaron en la lista de éxitos de 1963 piezas como "I Saw Her Standing There", "All My Loving", "Please Please Me", "Love Me Do". Una de las primeras rolas de los Beatles cantada por George Harrison, "Do You Want to Know a Secret", fue la primera pieza que yo toqué en mi vida en una guitarra cuando tenía quince años. Y todavía puedo sentir el estremecimiento a lo largo de la columna vertebral que me provocaron esos acordes. Allí había un sonido fresco y distinto que ya no era el viejo rock and roll. Pronto surgieron canciones con letras que hablaban de otras cosas, como la melancólica "In My Room", de Beach Boys; o la icónica "Blowin' in the Wind", de Bob Dylan.

Mención aparte merece "The Lonely Sea", una balada tristérrima de Brian Wilson que aparece en el disco de 1963 de los Beach Boys, *Surfin' USA*, y que desde la primera vez que la escuché me dejó hipnotizado. Hasta la fecha me es difícil pensar en una pieza que refleje de manera más intensa y bella el *pathos* —experiencia, sufrimiento y emoción, todo al mismo tiempo— adolescente. En su libro de memorias, *I Am Brian Wilson*, el Beach Boy mayor habla del océano Pacífico como su fuente de inspiración. "Recuerdo haber escrito una canción después de mirarlo durante mucho tiempo llamada 'The Lonely Sea', con Gary Usher. Sólo describe la sensación que me da el gran océano: 'it moves along from day to day, the lonely sea' ['se mueve día a día, el mar solitario']". El sentimiento oceánico del que hablaban Romain Rolland y Freud.

Comenzaron a aparecer paisajes musicales que no se habían visto nunca… plantas exóticas… frutos de sabores inesperados… y, sobre todo, animales distintos: Steppenwolf, Iron Butterfly, Buffalo Springfield, Country Joe & the Fish, Three Dog Night, Hot Tuna, Atomic Rooster, Blue Öyster Cult, Crazy Horse —que luego evolucionaron hacia Def Leppard—, Whitesnake, The Boomtown Rats, Counting Crows, Fishbone, The Lounge Lizards, The High Llamas, Swans, Porcupine Tree, A Band of Bees, Tortoise, Fleet Foxes, y, un poco más recientemente, Arctic Monkeys, Tame Impalas, Imagine Dragons, hasta llegar a Eagles of Death Metal y su malhadado concierto en el Bataclan de París y el consabido ataque terrorista en noviembre de 2015.

Y aunque el viento desgarrador del blues seguía soplando, el aroma que se comenzaba a diseminar por todas partes era otra cosa. Se sentía en el aire algo nuevo. Algo aún en ciernes, es cierto… algo casi secreto: *Do you want to know a secret?* Como si una secta hermética se reuniera a la vista de todos y al aire libre. Una suerte de hermandad de la que los adultos no se daban cuenta —o no se querían dar cuenta—, pero que crecía cada vez más y hacía preguntas y cuestionamientos incómodos. Las meditaciones de un esclavo liberado tras abandonar la caverna:

How many times must a man look up
Before he can see the sky?
How many ears must one man have
Before he can hear people cry?
How many deaths will it take 'til he knows
That too many people have died?

The answer, my friend, is blowin' in the wind
The answer is blowin' in the wind

¿Cuántas veces ha de levantar un hombre la vista
antes de que pueda ver el cielo?
¿Cuántos oídos ha de tener un hombre
antes de oír llorar a la gente?
¿Cuántas muertes se necesitan antes de saber
que demasiada gente ha muerto?

La respuesta, amigo mío, está en el viento
La respuesta está en el viento

Preguntas no muy distintas de las que se planteó el príncipe Siddhartha Gautama cuando decidió abandonar el imponente palacio paterno donde había vivido muy protegido y rodeado de lujos toda su vida, y salió al mundo para comenzar a darse cuenta de la dolorosa realidad y el sufrimiento en todas sus modalidades y en todas partes. Lo que vio decidió su destino: no pararía hasta comprender por qué eran así las cosas. Siddhartha no cejaría en su meditación hasta convertirse en el Buda.

Recuerdo que en la fiesta de graduación de sexto de primaria, en The Westminster School (una escuela privada y bilingüe de la Ciudad de México), cantamos en 1962 "Blowin' in the Wind". Claro que para ese entonces unos niños de once años no tenían ni la menor idea de quién era Bob Dylan; menos en la Ciudad de México y menos en 1962. Pero, por hablar bien inglés, sí que podíamos entender la letra. Y a mí me impresionó y me hizo pensar.

Para mí, en esos años del fin de la infancia, el rock'n'roll sólo existía en las versiones de los grupos mexicanos que, sin yo saberlo —y sin que ninguno de mis amigos lo supiera tampoco— cantaban versiones entre buenas ("Poison Ivy", de los impares Coasters, traducida como "La hiedra venenosa" por los Rebeldes del Rock; "Good Golly, Miss Molly", de Little Richard, y "High Class Baby", de Cliff Richard, transformadas en "La Plaga" y "Presumida" por los Teen Tops; o la rola de Freddy Cannon, "Tallahassee Lassie", que en español se convirtió en "La chica alborotada", de Los Locos del Ritmo), mediocres o muy desafortunadas.

Compruébenlo en estas "joyas" rescatadas del cancionero apócrifo (todas sus canciones eran calcadas de las originales y "enriquecidas" con letras a menudo lamentables) de los llamados "grandes del rocanrol mexicano" de aquellos años. Ofrezco, para ilustrar al cómplice lector, a la paciente lectora, una probadita de miel de las tonterías, despropósitos y absurdos de la *epocadioro* del rocanrol mexicano:

MUCHACHO NATURALISTA

Y esa vez
la *magiá* de la ilusión
me hizo por fin comprender
que el amor siempre es igual

ANOCHE ME ENAMORÉ

Anoche yo me enamoré.
Anoche, anoche fue
cuando de ti me enamoré.

Anoche yo me enamoré al saber
lo *magicoques* el amor…

CHÍCHAROS DULCES

Ven, amor,
ya no te voy a dar
estos chícharos dulces que hacen daño…

EL TWIST DE SAN ANTONIO

San Antonio fue
donde yo aprendí el twist
y cómo se baila.

Y si quieres tú
aprender el twist
también irás a San Antonio.

Para aquellos que creyeron en las bondades de lo que Federico Arana en su más reciente libro, *Cartas a los rocanroleros mexicanos*, califica con sobradas razones como el "balbuciente rock mexicano", cuya precariedad musical buscó refugio en el-hechizo-del-encanto-del-sortilegio-del-embeleso-de-la-magia-de-la-ilusión de los años sesenta, no queda más remedio que recular, cerrar los ojos (los oídos no se pueden cerrar: no tienen párpados) y darle vuelta a la página. En todo caso, lo que sí hay que conceder es que por primera vez se pudo escuchar el timbre del rocanrol con palabras en nuestro idioma. Pero para hablar de un verdadero rock mexicano habría que esperar hasta 1971.

Pasaron años antes de que descubriera yo la chapuza de los *covers*. Y en cuanto me di cuenta, aparte del coraje que me dio saber que ninguna de esas canciones había sido compuesta por los rocanroleros mexicanos (salvo alguna excepción que confirma la regla, como "Tus ojos", de Los Locos del Ritmo, más bolero que rocanrol), comencé a preguntarme: ¿por qué, si pueden tocar lo que tocan, no hacen sus propias canciones? ¿Acaso no se les ocurre nada? Y me dije: yo sí lo puedo hacer. ¿Por qué no habría de componer yo mis propias rolas? Y así como yo, muchos chavos más en todas partes decidieron intentarlo.

En medio de la pobreza cultural y de la ignorancia que ésta conlleva, de las limitaciones de lo que en poco tiempo se llamaría el "tercermundismo", las preguntas fundamentales comenzaban a ser planteadas. Y no nada más en los países angloparlantes. La respuesta, como siempre, estaba en el viento.

MOJO

1964
LOS ANCESTROS

El viento de los cambios que comenzó a soplar hacia 1963 se fue convirtiendo en esporádicas ráfagas de música y letras que acabarían por desatar un verdadero vendaval a mediados de los años sesenta. Pero no nos adelantemos. Para empezar, habría que decir que es difícil no estar de acuerdo en que el rocanrol nació en el Delta del Mississippi; más aún: en el estudio Memphis Recording Service, donde se grabó en 1951 "Rocket 88", de Jackie Brenston & His Delta Cats, visto por muchos como el primer disco del género.

Cuando en abril de 1964, Joe Boyd, el autor de las ya citadas memorias musicales *White Bicycles*, se encontró con Muddy Waters y la versión mínima de su banda en Londres para los primeros ensayos de la que habría de ser su primera larga gira inglesa, la música negra originaria apenas si era valorada en términos comerciales y era muy poco respetada en su calidad de forma de arte —como debía y habría de llegar a serlo— en su país natal.

La American Folk Blues and Gospel Caravan —como fue llamada aquella gira pionera de músicos negros que llevó a Muddy Waters a Europa— habría de abarcar no sólo ciudades de Inglaterra, sino capitales, como París. Y el éxito fue indiscutible, como notoria fue su influencia en la novel escena pop inglesa.

La lista de músicos de la caravana incluía leyendas del blues y del gospel de la talla de Sonny Terry, el reverendo Gary Davis y Brownie

McGhee, ciegos de nacimiento estos últimos dos. Sin embargo, a nadie le cabía la menor duda de que la estrella de la gira era el imponente Muddy Waters. Pero no menos imponente, y sí mucho más sorprendente, resultó la presencia de la hermana Rosetta Tharpe, la verdadera madre del rocanrol. Una guitarrista de gospel sensacional que, para asombro de todos, tocaba la guitarra eléctrica tan bien como lo haría tiempo después Chuck Berry.

Es verdaderamente inverosímil que Sister Rosetta Tharpe no sólo no sea reconocida como una de las fuentes primarias del rocanrol, sino que no sea venerada como la primera mujer que hizo historia en este género, en la música negra y en la guitarra eléctrica. Debería tener un monumento… o más. Para quien lo dude o considere como exagerados estos elogios, los remito a la filmación (hoy cómodamente accesible en video a través de YouTube) de la hermana Rosetta, bajo el título de "Didn't It Rain?". Allí podrán ver a una ñora bastante repuestita, en su abrigo de misa de domingo, haciendo todo lo que hace Keith Richards, pero sin cigarro y con tacones. Así lo hacía diez años antes que Chuck Berry… y veinte antes que Elvis. Esta mujer única tocaba la guitarra eléctrica y rocanrolera mejor que nadie. ¡Y qué voz! ¡Y sin micrófono! Aunque con esa voz… ¿quién lo requería? Honor a quien honor merece.

En el video, que se rodó en una vieja estación de trenes, se puede ver al público —formado por puros chavos ingleses blancos, fresas— prendido con su actuación. Y si bien no se ponen de pie ni bailan todavía, tratan de forma muy torpe de llevar el ritmo con palmas… ¡pero nunca entran en ritmo! La hermana Rosetta y sus músicos —contrabajo, piano y batería— no se inmutan en lo más mínimo. Ellos están en lo suyo. Con ésa y algunas otras actuaciones ofrecieron una lección magistral de blues, gospel y rocanrol, que a los músicos ingleses no habría de pasarles inadvertida.

Para ejemplo basta con un botón: el primer disco de los Rolling Stones, que vieron y escucharon por primera vez a Muddy Waters en esa gira, editado por Decca en 1964, no tiene más que una pieza

—muy buena, por cierto— de la autoría de Jagger y Richards: "Tell Me (You're Coming Back)"; todo lo demás es blues o rhythm and blues norteamericano: composiciones de Willie Dixon, Jimmy Reed, Bo Diddley, Slim Harpo, Chuck Berry y Rufus Thomas, así como un par de composiciones colectivas de los Stones amparadas bajo el bufonesco pseudónimo de Nanker Phelge.

Por una ironía del destino, los Beatles, que venían de pasar tiempos durísimos en las zonas de rompe y rasga de Hamburgo, entre prostitución y drogas, y que lo habían visto y vivido ya todo, fueron apreciados por el público, gracias en gran medida a los buenos oficios de las relaciones públicas de su manager Brian Epstein, como una banda que le caía bien a todo el mundo y que era bien recibida no sólo por sus jóvenes y delirantes fans, sino aun por sus padres y, en poco tiempo, hasta por sus abuelos.

Los Rolling Stones, en cambio, para las mismas épocas en que los Beatles comenzaron a triunfar en grande, batallaban para dar con su próximo sencillo. Pero gracias a los buenos oficios de relaciones públicas de su manager Andrew Loog Oldham, que era mucho más joven y arriesgado que Epstein, consiguió que los imberbes Rolling Stones fueran vistos por la prensa como una verdadera amenaza a la vida familiar y el orden establecido en Inglaterra; punto menos que una banda de forajidos y delincuentes. Los anti-Beatles.

Como asevera Philip Norman en su extensa y muy documentada biografía de Mick Jagger: "Se trataba de una doble paradoja, dado que los angélicos Fab Four tenían un pasado muy rasposo en la zona roja de Hamburgo, mientras que los chicos malos que comenzó a construir Oldham eran totalmente inofensivos, y ninguno lo era más que su vocalista". Pero ésta no era la única paradoja que encarnaba Jagger. Como dice el mismo Norman: "Mick es un triunfador total al que sus logros colosales parecen no importarle nada; un extrovertido de altos vuelos que prefiere la discreción; un egoísta supremo al que no le gusta hablar de sí mismo". En todo caso, queda claro que en los primeros tiempos de los Rolling Stones ni a Jagger ni a ninguno de ellos les había pasado por la cabeza ser compositores. Pero esto iba a cambiar muy pronto gracias al empeño de Oldham, que había visto con qué facilidad Lennon y McCartney habían escrito una cancioncita —"I Wanna Be Your Man"— y se las habían regalado, aún sin terminar, como si fuera la cosa más normal del mundo.

Los Stones no fueron compositores hasta que Oldham —que ya había echado a Stu del grupo y que lanzó la campaña "¿Dejaría usted que su hija se casara con un Rolling Stone?"— decidió encerrar a Mick y a Keith (¿por qué no a Brian Jones?) en una cocina, una noche invernal de 1963, con la consigna de que no saldrían de allí hasta que hubiesen escrito una canción. El resultado de este primer esfuerzo fue "It Should Be You". A esta canción la siguieron otras, curiosamente románticas y hasta femeninas: "My Only Girl", "We Were Falling in Love", "Will You Be My Lover Tonight?". Sin embargo, la primera rola escrita por el dúo Jagger/Richards en ser grabada y que apareció en su primer disco fue "Tell Me", en junio de 1964. En diciembre del mismo año se dio a conocer la segunda canción escrita por ambos, "Heart of Stone". Y no fue sino hasta febrero de 1965 que se lanzó "The Last Time", que aún muchos consideran, erróneamente, como su primera canción.

Un poco antes, a mediados de 1964, y como resultado de sus primeros logros como compositores, surgió "As Tears Go By", una canción compuesta casi en su totalidad por Mick Jagger que demuestra una sensibilidad pasmosa (y más aún si se piensa en la imagen negra que comenzaba a construirse en torno a los Stones), y que aborda un tema inédito en el pop y el protorock: la visión de una anciana que ve jugar, a través de sus lágrimas, a unos niños. Una balada delicada, isabelina, prerrafaelista, que Oldham decidió lanzar con una cantante que le hiciera los honores a esta imagen. La elegida fue la bella y (al menos hasta entonces) punto menos que virginal Marianne Faithfull, que habría de convertirse en poco tiempo en pareja de Jagger.

Fue tal el éxito de esta melancólica balada que finalmente los Stones decidieron vencer su reticencia y dieron a conocer su propia versión a fines de 1965. Mucha gente sigue pensando que ésta fue la primera canción compuesta por Jagger y Richards. En realidad fue su sencillo número siete, luego de las piezas ya mencionadas: "Tell Me", "Heart of Stone" y "The Last Time"; más "Play with Fire", "Satisfaction" y "Get Off of My Cloud".

Los Rolling Stones fueron contratados por Decca luego de una buena recomendación de George Harrison y grabaron sus primeras canciones en los estudios Olympic, de Londres. Con Andrew Loog Oldham como su productor, grabaron el tema "Come On", de Chuck Berry, y lo lanzaron acompañado de la canción "I Want to Be Loved", de Muddy Waters, como su primer sencillo. El mismo Oldham, de escasos 21 años, había lanzado Immediate Records, una de las primeras disqueras independientes en Inglaterra, y había contratado como productor a un jovencísimo guitarrista de estudio llamado Jimmy Page.

Es bien conocida la anécdota de cómo se hicieron los Rolling Stones de su nombre. Viviendo en la más absoluta pobreza, los futuros Stones decidieron gastar en una llamada a *Jazz News* para anunciar una tocada. "Pero ¿cómo se llaman?", les preguntaron. Y como el tiempo corría y no tenían nada de que echar mano, Brian Jones, sin pensarlo mucho, se fue de inmediato sobre el acetato *The Best of Muddy Waters* que estaba en el piso y leyó el nombre de la primera pieza: "Rollin' Stone". El resto es historia.

A Ian *Stu* Stewart —el Rolling Stone invisible— que fue el primero en responder al llamado de Brian Jones en 1962 para formar el grupo, nunca le gustó el nombre. A pesar de haber quedado fuera de la banda, Stu cumplió por años con la triple función de pianista, *roadie* y jefe de giras. "Para mí, Rolling Stones es su banda", dijo Keith Richards en su libro de memorias, *Life*. Allí mismo, hablando de los músicos negros, recuerda:

> Había una audiencia para los blueseros en Inglaterra. En Estados Unidos, la mayoría de estos artistas negros tocaban en cabarets… pero descubrieron que en el Reino Unido podían tocar blues. Big Bill Broonzy vio que podía ganar un poco de dinero si cambiaba el blues de Chicago para ser un *bluesman* folk para el público europeo. Y la mitad de esos negros nunca volvieron a Estados Unidos, porque se dieron cuenta de que estaban siendo tratados como basura en casa, mientras que las bellezas danesas se desvivían por atenderlos. ¿Para qué iban a volver? No sorprende que Dinamarca se haya convertido en un refugio para tantos músicos de jazz en los años cincuenta.

Luego de tocar en el Festival Nacional de Jazz y Blues, los Rolling Stones emprendieron su primera gira oficial por Inglaterra como teloneros de dos de los grandes músicos rocanroleros negros: Bo Diddley y Little Richard. Ambos habían dejado pasmados a los músicos ingleses, y compartir un escenario con ellos fue una verdadera iniciación para los Stones. Siguiendo los pasos de los Rollin' vendría toda una generación de músicos ingleses que hicieron del blues su bandera y su religión.

Y es que antes que el jazz y el swing, y mucho antes que el rock'n'roll y el rock, el blues les había dado una voz potente a los negros para expresar sus quejas y su descontento con las durísimas condiciones de vida que tenían que soportar. Así lo relata con mucha gracia Bob Spitz en *A Case of the Blues*:

> Podrías estar en una encrucijada pidiéndole misericordia al Señor, o haciendo que tu medianoche se arrastrara como un hombre por la puerta trasera, o manteniendo la luz de tu lámpara encendida… no importa cómo me la pongas, hermano, tienes un caso de blues. Ya te llegó el blues si tienes a una mujer con la cara más horrenda de la ciudad, o si pides agua y tu amor te da ga-so-li-na, o si te estás preparando para morir. Si tienes un mínimo de energía funcionando, un buen blues de doce compases puede curar cualquier cantidad de males...

Así que, a principios de los años sesenta, los y las adolescentes ingleses se dieron cuenta de que el blues, en efecto, podía curar muchos de sus males. En un periodo muy corto y casi todos al mismo tiempo descubrieron que el blues era el remedio mágico a las estrecheces de su apretado entorno de posguerra y a su consiguiente aburrimiento. El blues se volvió su religión.

A mí me llegó el blues de una manera totalmente inesperada: una tarde en que escuchaba en mi pequeño radio portátil música de alguna estación de FM, que entonces iniciaba sus transmisiones en México, logré sintonizar una música desconocida para mí que me conmovió hasta las lágrimas. Una melodía de una belleza tan intensa como la tristeza —la melancolía— que me produjo. Una combinación extraña que no había sentido nunca antes.

La melodía y la cadencia de la pieza se me quedaron grabadas en el disco duro del oído y la conciencia. Y poco tiempo después, para mi inmensa alegría, volví a oír esta composición que había yo buscado por todas partes sin que nadie atinara a decirme qué o quién era. Se trataba de "Summertime", el blues compuesto por Gershwin como aria para su ópera *Porgy and Bess*, de 1934. Aunque yo escuché esta pieza por primera vez en una versión instrumental, el poder de su música me traspasó. Evidentemente, lo mismo les ha sucedido a millones de escuchas y a un sinnúmero de artistas que han grabado su versión de esta pieza, desde Billie Holiday, que en 1936 fue la primera en llegar a las listas de éxitos de Estados Unidos con esta melodía, hasta la soprano Kiri Te Kanawa, pasando por las interpretaciones de John Coltrane, Sam Cooke, Pete Seeger, Booker T. & the M.G.'s, Mahalia Jackson, Willie Nelson, Sarah Vaughan, Peggy Lee, Nina Simone, Dionne Warwick, Paul McCartney, los Zombies, James Brown, Jerry Garcia, Al Jarreau, Peter Gabriel, R.E.M., Smashing Pumpkins y muchísimos más… sin olvidar, desde luego, la estremecedora e inolvidable versión de Janis Joplin.

Se puede discutir si la pieza es un gospel o si desde un principio fue concebida por Gershwin como folk music o si se trata de un blues. El uso de la escala pentatónica en el contexto de una tonalidad menor y una progresión armónica de movimiento lento hace sentir con mucha convicción que se trata de un blues. Tal vez la multiplicidad de sus raíces y su multifacética vida en voz de tantos artistas haya hecho que esta melodía se convirtiera en una de las favoritas de los intérpretes de jazz durante décadas, ya que puede interpretarse en una gran variedad de estilos y de tempos.

Antes de mediados de los años sesenta, en México el blues era casi completamente desconocido, entre otras razones porque en esos tiempos la población de origen africano era prácticamente inexistente en la Ciudad de México. Yo tuve la suerte de convivir de niño con una familia negra que era vecina de mi abuela Mercedes en la calle de Río Ussuri: los Laboriel.

La familia Laboriel, cuyo padre, el actor y compositor Juan José Laboriel, era originario de La Ceiba, Honduras, y su madre, la actriz Francisca López, de México, resultó ser un semillero de artistas. Yo los conocí a mediados de los años cincuenta y eran muchos. No los recuerdo individualmente; sólo sé que jugar con aquellos niños y niñas y convivir con una familia negra era, por decir lo menos, asombroso. De esta familia el primero en destacar en la música fue Johnny Laboriel, como cantante de Los Rebeldes del Rock. Más reconocimiento internacional tuvo su hermano, el bajista Abraham Laboriel. Y durante algún tiempo también se pudo escuchar a la cantante Ella Laboriel.

Abraham Laboriel comenzó su carrera tocando el bajo junto a Javier Bátiz y años más tarde se trasladó a Estados Unidos para estudiar en el Berklee College of Music, en Boston. Abraham llegó a trabajar como músico de sesión con muchos de los grandes: Ella Fitzgerald, Aretha Franklin, Herbie Hancock, Ray Charles, Dr. John, Michael Jackson, Stevie Wonder, Elton John, Madonna, Paul Simon, Quincy Jones, y muchos más. Su hijo, el baterista Abe Laboriel, tocó con B. B. King y ahora nada menos que con Paul McCartney.

Al crecer en la Ciudad de México en la década de los cincuenta y al participar Johnny en un grupo de rock famoso, la casa de los Laboriel se llenó de grabaciones de editores estadounidenses que esperaban versiones en español de sus éxitos. Tal vez allí comenzó mi amor por esta música.

Entre los músicos mexicanos que a lo largo de cincuenta años dejaron huella en el rock internacional, además de la tribu de los Laboriel, habría que citar, antes que a nadie, a Ritchie Valens, que tuvo un resonante éxito con "La bamba". A mediados de los años sesenta, Question Mark & the Mysterians tuvieron un enorme éxito con "96 Tears". Su líder, Rudy Martínez, alegó (y creo que sigue alegando) ser un marciano, que sufrió con los dinosaurios en una vida anterior, y nunca aparecía en público sin gafas de sol. También afirmaba que "las voces" le decían que estaría interpretando "96 Tears" en el año 10 000.

Para la segunda mitad de los sesenta, hay que destacar en primerísimo lugar a Carlos Santana, que, con todo y ser el músico de origen mexicano más reconocido en la escena del rock y del jazz mundial, no es el único. No hay que olvidar a Fito de la Parra, baterista de Canned Heat; también con el Canned Heat estuvo Olaf de la Barrera, que en México tocó con los Sinners; cabe aquí mencionar a Javier Bátiz, que se significó por haber apoyado en sus inicios a Santana y a Abraham Laboriel; y a Jorge Santana, hermano de Carlos, que con su grupo Malo lanzó la genial rola de soft rock chicano "Suavecito". También vale la pena recordar —pues se puede escuchar en su música— la ascendencia mexicana de cantantes como Joan Baez, cuyo abuelo era de Puebla, y Linda Ronstadt, cuyo padre era de Guaymas, Sonora. Y no se diga Los Lobos.

Al paso del tiempo, los ejemplos, nexos y filiaciones de México y el mundo del rock se han multiplicado hasta volverse incontables. Pero por lo que toca al blues la historia es menos rica. En la revista electrónica *Cultura Blues*, dedicada íntegramente a este género musical, se han hecho algunos recuentos de la historia del blues en

México. En ellos queda claro que el blues no existió en este país antes de los años sesenta, salvo alguna excepción:

> Tal vez uno de los primeros ejecutantes de blues en México fue Javier Isaac Medina Núñez, mejor conocido como Javier Bátiz. Nació en Tijuana, Baja California, en 1944. Cuenta la historia que en 1957 fundó un grupo llamado Los TJ's, con el que recogió influencias musicales que recibió de las ciudades fronterizas, directamente de gente de blues, rhythm & blues, rock and roll y soul, como T-Bone Walker, Muddy Waters, B. B. King, Chuck Berry, Howlin' Wolf, y James Brown.

En Inglaterra, antes de que comenzaran en toda forma los *sixties*, en el Marquee Club de Londres, en 1960, dos improbables blueseros, Alexis Corner y Cyril Davies, sin ser negros y sin ser tampoco muy buenos músicos, prendieron a la clientela con sus blues electrificados. Para 1962, al frente de su banda, Blues Incorporated, abrieron un antro en un sótano.

La música que tocaban provenía directamente de un concierto de 1958 en Londres —en St. Pancras Town Hall, para ser más exactos—, en el que por primera vez escucharon tocar a Muddy Waters. Antes ya habían escuchado a blueseros como Big Bill Broonzy, Sonny Terry o Lonnie Johnson, pero tocando siempre con instrumentos acústicos. La noche en que Muddy Waters conectó su guitarra Telecaster a un amplificador hizo historia:

> Pensaron que yo era un Big Bill Broonzy, y no lo era. Tenía mi amplificador, tenía a [Otis] Spann y les iba a dar algo de Chicago. Abrimos en Leeds, Inglaterra. Definitivamente fue demasiado ruidoso para ellos. A la mañana siguiente estábamos en los titulares de los periódicos: "una guitarra que grita y un piano que aúlla".

El auditorio se sintió ultrajado por el volumen de la música y por lo que consideraron una muestra de salvajismo por parte de

McKinley Morganfield (el nombre de pila de Muddy Waters), que así se adelantaba por mucho —ocho años— a lo que Dylan viviría en 1966 cuando decidió electrificar su folk. Mucha gente todavía pensaba que el blues era parte del jazz… algo más civilizado.

Su magnífica banda, que entre 1948 y 1958 lo acompañó en todas sus actuaciones, ha sido considerada por muchos como la mejor banda de blues de todos los tiempos. Sus blues urbanos tenían como telón de fondo la ciudad de Chicago. Sin embargo, en Inglaterra Muddy Waters fue acompañado por la banda de Chris Barber, que fue quien lo invitó a comenzar una gira en Leeds. Aunque no tuvieron tiempo para ensayar, acordaron comenzar la tocada con una de sus piezas más conocidas: "Hoochie Coochie Man".

Un par de días después la gira llegó al St. Pancras Town Hall, en Londres. El crítico de jazz de *Melody Maker*, Max Jones, le dio a Waters una crítica favorable, luego citada por Roberta Schwartz en *How Britain Got the Blues*: "Extraordinario... fue duro, descortés, marcadamente rítmico, a menudo muy fuerte, pero con algo de luz y sombra en cada número... el repertorio era blues puro, y el estilo era vital, desinhibido y decididamente 'Down-South'".

Desde que Muddy Waters impactó a la audiencia y a los músicos ingleses con su versión amplificada y electrificada del blues tradicional, los músicos y las bandas inglesas formaron legión. Habían encontrado en esta música algo que faltaba en una Inglaterra sobrada de historias y falta de emociones.

A partir del semillero del Blues Incorporated de Korner, músicos como Jagger, Richards, Charlie Watts y Brian Jones abrevaron en esta escuela no oficial, pero efectivísima, lo mismo que los miembros fundadores de Cream, Jack Bruce y Ginger Baker. Otros músicos que mucho se beneficiaron de la iniciativa de Korner fueron los muy poco recordados Graham Bond y Long John Baldry. Y a partir de que a principios de los años sesenta el bluesero norteamericano blanco John Mayall decidió mudarse a Londres y formar los indispensables Bluesbrakers, su agrupación se volvió en un quién-es-quién del blues inglés. Por su banda pasaron artistas tan importantes como Eric Clapton, Mick Taylor, Jimmy Page y Peter Green, futuras estrellas con The Yardbirds y Cream, The Rolling Stones y Fleetwood Mac.

A mediados de los años sesenta, la devoción (no se le puede llamar de otra forma) por el blues de muchos músicos ingleses y gringos permeó toda la escena de la música pop. El blues se convirtió en un género obligatorio y poco menos que reglamentario. Incluso los representantes de la música folk tenían que incluir en sus repertorios piezas de Leadbelly o de Big Bill Broonzy.

Pink Floyd, por dar sólo un ejemplo, decidió circular con un nombre extraño que en realidad no es más que la curiosa unión de los nombres de dos blueseros campiranos de Carolina del Sur: Pink Anderson y Floyd Council. Y así como ellos, muchos otros músicos y grupos se dieron a la tarea de rescatar viejos blues y olvidados compositores e intérpretes perdidos en las tiendas de discos usados y en los archivos y fonotecas de toda clase de instituciones y bibliotecas. Grabaciones de las décadas de los veinte y los treinta sirvieron como punto de partida y fuente de inspiración para un sinnúmero de composiciones.

Pero el blues comenzó a desgastarse muy pronto. Fue un fenómeno generalizado para la generación de músicos de principios de los años sesenta, sobre todo en Inglaterra, que muy pronto comenzó a mostrar sus limitaciones. Después de todo, no son infinitas las posibilidades y las permutaciones de tres acordes y doce compases. En muy pocos años el blues pasó a ser el género de cajón para las bandas de bares y fiestas que fatigaron versiones de todos los grandes. Se puede decir que, de una forma u otra, en nuestros días el blues es una música omnipresente.

En poco tiempo bandas como la de los Stones estarían explorando muy distintas posibilidades musicales sin olvidar sus raíces blueseras. Y por más que sí hay que darle el mérito debido a las bandas de jóvenes músicos ingleses de la "ola inglesa" por el rescate y reapreciación del blues y de sus compositores e intérpretes originales, lo cierto es que la disparidad entre negros y blancos seguía siendo flagrante.

Bandas como The Beatles, The Rolling Stones, The Kinks, The Animals, The Yardbirds, The Who, The Hollies, Them y un larguísimo etcétera volvieron a poner bajo las luces de los reflectores, en los conciertos y en brazos de la popularidad misma, una música —y unos músicos— que habían caído en el olvido en su propia tierra. El jazz, el blues, el rhythm and blues, el gospel, el rocanrol, y más tarde el soul, el ska, el reggae, el funk y cuanta forma de música negra se pueda sacar a relucir, hallaron en la rubia Albión a sus valedores.

Sin embargo, con todo y el sincero reconocimiento que las bandas inglesas procuraban dar a John Lee Hooker y Chuck Berry, a Little Richard y Muddy Waters, el dinero contante y sonante de las regalías de la música no llegaba a donde tenía que llegar. Mucho menos las grandes fortunas generadas por los conciertos, la publicidad y la memorabilia. La disparidad del *apartheid* musical a mediados de los años sesenta continuaba siendo una asignatura pendiente. Urgía un retorno del blues a sus raíces y un reconocimiento que ya se había demorado más de la cuenta en su país natal.

Porque toda esta música era negra y de Estados Unidos. Más aún, provenía casi en su totalidad de ese triángulo que forman tres ciudades del sureste: Memphis, Nashville y Nueva Orleans, el famoso "Mojo Triangle", como lo bautizó James Dickerson. Sin embargo, en última instancia, toda esta música provenía de África: la habían traído consigo los esclavos negros. Sólo que para el redescubrimiento de las raíces originales tendría que pasar mucho más tiempo. El acto de justicia que tardaría en llegar en Estados Unidos —y más tarde en el mundo entero— comenzó por donde menos se necesitaba: dando a las bandas inglesas una popularidad sin precedentes.

Ejemplo perfecto de semejante popularidad conseguida de la noche a la mañana son The Kinks, que con su primer disco y, sobre todo, con su tercer sencillo, "You Really Got Me", no sólo se hicieron famosos en Inglaterra y en Estados Unidos, sino que sentaron las bases de lo que más adelante sería el hard rock, el garage rock, el heavy metal, el punk y el grunge. Tal cual lo han reconocido bandas y músicos de muchas corrientes. La pieza de Ray Davies, con apenas más de dos minutos de duración, ha sido grabada incontables veces. Son bien conocidas las versiones de Mott the Hoople, Buddy Miles, Sly & the Family Stone, Iggy Pop, Robert Palmer, Toots and the Maytals y Van Halen, que lanzó su versión como su primer sencillo y catapultó la carrera del grupo.

"You Really Got Me" fue concebida originalmente por Ray Davies como una pieza de jazz y compuesta en piano. Pero en cuanto su hermano menor, Dave Davies, de sólo 17 años, la escuchó, le propuso de inmediato trasladar los acordes a la guitarra. Dave acababa de hacer, casi sin darse cuenta, un descubrimiento sonoro que habría de alterar el rumbo del rock. Presa de la frustración con el sonido de su pequeño amplificador Elpico de 10 vatios, decidió cortar con su navaja de afeitar el cono de la bocina. Cuando escuchó el resultado se quedó atónito: la primera guitarra distorsionada del rock había nacido en su casa. El sonido que produjo en la sala del hogar paterno terminó siendo copiado por guitarristas de rock de todo el mundo.

La importancia del descubrimiento de Dave Davies y el modo de utilizarlo no pueden ser subestimados. Como dijo Ray Davies —que nunca se caracterizó por ser precisamente un hermano fácil ni amoroso—: "Si Dave no hubiese tocado una sola nota más después de su guitarra en 'You Really Got Me', de todas formas tendría su lugar asegurado entre los grandes guitarristas en la historia del rock". No por nada Jimi Hendrix siempre consideró esta pieza como un prodigio que se resolvió en 1964 con dos acordes tocados en dos minutos, y la guitarra de Dave, como un hito, un punto de referencia obligado en el desarrollo del rock.

Y por lo que toca a Ray Davies, basten las palabras de Dylan: "Yo creo que Ray Davies es un genio. Aunque nunca nadie me pregunta nada sobre él, yo siempre he sido un fan suyo. Siempre me ha gustado lo que hacen él y su hermano y su grupo. Cualquiera que pueda salir con algo nuevo, algo que no se había escuchado nunca antes, es digno de mi admiración. Y esa canción… 'You Really Got Me', y la siguiente… eran otra cosa… eran algo nuevo… lo admiro y lo aprecio". El catálogo de canciones compuestas por Ray Davies durante los años sesenta es tan variado, extenso y sólido como el de los Beatles o el de los Stones. Pete Townshend, el guitarrista, compositor y líder de The Who, ha dicho una y otra vez, y sin ironías de por medio, que a Ray Davies se le debería nombrar "poeta laureado del Reino Unido".

No es necesario forzar mucho los hechos, las palabras, el entendimiento ni la imaginación para reconocer que con "You Really Got Me" terminaba el pop —el rocanrol ya había pasado a mejor vida hacia fines de los cincuenta— y, por más que nadie (o casi) se diera cuenta en esos momentos, comenzaba el rock. "El rocanrol —y vuelvo a citar aquí a Dylan— terminó con Little Anthony & the Imperials… los Beatles no son rocanrol, tampoco los Rolling Stones". Lo que sí eran estos dos grupos en 1964 —además de autores de piezas buenísimas e inventores de algunos de los personajes más carismáticos y populares de esos años— eran las bandas más exitosas y conocidas en el mundo entero.

A muchos miles de kilómetros de distancia, en una colonia de medio pelo en el sur de la Ciudad de México, terminando la secundaria en el Simón Bolívar, yo me encontraba en el nadir de mi propia identidad. Perdido. Casi no recuerdo nada de esos años, salvo mi primer viaje fuera de México, a Los Ángeles, en un Estrella Blanca. Y en el camino, mi primera experiencia escuchando a alguien cantar a los Beatles. Lo digo en mi poema "El autobús descompuesto":

> Corría el invierno de 1965
> y yo hacía mi primer viaje a la frontera;
> iba a Los Angeles en una estrella blanca.

A la media noche del segundo día
el autobús se detuvo de pronto:
una falla mecánica nos impedía seguir el viaje.

Tuvimos que bajar todos
a la mitad de ninguna parte.
Bajamos primero los jóvenes,
después fueron bajando los niños,
y hasta el final los viejos,
protestando por la falla,
cansados por el camino,
y hartos ya con el llanto
de un pequeño de brazos.
La joven madre lo calmó
dándole de comer de sus pechos
bajo las suaves estrellas.

Media hora más tarde bajó el acordeón
y después la ciega que lo tocaba.

Un aroma exquisito recorría el campo,
y al poco tiempo todo se calmó.
Todos nos calmamos...

Quizá fue la primera vez en mi vida
que escuché a alguien cantar
una canción de los Beatles...

No deja de llamarme la atención —a pesar de que han pasado ya tantos años— que mi primera experiencia con la música de los Beatles en vivo haya sido en medio del campo, a media noche, escuchando a una mujer muy mayor tocando sus piezas con un acordeón. Así de famosos eran ya para entonces. Pero más allá de las anécdotas personales, *A Hard Day's Night*, el tercer álbum de los Beatles —que dio lugar a la cinta homónima dirigida por Richard Lester en 1964, y que ha sido considerado por muchos como la obra maestra del pop—, nos muestra a los cuatro jóvenes músicos de Liverpool en la apoteosis de su popularidad y a punto de cambiar el mundo… es tan sólo cuestión de que el mundo los deje salir de su hotel. Allí afuera los esperan las fanáticas histéricas y la prensa insaciable que los sigue a todas partes.

Pero estas tribulaciones no sólo afectaban a los Beatles. Apenas cuatro meses después de que el cuarteto de Liverpool aterrizara en Nueva York para dar inicio a la invasión de la ola inglesa, los Rolling Stones hicieron su esperado arribo a la Unión Americana. La Associated Press describió en estos términos su llegada: "Siguiendo las huellas de los Beatles, una segunda ola de británicos con aspecto de perros pastores, que parecen estar siempre enojados y tocan la guitarra, está en camino. Se hacen llamar los Rolling Stones". Por la misma época, un detractor de los Stones decía: "Son más sucios y desaliñados que los Beatles, y en algunos lugares son más populares que ellos". Sobre todo, hay que subrayarlo, con las chicas: "Estos ejércitos de chicas salvajes —confesaba Keith Richards— y ladronas de cuerpos comenzaron a surgir en gran cantidad a mitad de nuestra primera gira por el Reino Unido, en el otoño de 1963".

Y si la descripción de las fans de los Stones como "ladronas de cuerpos" suena exagerada, remito a los lectores y las lectoras de estas líneas al cuarto capítulo de las memorias de Richards, *Life*, donde relata una experiencia escalofriante que casi le cuesta la vida en Middleborough, tras una de sus incontables tocadas. Keith nunca supo cómo sobrevivió a un asalto bárbaro que lo dejó en manos de una jauría de "hienas salvajes" (así las describe) que casi lo estrangulan.

Estas escenas de histeria colectiva escenificadas por las fanáticas adolescentes no comenzaron con los Beatles ni con los Stones. Años atrás, Elvis Presley, por dar sólo un ejemplo de la época inmediatamente anterior, había pasado por el mismo tormento de las ménades. Y antes que él, Frank Sinatra. Y si hablar aquí de tormento parece excesivo, ¿qué diremos del relato de Keith Richards? "Preferiría estar en una trinchera peleando con el enemigo que enfrentado a esta ola asesina e imparable de lujuria y deseo —o lo que ustedes gusten y manden que esto sea— de adolescentes que ni siquiera saben lo que hacen". Para los Beatles era lo mismo. De alguna manera habría que explicar por qué los asientos ocupados por las jóvenes fans en sus conciertos de esos años quedaban empapados al final de las tocadas. Y qué tan populares llegaron a ser los Beatles y cuánto significaron para tantos queda muy bien ilustrado con un fragmento del texto de Peter Handke, *Ensayo sobre el jukebox* (lo que en México se conoce como "rockola"):

> Desde lo más profundo sonó una música con la que él, por primera vez en su vida, y luego sólo en los momentos del amor, experimentó lo que en la jerga se llama "levitación" y que él mismo, más de un cuarto de siglo después, llamaría, ¿cómo?: "¿ascensión?", "¿deslimitación?", "¿mundización?". ¿O así: "Esto —esta canción, este sonido— soy yo ahora; con estas voces, estas armonías, yo, como nunca en la vida, he llegado a ser lo que soy; como este canto, así soy yo, ¡del todo!"? (Como de costumbre, había un giro para todo esto, pero, como de costumbre, no correspondía del todo a la realidad: "Él se disolvía en la música".) [...]
>
> Pero luego, cuando él, oyendo la radio, que era algo que hacía cada vez menos, supo cómo se llamaba el coro de las desvergonzadas lenguas de ángeles que, atronando, como quien no quiere la cosa, con sus "I Want to Hold Your Hand", "Love Me Do", "Roll Over Beethoven", le quitaban todo el peso del mundo, fueron éstos los primeros discos, digamos "no serios" que él compró (en lo sucesivo sólo se compró discos de éstos), y luego, en el café de las columnas era él el que estaba apretando las teclas de "I Saw Her Standing There" (justamente al lado del jukebox) y "Things We Said Today".

Otro testimonio apasionante, por venir de quien viene, nos lo da Gabriel García Márquez. *Qué noche la de aquel día* es el título que se le dio al álbum y a la película *A Hard Day's Night* en España, y que en México fue conocida —y mejor traducida— como *La noche de un día difícil.* En su libro de memorias, *Vivir para contarla,* el gran Gabo, que se acostumbró desde sus andanzas periodísticas de joven a escribir con música, confiesa: "En México, mientras escribía *Cien años de soledad* —entre 1965 y 1966—, sólo tuve dos discos que se gastaron de tanto ser oídos: los *Preludios* de Debussy y *Qué noche la de aquel día,* de los Beatles".

¿Quién lo hubiera dicho? ¡Los Beatles y *Cien años de soledad* en un mismo viaje! Pero no hay por qué extrañarse... así fueron los años sesenta: la música popular y la gran literatura (y la música clásica: ¡Debussy!) se dieron la mano; como se abrazaron, a fin de cuentas y al paso de muy pocos años, el gran arte y el arte popular. *High & low.* A mediados de la década de los sesenta las fronteras comenzaron a borrarse.

1965
La gestación

Las bandas británicas cambiaron la forma de tocar el rocanrol, y los cantantes de folk estadounidenses transformaron la forma en que se consumía. La fusión de la música y la política que se produjo a principios de la década de los sesenta tuvo efectos duraderos en la naturaleza y el propósito de la música popular. Pocos grupos como Lovin' Spoonful y pocas canciones como las de John Sebastian sintetizan y expresan lo mejor de 1965: la pura buena onda de mediados de los sesenta. Sus dos grandes éxitos del año, "Do You Believe in Magic?" y su bella secuela, la buenísima onda "You Didn't Have to Be So Nice", expresan de modo perfecto el lado luminoso de estos años. Los Beatles tenían competencia. Ya no eran sólo Beach Boys, Dylan y Byrds.

> Do you believe in magic in a young girl's heart
> How the music can free her, whenever it starts?
> And it's magic, if the music is groovy
> It makes you feel happy like an old-time movie
> I'll tell you about the magic, and it'll free your soul
> But it's like trying to tell a stranger 'bout rock and roll
>
> If you believe in magic don't bother to choose
> ...so just blow your mind

¿Crees en la magia en el corazón de una chica,
cómo la música puede liberarla, cada vez que empieza?
Y es mágico, si la música es maravillosa;
te hace sentir feliz como una vieja película...
te contaré sobre la magia, y liberará tu alma.
Pero es como tratar de explicarle a un extraño el rocanrol.

Si crees en la magia no te molestes en elegir
...sólo deja que te vuele la tapa

"Estábamos agradecidos con los Beatles por habernos recordado y vuelto a poner en contacto con nuestras raíces, country y rocanrol —dijo John Sebastian—, pero ya queríamos prescindir de los intermediarios y ser una banda americana". Y nadie lo había entendido mejor que Bob Dylan, que vio con mucha claridad que el futuro de su música —que el futuro de la música pop, es decir, del rock— estaba en los instrumentos eléctricos. Y de ahí para adelante. Ya no había marcha atrás.

How does it feel?
How does it feel to be without a home
Like a complete unknown
Like a rolling stone?

¿Cómo se siente?
¿Cómo se siente no tener hogar,
como una completa desconocida,
como una piedra que rueda cuesta abajo?

No se había escuchado nunca en la música popular en ningún idioma, ni por su extensión ni por su profundidad, algo semejante a lo que hacía Dylan en 1965. Sus canciones constituían un auténtico llamado a las armas de la poesía. De aquí en adelante, seguir escribiendo *silly songs of love* no sería, en el mejor de los casos, más que un divertimento. Había cosas urgentes que decir. Y no había mucho tiempo para decirlas.

Para aquellos que, como yo, por haber nacido en un país como México, vivíamos todo esto a la distancia de la radio y de los muy contados discos que podíamos conseguir, tanto por lo difícil del acceso como por su alto precio, la poesía de Dylan y su corte nos hacían soñar de un modo distinto. Había otras posibilidades más allá del bolero llorador y de la guapachosa música tropical, de la música ranchona y "la época dorada del rocanrol mexicano" y su museo del horror lírico, que nos regaló, como dice Federico Arana, "mamarrachadas como 'Agujetas de color de rosa', 'Cándida' o 'Perro lanudo'".

Cuando Bob Dylan grabó y dio a conocer *Bringing It All Back Home*, en 1965, estaba aludiendo precisamente a lo mismo: había llegado ya el momento de rescatar el rock —que si bien aún no se conocía con esta palabra era ya un fenómeno en pleno desarrollo— del monopolio absoluto de las bandas británicas y devolverlo a casa. Aludía también a la urgente necesidad de ajustar cuentas con la música negra en su país de origen. Una deuda largamente postergada que no hacía sino continuar la injusta explotación de los negros por los blancos. Había que regresar a poner todo en orden en la propia casa. Con medio disco tocado con instrumentos eléctricos y otra mitad acústica en su casi totalidad, *Bringing It All Back Home* contenía, entre otras joyas, una canción con ecos de Rimbaud: "Mr. Tambourine Man", que muy pronto popularizarían los Byrds. Otra canción icónica es "It's Alright, Ma (I'm Only Bleeding)", una de sus composiciones más ambiciosas, que inauguró una veta para las canciones de denuncia y contiene algunos de sus versos más citados y memorables: "He not busy being born, is busy dying..." / "Quien no está ocupado en nacer está ocupado en morir".

La dicotomía eléctrica y acústica del disco reflejaba la etapa de transición de Dylan de la música folk acústica al rock tocado con instrumentos eléctricos. Al tener en cuenta que en 1965 Dylan era considerado como el portavoz de la joven generación y el líder indiscutible del renacimiento de la música folk, no es difícil entender la reacción tan adversa que provocó su presentación en el Newport Festival entre ciertos sectores. El 25 de julio, tan sólo cinco días después de haber lanzado el sencillo "Like a Rolling Stone", Dylan brindó una breve audición eléctrica que hizo historia. Acompañado por Al Kooper y Mike Bloomfield, así como de otros miembros de la banda de Paul Butterfield, Dylan y su banda tocaron a un volumen y con una agresividad que no se habían escuchado nunca. ¡El triunfo total de la electricidad! Después de esta inolvidable tocada, ya nada volvería a ser lo mismo. He aquí el recuento que hace un testigo presencial y participante del evento, Joe Boyd:

> Algunos lo amaron y otros lo detestaron, pero no hubo nadie que no se quedara asombrado, energetizado, estupefacto. Lo que sucedió esa noche fue algo completamente nuevo que en muy poco tiempo todo el mundo daría por descontado: letras no lineales, una actitud desdeñosa hacia las expectativas y los valores establecidos, acompañada por guitarras eléctricas y blueseras aullando por todo lo alto, y una poderosa sección rítmica... todo ello tocado por chavos a un volumen capaz de hacer tronar los oídos del respetable... [se puede considerar que] éste es el nacimiento del rock.

No hay que perder de vista que para esos momentos los grandes hits de los Beatles eran canciones como "Yesterday", "Girl", "It's Only Love"... y los Rolling Stones se mantenían en su pop con raíces de blues. Lo que acababa de hacer Dylan era algo radicalmente distinto. Luego del muy aclamado *Bringing It All Back Home*, de 1965, en este mismo año *mirabilis* Dylan dio a conocer *Highway 61 Revisited*. El disco comienza justamente con la pieza que había desatado el pandemonio en Newport; una composición extraordinaria que bien podría considerarse la piedra de toque sobre la que se levanta todo el edificio del rock. El estallido de la batería con el que comienza "Like a Rolling Stone", más que un insistente llamado a la puerta del futuro, es una embestida brutal que echa abajo las puertas del pop y abre una nueva época que cristalizaría unos cuantos meses más tarde con una serie de discos magistrales que mostrarían en 1966 los alcances del género en toda su plenitud.

Michael Gray caracterizó muy bien "Like a Rolling Stone" como "una caótica mezcla de blues, impresionismo, alegoría y una intensa manera de ser directo y sin rodeos". Se trata de una canción que dura eternidades, al menos para los usos y costumbres de la música popular y comercial de entonces, y que, para sorpresa de todos, alcanzó el número dos del Billboard. Con esta pieza Dylan cambió todas las reglas del juego. Revistas de música como *Mojo* o *Rolling Stone* —¡de algún lugar viene su nombre!— la han considerado como "la mejor canción de todos los tiempos".

Cuando Frank Zappa escuchó la pieza de Dylan quiso dejar el negocio de la música, porque sintió que "si esta rola se impone y llega a donde tiene que llegar y hace lo que tiene que hacer, yo ya no necesito hacer nada más. Nada". Obviamente, Zappa estaba equivocado. No sólo "Like a Rolling Stone" tardó mucho en ser reconocida como la obra maestra que es y en ejercer toda su influencia, sino que la cabeza de Mothers of Invention tenía mucho más que aportar más allá de los logros literarios de Dylan. Esto resultó evidente al paso de los años. Pero en 1965 Zappa pulía y velaba sus armas.

Desde muy chavo Zappa se había interesado lo mismo en la música popular —siendo adolescente había logrado reunir una envidiable colección de sencillos de rhythm and blues que conservaría toda su vida— que en la música clásica. Le interesaba la calidad de los sonidos y, en particular, las percusiones. Esta curiosidad muy pronto lo llevó a descubrir a los compositores de música contemporánea, comenzando por Edgar Varèse, por quien siempre sintió gran admiración. Cuando se enteró de que el compositor francés había escrito una obra para percusiones, la célebre *Ionización*, Zappa decidió buscar su música por todas partes. Un año después se encontró, para su gran sorpresa, con una polvorienta copia de un disco de Varèse en una tienda de discos usados. La portada del disco le llamó la atención por la foto del maestro que tenía, como Zappa lo describió en su autobiografía, "una facha de científico loco".

Su madre, que siempre lo apoyó en sus ambiciones musicales, y a pesar de lo mucho que le disgustaba la música de Varèse —a la pobre mujer le debe de haber sonado infernal— decidió regalarle en su cumpleaños quince una llamada de larga distancia con el maestro. Zappa pensó que alguien como él sólo podía vivir en Greenwich Village. Y así era. Llamó, pero sólo encontró a su esposa. Varèse le escribió más tarde una amable carta agradeciéndole su interés e invitándolo a que lo visitara si alguna vez viajaba a Nueva York. Un gesto de generosidad y tal vez de curiosidad por parte de Varèse que Zappa tomó muy en serio. Pero el encuentro no sucedió nunca... el maestro murió en ese mismo año.

Justamente en el Día de las Madres de 1965 Zappa bautizó a su banda como Mothers of Invention y comenzó a escribir una de las páginas más brillantes no sólo en la historia del rock, sino en la de toda la música del siglo XX, incluida la música contemporánea. Al final de su vida acabaría trabajando con uno de los grandes compositores franceses de música contemporánea, Pierre Boulez, que dirigió y grabó un disco extraordinario de música orquestal comisionada a Zappa: *Boulez Conducts Zappa: The Perfect Stranger*.

Pero volvamos a Dylan, que en 1965 había cambiado de un solo plumazo y para siempre con "Like a Rolling Stone" las expectativas de la industria discográfica; entre otras, la duración de una pieza, que las grandes compañías por ningún motivo permitían que rebasara el límite autorizado de los tres minutos. Dylan mostró y demostró, tal y como lo reconoció McCartney, "que era posible ir más allá". Mucho más allá.

En 1965, y en unos cuantos kilómetros, convivían en Los Ángeles Domingo "Sam" Samudio, un mexicoamericano que formó

Sam the Sham & the Pharaohs, y que tuvieron un éxito mundial con "Wooly Bully", y Frank Zappa, que con sus Madres de la Invención estaba a punto de lanzar su primera bomba: *Freak Out!* Casi cuarenta años después, Elvis Costello comentó: "¡Qué cosa más extraña estar viviendo en un mundo donde al mismo tiempo que se podía escuchar a las Supremes, aparecía algo como 'Like a Rolling Stone'!".

Y vaya que se escuchaba a las Supremes. Yo mismo lo pude comprobar en Los Ángeles en el invierno de 1965. Estaban en todos lados. En 1964 ya habían tenido grandes éxitos como "Baby Love" y "Come See About Me" y, en 1965, las cumbres: "Stop! In the Name of Love" y "I Hear a Symphony". Por si fuera poco, además un disco en homenaje a Sam Cooke, que había muerto a balazos en La Hacienda, de Los Ángeles, en diciembre de 1964. El álbum *We Remember Sam Cooke*, cuyo hit sencillo debió haber sido "You Send Me", y que por alguna oscura razón no se grabó o no fue puesto en circulación, contenía canciones tan provocadoras y radicales como "A Change Is Gonna Come".

Sam Cooke había llegado a ser en muy poco tiempo un líder negro no muy distinto ni muy distante de Muhammad Ali, el campeón de boxeo recién convertido al islam que descartó su nombre de bautismo, Cassius Clay, por ser "un nombre de esclavo". Hablándole sin miedo y sin rodeos —como lo estaba haciendo Bob Dylan— a todo Estados Unidos, Ali declaraba: "Yo soy América. Yo soy esa parte de ti que no quieres reconocer. Pero acostúmbrate a mí. Soy negro, seguro de mí mismo, arrogante. Mi nombre, no el tuyo; mi religión, no la tuya; mis metas, no las tuyas. ¡Más vale que te hagas a la idea!".

El cambio que vociferaba Muhammad Ali había sido ya cantado por Dylan en "A Hard Rain's a-Gonna Fall" en 1962, unos días antes de la crisis de los misiles que estuvo a punto de provocar una tercera guerra mundial. Y a pesar de que Dylan desmintió una y otra vez que la canción hablara de una lluvia radiactiva, era imposible no hacer la asociación. Dylan tomaba con esta pieza —escrita al principio como un poema— la poesía insumisa de los beats y la llevaba al rock. En el documental *No Direction Home* (un verso de "Like a Rolling Stone"), que Scorsese filmó sobre Dylan, aparece Allen Ginsberg que recuerda la primera vez que escuchó "A Hard Rain": "Yo me solté a llorar, porque me pareció que la antorcha de la iluminación beat había pasado ya a otra generación. La antorcha y el poder".

En 1964, Sam Cooke, poco antes de morir asesinado en condiciones más que sospechosas en un motel de Los Ángeles, había cantado ya no para "my blue-eyed son" / "mi muchacho de ojos azules" de Dylan, sino para la muy extensa población afroamericana atenazada por el racismo:

> It's been a long, a long time coming
> But I know a change gon' come, oh yes it will
>
> Ha tardado mucho, sí, ha tardado mucho tiempo
> en llegar el cambio, pero yo sé que está por llegar

Y es que, si bien la discografía de Dylan se había hecho popular dejando de lado casi todos los temas tradicionales y románticos de la música que se escuchaba entonces en la radio, y se enfocaba, como en "Like a Rolling Stone", en el resentimiento y la venganza; si había alguien que de verdad tenía derecho al resentimiento y a clamar un desquite y un justo resarcimiento, era la gente negra de Estados Unidos. Los afroamericanos que le dieron al mundo el jazz, el blues, el rhythm and blues, el doo wop y el gospel utilizarían, al igual que los músicos ingleses y los mejores músicos blancos de Estados Unidos, todas estas formas musicales —*sus* formas musicales— como un vehículo, pero no para hacer los grandes experimentos sonoros (que los hicieron, ¡y cómo!), sino, sobre todo, para expresar su descontento, su rabia y sus anhelos de cambio, igualdad y libertad.

Así que, al mismo tiempo que estaba presente Dylan, y mientras reinaban en la cúspide los grupos de rock ingleses encabezados por Beatles y Rolling Stones, la disquera Motown (de Motor Town: la capital de la industria automotriz), de Detroit, sus dueños y cerebros, sus compositores, intérpretes y arreglistas —que incluían talentos de la talla de Smokey Robinson, Diana Ross & The Supremes, The Four Tops, The Temptations, Marvin Gaye, Al Green, Stevie Wonder, The Jackson 5 y muchos más— también estaban cambiando, desde otro ángulo, toda la escena de la música popular de los sesenta.

A los "músicos de la comunidad negra" no les llevaría mucho tiempo desplazar a las bandas inglesas de las listas de popularidad. Un significativo ejemplo de ello es el catálogo de las canciones favoritas de George Harrison en ese momento. No es una mera casualidad que en la edición de diciembre de 1965 de *Record Mirror*, George Harrison haya compartido con los lectores la lista de sus cuarenta y dos canciones favoritas del año, donde se muestra una clarísima predilección por la música negra. De las piezas que eligió, las tres cuartas partes —treinta y cuatro— son de músicos afroamericanos: tres de James Brown, seis sencillos de Motown y nada menos que diez producciones de Stax.

Y es que no sólo la gran fábrica de éxitos de Detroit, comandada por Berry Gordy, y de la mano de su tercia de ases, los compositores con el toque del rey Midas: Holland-Dozier-Holland, estaban colocando la música negra en el centro de la escena pop. En el corazón del Mojo Triangle, la disquera Stax, de Memphis, Tennessee, había pasado de ser un pequeño negocio familiar a convertirse en un potentísimo foco de irradiación soul. Ray Charles, Wilson Pickett, Booker T. & the M.G.'s, Otis Redding y otros más produjeron algunos de los discos más populares e influyentes de la época y, en el proceso, como si fuera poca cosa, nutrieron con su música, al igual que la hermandad de Motown, el movimiento por los derechos civiles.

Cinco lanzamientos de Motown alcanzaron el número uno en la lista de éxitos de 1965, incluyendo "I Can't Help Myself (Sugar Pie Honey Bunch)", de los Four Tops, y "Stop In The Name of Love", una pieza de Holland-Dozier-Holland cantada por The Supremes. También en este año James Brown grabó una de sus grandes piezas, "Papa's Got a Brand New Bag (Part 1)", al mismo tiempo que llegaban al sur de Vietnam las primeras tropas de Estados Unidos. Eran tiempos en extremo convulsos. En febrero de 1965 Malcolm X fue asesinado en el primer día de la Semana Nacional de la Hermandad, casi al mismo tiempo que Martin Luther King y 25 000 activistas en pro de los derechos civiles llevaban a cabo con éxito su marcha de Selma, Alabama, a Montgomery, la capital. En la cima del movimiento, en agosto de 1965, el presidente Lyndon Johnson firmó la Ley de los Derechos al Voto que por fin establecía una base legal para empezar a suprimir la discriminación racial.

Pero quede claro que el soul no sucedió de la noche a la mañana ni fue el resultado de los esfuerzos de una persona o de un pequeño grupo. La música negra hunde sus raíces en el corazón del continente africano, desde donde se generan sus irradiaciones concéntricas que llegaron con los esclavos negros al nuevo continente y al siglo XX. El soul, como bien escribió Jon Savage:

> Fue una combinación de Ray Charles, Solomon Burke, Motown, Atlantic, The Impressions, Sam Cooke, Stax… todos juntos enfocándose en un mismo punto. El soul viene de lejos: proviene del gospel, siendo la iglesia, históricamente hablando, uno de los muy pocos lugares donde la comunidad negra podía reunirse, organizarse y ser ellos mismos. Pero era música secular.

Los Rolling Stones, que hasta entonces continuaban con la fantasía de estar viviendo en el delta del Mississippi en los años treinta, escribieron en 1965, por primera vez, todas las canciones de un disco: *Aftermath*. Canciones nada suaves ni condescendientes, donde comienzan a desfilar amas de casa adictas a las pastillas, *Groupies* y toda clase de vividores, con una base de blues modificada por nuevas armonías y ejecutada con la incorporación de no pocos instrumentos ajenos al blues, como la marimba y la cítara. "Hace dos años —decía Keith Richards a *Hit Parade*— nuestro sonido era una mezcla de Chuck Berry y Muddy Waters. Pero ya no. Ahora tenemos nuestro propio sonido". Y un estilo, cabría agregar. Jagger y Richards habían sentado con "Satisfaction" un himno a la frustración —tanto sexual como de todo tipo— y las bases de lo que sería su música inconfundible y contestataria durante muchas décadas. Confirmaron sus hallazgos y su largo aprendizaje con *Aftermath* ("Secuelas"), secuelas y repercusiones provocadas lo mismo por el blues y los recursos de la música negra que por la presión de la disquera y los grandes avances de los Beatles en el terreno de la composición.

Es imposible soslayar que uno de los últimos y grandes lanzamientos de la música en 1965 fue *Rubber Soul*, de los Beatles. Un disco definitivo que, en muchos sentidos, marcaba el apogeo de la mancuerna de Lennon-McCartney como compositores para dar paso a las fuertes y diferenciadas personalidades de cada uno. En *Rubber Soul* todavía es perfectamente posible escuchar canciones que son de Lennon *y* McCartney, además de dos piezas muy buenas de George Harrison, que ya levantaba la mano pidiendo turno, por más que George Martin no le hacía mucho caso. Ni sus cofrades.

Entre los muchos logros de *Rubber Soul* está el haber utilizado por primera vez en un disco de pop/rock algunos instrumentos inusuales, como el sitar (la cítara inda), un instrumento de cuerdas griego (el buzuki) o una especie de clavecín (en realidad, un piano grabado a una velocidad y reproducido a otra: el primer uso del estudio como un instrumento para hacer música). Recursos que los Beatles comenzaron a ver, escuchar y encontrar por todas partes una vez que las plantas de poder les abrieron las puertas de la percepción.

Es cierto que existen otras piezas como "Heart Full of Soul", de los Yardbirds; "See My Friends", de los Kinks, o "Paint It, Black", de los Rolling Stones, que podrían considerarse como las primeras en utilizar la cítara. Pero bien sea porque el sitar que se usó en un principio desapareció de la versión final de las piezas de los Kinks y de los Yardbirds, o porque se grabó un poco después, como "Paint It, Black", "Norwegian Wood" se ha quedado como el primer rock indo para la posteridad.

"Norwegian Wood" llamó fuertemente la atención no sólo por el sonido y la instrumentación inusual —por la que hay que darle crédito a Harrison—, sino porque la letra de Lennon, siguiendo los sabios consejos de Dylan, se distanció por fin de los inocentes escarceos de "I Want to Hold Your Hand" y de las tímidas letras de los primeros años de los Beatles para enfrentar otros temas. En este caso, un romance entre adultos que no termina del todo bien… pues a fin de cuentas, y como reza el subtítulo de la canción, *This Bird Has Flown*:

> We talked until two and then she said
> "It's time for bed"
> She told me she worked
> In the morning and started to laugh
> I told her I didn't
> And crawled off to sleep in the bath
> And when I awoke I was alone
> This bird had flown
> So I lit a fire
> Isn't it good Norwegian wood?
>
> Hablamos hasta las dos y luego ella dijo:
> "Es hora de ir a la cama".
> Me dijo que trabajaba
> por la mañana y me empecé a reír,
> le dije que yo no
> y me arrastré a dormir en el baño.

Cuando desperté estaba solo
—ella había volado—,
así que encendí un fuego.
¿No es buena madera noruega?

El final de la canción puede ser ambiguo, pero McCartney se encargó de hacerlo explícito, tal como lo consigna Barry Miles en su libro *Many Years from Now*: "Se trataba de una aventura... es John tratando de ligarse a una chava... pero ella lo manda a dormir al baño". Y Paul tuvo una idea para el último verso: prenderle fuego a la madera noruega del departamento como una venganza. Sí, se podría entender la línea como encender un fuego para mantenerse caliente, pero igual quería decir —y McCartney dice que *eso fue* lo que quisieron decir— que John había quemado el maldito lugar como un acto de venganza por el rechazo. A pesar de la publicitada imagen de los Beatles como una banda de jóvenes tan irreverentes como inocentes, Lennon no mentía cuando dijo en una entrevista poco después del rompimiento de la banda, como lo consigna Philip Norman en su enorme biografía de John Lennon: "Se quedan cosas fuera, sobre lo cabrones que éramos... tienes que ser un hijo de puta para hacerla. Eso es un hecho. Y los Beatles eran los mayores bastardos de la Tierra".

Sin embargo, esto no demerita la observación de Dylan, tal y como lo relata en su imprescindible *Chronicles*:

> La radio estaba encendida... Los Beatles estaban cantando "Do You Want to Know a Secret?". Eran tan fáciles de aceptar, tan sólidos. Me acuerdo de cuando salieron por primera vez. Ofrecían intimidad y compañía como ningún otro grupo. Sus canciones crearían un imperio.

Esta intimidad y esta compañía fue lo que Dylan y los Beatles pudieron compartir cuando se conocieron en Nueva York, en 1964.

La anécdota es más que conocida: Dylan corriéndoles el gallo a los Beatles, pasándosela bomba y abriéndoles de paso las puertas de la percepción. El 28 de agosto de 1964 en el hotel Delmonico, de Manhattan, ha quedado como una fecha legendaria en la historia de la música popular. Hoy en día se considera que la fatídica ofrenda de mota de Dylan a los Beatles constituye un pivote que abrió el paso a las letras complejas, la psicodelia y la experimentación en la obra musical madura del grupo. En un principio los Beatles no minimizaron este impacto. Como dijo Paul McCartney: "Podía sentirme subiendo por una pasarela en espiral mientras hablaba con Dylan. Sentí que estaba descifrando todo, el significado de la vida". Y tuvo una visión: ¡todo tiene siete niveles!

Sin embargo, la influencia de Dylan se había sentido en un sentido más directo mucho antes. Aunque el debut homónimo de Bob Dylan presentó sólo dos canciones originales, su álbum de 1963, *The Freewheelin' Bob Dylan*, hizo girar la cabeza y abrir los oídos a medio mundo. En *The Beatles Anthology* se cita a John Lennon diciendo: "La primera vez que escuché a Dylan fue en París, en 1964. Paul obtuvo el disco [*The Freewheelin' Bob Dylan*] de un DJ francés. Y durante tres semanas en París no dejamos de tocarlo. Todos nos volvimos locos por Dylan". No hay duda de que después de este periodo, las canciones que los Fab Four estaban elaborando se volvieron más complejas, más líricas y literarias, y políticamente más liberales, incluso radicales.

El encuentro con Dylan se podría resumir en una silenciosa reprimenda:

> Si pueden hacer la música que hacen, ¿por qué no dicen cosas importantes? A Lennon esta idea le venía dando vueltas y lo carcomía desde tiempo atrás. Que la obra de Dylan influyó en los Beatles es evidente; así lo reconocieron ellos mismos en distintas oportunidades, por más que luego hayan expresado sus reticencias. Y que la influencia Beatle sobre todos los músicos populares de los sesenta es audible tampoco se puede negar. Dylan incluido.

Pero los Beatles y Dylan no son toda la historia de lo que pasaba hacia 1965. Allí estaban los Rolling Stones, por ejemplo, cuyo motor de casi todas las aventuras sonoras y musicales del grupo había sido Brian Jones. El riff de "Paint It, Black" habla por sí solo y bastó para hacer de esta canción el primer éxito número uno en las listas de popularidad que utilizó la cítara. Y mientras duró su estabilidad mental y su salud aguantó los excesos, siguió haciendo sus experimentos con toda clase de instrumentos y sonidos. Brian Jones, que fue el fundador y líder original de los Rolling Stones, comenzó como un músico de *slide guitar.* Pero muy pronto su insaciable curiosidad y talento —así como su frustración por no ser un compositor— lo llevaron a dominar toda la gama de las guitarras, el dulcimer, los teclados —el piano, el melotrón, la marimba— así como la armónica, la flauta, el saxofón, las percusiones y la cítara inda.

Con el tiempo la cítara sería utilizada en muchas otras piezas populares. Baste pensar en "Hurdy Gurdy Man", de Donovan, de 1968. Y es que la mezcla de jazz y música de la India estaba ya en el aire desde la primera mitad de los años sesenta en Inglaterra. Prueba de ello es que mientras filmaban *Help!*, en 1964, los Beatles descubrieron por casualidad la cítara. Pronto este arcano instrumento se convertiría en una obsesión para George Harrison que, de la mano de Ravi Shankar, le abriría las puertas a una vida devocional. "Norwegian Wood" fue, en este sentido, el inicio de una larga y fructífera aventura.

Una cita precisa de la primera frase ("I once had a girl") de "Norwegian Wood" aparece en la pieza "Face in the Cloud" del extraordinario álbum de Family titulado *Family Entertainment*, de 1969. El disco, que sigue siendo una de las joyas menos apreciadas de la época cumbre del rock, es casi tan bueno como su primer acetato, el fabuloso *Music in a Doll's House*, de 1968. Título que, por cierto, obligó a los Beatles, que habían pensado en un título casi idéntico para su doble álbum de 1968, a cambiar de idea...

y se decidieron a dejarlo sin título. Hasta el día de hoy se le conoce como el *Álbum blanco.*

Music in a Doll's House fue producido por Dave Mason, de Traffic, y se dice que es él quien toca la cítara en "Face in the Cloud", una composición del bajista Rick Grech. En el caso de Grech estamos hablando de un bajista de tal envergadura que dos meses después de terminar este disco se incorporó al supergrupo Blind Faith. Y aunque Family siguió un tiempo más, con su salida comenzó el desmembramiento de una de las bandas más brillantes que haya dado nunca el rock inglés.

La cubierta de *Family Entertainment* es un guiño al segundo álbum de The Doors, *Strange Days*. Una foto en blanco y negro de una escena circense. Pero éstas son historias que corresponden a los finales de la década. En todo caso, quede claro que las influencias y las ideas creativas volaban entonces en todas direcciones. Completamente libres. Y "Norwegian Wood" es la mejor muestra de ello. Polinización cruzada. Tanto el guitarrista y compositor de folk inglés Roy Harper, tan admirado por Robert Plant y Jimmy Page, como John Cale, violista, compositor, cantante y fundador de Velvet Underground, entre muchos otros, escucharon y reconocieron esta pieza de los Beatles como una auténtica piedra de toque en su música. Al respecto escribió Roy Harper:

> Todos sabíamos que eran buenos… pero nadie estaba listo para *Rubber Soul.* Estaban escribiendo con resonancias mucho más profundas… viviendo en otra zona del tiempo… Yo me sentía envidioso e inspirado a la vez por su música. Habían llegado a mi territorio, habían llegado antes que yo, y de la noche a la mañana se convirtieron en los reyes. Nos rebasaron a todos. Y la mejor canción del disco era también la más corta: "Norwegian Wood". Los ojos se me llenaron de lágrimas… ¡cómo me habría gustado escribir esta canción! La música era sublime y totalmente diferente. La cítara de George estaba muy bien puesta, y el ingenio y la inteligencia de Lennon

brillaban al máximo. Después de escucharla unas cuantas veces quedaba claro que tanto los límites como las metas habían cambiado para siempre. Lo único que todos queríamos en ese momento era escuchar el siguiente disco… ¡ya!

El hecho de que una canción que habla de bosques en Noruega sea tocada con un instrumento típicamente indo podría parecer absurdo, pero no lo era en esos momentos. Tampoco lo fue después… en realidad los Beatles se estaban adelantando, una vez más, a su época, inaugurando con esta pieza lo que más tarde se llamaría "world music": música sin fronteras. Música de todas partes para el hombre de ninguna: "Nowhere Man".

He's a real nowhere Man,
Sitting in his Nowhere Land,
Making all his nowhere plans
for nobody.

Doesn't have a point of view,
Knows not where he's going to,
Isn't he a bit like you and me?

Es un verdadero hombre de ningún lugar,
sentado en su país de ningún lugar,
haciendo todos sus planes de ningún lugar,
para nadie.

No tiene ningún punto de vista,
no sabe adónde va,
¿no se parece un poco a ti y a mí?

"Nowhere Man" es la primera pieza de los Beatles que definitivamente no es una canción romántica. Tuvieron que esperar hasta su sexto álbum para atreverse a escribir una letra que no hablara de amor. Podemos afirmar que, en este sentido, no fueron tan precoces como Dylan. Pero más allá de los logros indiscutibles y la primacía de Bob Dylan, los Stones ya habían escrito y dado a conocer muy poco antes de "Nowhere Man" su extraordinaria pieza de rebeldía adolescente: "Satisfaction". Por otra parte, no hay que olvidar que Ray Davies ya había escrito canciones como "See My Friends", sobre la muerte de su hermana. Composiciones que distan mucho de ser canciones de amor.

Una canción nada romántica que también se podría considerar como emblemática de 1965 y del ánimo contestatario es "My Generation", de The Who. Con una letra nihilista que incluye un par de versos que han perseguido a su autor, Pete Townshend, toda la vida: "Things they do look awful cold / I hope I die before I get old" / "Las cosas se ven terribles / espero morir antes de volverme viejo". Más que cantada, tartajeada por Roger Daltrey, esta rola tiene uno de los primeros solos de bajo en la historia del rock, con la salvaje batería de Keith Moon sin dar punto de reposo al que escucha. "And don't try to dig what we all say" / "Y no trates de entender todo lo que decimos".

"My Generation" no es sólo el nombre de una canción, sino el título del primer álbum de The Who, que comenzó con esta producción su carrera con el pie derecho. The Who, oriundos del oeste de Londres, se vino a sumar a los Stones y los Kinks, bandas que, con ambición y creatividad, pusieron a Gran Bretaña en el mapa y dieron lustre a barrios de Londres y de otras ciudades de Inglaterra. Ya no sólo eran los Beatles y Liverpool y las bandas del Mersey Beat (Mersey es el río que pasa por Liverpool). Ahora también estaban The Hollies, de Manchester; The Animals, de Newcastle; The Moody Blues, de Birmingham; incluso de Belfast, Irlanda del Norte, la banda de Van Morrison: Them. Ahora la competencia de los Beatles era tremenda; tenían que ver, oír, tocar, crecer en otras direcciones. Oriente, por ejemplo.

El uso de la cítara en una pieza popular de 1965 es una señal de alerta de la avalancha que estaba por precipitarse: Oriente se haría omnipresente por múltiples razones, desde las estrictamente religiosas —el zen, el budismo, el hinduismo— hasta políticas: el maoísmo, el Vietcong. Millones de jóvenes verían en Oriente una alternativa frente a Occidente. El trabajo pionero de los beats había abierto el camino: Kerouac y Ginsberg eran faros para Dylan y Lennon y muchos más. *On the Road* se convirtió en el libro de cabecera —y luego de mochila— de toda una generación. Imposible entender a los Merry Pranksters de Ken Kesey sin el antecedente del loco de Dean Moriarty, de Kerouac.

Hay una línea poética que, a través de Kerouac y de Ginsberg, viene desde Dylan Thomas (las equívocas lenguas insisten en que Bob Dylan tomó del poeta galés su *nom de guerre*) y se remonta hasta el bardo de bardos de la tradición inglesa: William Blake. Poetas cantores que a través de un sinnúmero de avatares llegaron hasta el rock. Allen Ginsberg, que operó como correa de transmisión entre los beats y los hippies, se convirtió, de facto, en el mentor de Dylan, que nunca dejó de reconocerlo. Y sin Ginsberg y Kerouac y sus andanzas relatadas *On the Road*, no habrían sucedido Ken Kesey ni su autobús destartalado y locochón donde viajaban los Merry Pranksters que dieron a conocer a San Francisco, primero, y después a todo el mundo, el poder, el esplendor y el terror del LSD.

Pero si Ginsberg fue un artista clave en el enlace entre los beats y la contracultura de los años sesenta —su lectura de 1965 en el Royal Albert Hall fue el detonante de todo un movimiento artístico underground en Londres—, el personaje indispensable en la confluencia de los cincuenta y sesenta fue Neal Cassady. Una figura insustituible en el mundo de los beats, reconocido como el inspirador de la prosa y el modo de escribir de Jack Kerouac. Aparece con su propio nombre en la primera versión de *On the Road*, aunque en la versión final Kerouac le daría el nombre de Dean Moriarty. Neal Cassady empuñó el volante del auto que cruzó una y otra vez Estados Unidos con Kerouac y Ginsberg, lo mismo que el volante de "Further", el autobús psicodélico de los Pranksters.

Esa manera demencial de ir de cualquier parte a cualquier otra, con tal de estar, como lo quería Baudelaire cien años antes, "Anywhere Out of the World", es la expresión acabada de la angustia del "Nowhere Man". Todo el underground se nutrió de esta actitud —expresada en The International Poetry Incarnation, en el Albert Hall, por poetas como Ginsberg, Corso y Burroughs— y hallaría sus vías de escape y realización en viajes de todo tipo: desde el típico viaje sesentero a la India hasta los viajes psicotrópicos. Y las pruebas del ácido que inundaron San Francisco tuvieron un soundtrack: Grateful Dead.

Jerry Garcia estuvo presente desde el principio en las reuniones de Ken Kesey, y su grupo, Grateful Dead, se convirtió en la banda de casa de los Pranksters. *The Electric Kool-Aid Acid Test*, la novela de Tom Wolfe, da cuenta de esta aventura. Ken Kesey —su protagonista y un escritor notable— ya había ofrecido un anticipo de la locura que estaba por desatarse y de sus terribles consecuencias en su novela *One Flew Over the Cuckoo's Nest.* Este libro de 1962 daría lugar a una de las grandes películas de Milos Forman: *Atrapado sin salida* (tal y como se conoció la cinta en México), protagonizada por Jack Nicholson después de convertirse en figura de culto con *Easy Rider.*

Y lo que comenzó en los campus de Stanford y Berkeley muy pronto se extendió a otros puntos de la Bahía, hasta convertir a San Francisco en el nuevo centro de poder musical y contracultural. Jerry Garcia y Grateful Dead sólo eran la punta de lanza de una explosión psicodélica que cimbraría el mundo. Ya no se hablaba sólo de los Beatles y los Rolling Stones, de los Byrds y los Beach Boys, de Lovin' Spoonful, The Who, The Animals y The Kinks... Y aunque todos ellos tocaron en San Francisco en lugares como The Matrix, The Cow Palace y más tarde en el Fillmore West, las verdaderas atracciones eran las bandas oriundas de la Bahía: Jefferson Airplane, Country Joe & the Fish, Quicksilver Messenger Service, Big Brother and the Holding Company, Santana, Moby Grape y, claro, Grateful Dead.

Como puede verse a simple vista, ya todos los grupos y elementos que habrían de conformar la escena roquera de San Francisco estaban en su lugar y listos para llegar a su máximo nivel en el año axial de 1966. A las bandas y la música habría que agregar los beats y City Lights; Allen Ginsberg y los Merry Pranksters; Berkeley y el descontento negro en Oakland; y, claro, la mota, el peyote, los hongos y, sobre todo, el LSD. El rock comenzaba así su corto y deslumbrante apogeo, lejos de la niebla de Londres, bañado por el intenso sol californiano. La cima se alcanzaría unos meses más tarde con los discos magistrales de 1966 que mostrarían los alcances del rock.

En 1965 California aún se veía como una rolita de los Beach Boys: sol, palmeras, chavas, bikinis, surf, convertibles, *freeways* y por todas partes la ridícula leyenda: a go-go, comenzando por el antro por excelencia del Sunset Boulevard, en Los Ángeles: el Whisky a Go Go, donde tocaron todos. Pero esto estaba a punto de transformarse con el advenimiento de la contracultura y el movimiento hippie. Ya se podía sentir el cambio en cualquiera de las tocadas del Fillmore Auditorium, en San Francisco. Un ejemplo de tantos podría ser el concierto del 10 de diciembre de 1965, en beneficio de la San Francisco Mime Troupe, donde los antiguos Warlocks se presentaron por vez primera como Grateful Dead. Esa noche también tocaron Jefferson Airplane y The Great Society, de donde pronto saldría Grace Slick para incorporarse al Aeroplano.

Las vibras de San Francisco intrigaban a los Beatles, que en 1964 habían comenzado su primera gira de conciertos por Estados Unidos en el Cow Palace. En este sentido, no deja de ser significativo que el canto del cisne Beatle haya sucedido precisamente en San Francisco, la nueva meca de la música popular, señalando una traslación y una transformación: un cambio de centro artístico análogo al que se operó en las artes visuales después de la Segunda

Guerra Mundial, de París a Nueva York —en el caso que nos ocupa, de Londres a San Francisco— y un salto cuántico en la calidad y las expectativas artísticas de las mejores bandas de rock.

George Harrison fue el único Beatle que fue a San Francisco en el apogeo del Verano del Amor. Junto con su esposa Patty, Derek Taylor —el publicista y mil usos de los Beatles— y su pequeño séquito visitó Haight-Ashbury en pleno verano de 1967. Harrison esperaba encontrarse con una comunidad ilustrada, alivianada, dedicada a actividades artísticas y a la búsqueda de crear un estilo de vida alternativo viable. Lo que se encontró, en cambio, fue para él una enorme decepción. Haight-Ashbury estaba repleta de drogadictos, desertores y lo que llamó "hipócritas", a pesar de que él y su gente estaban viajando en ácido en esos mismos momentos.

Tras su regreso a Inglaterra unos días después, Harrison completó el trabajo de su canción "Blue Jay Way", que había comenzado a escribir en Los Ángeles unos días antes de ir a San Francisco. Compartió con John Lennon su enorme desilusión por lo que había visto en Haight-Ashbury y poco después los Beatles denunciaron los peligros inherentes al uso del LSD y muchas otras drogas para decantarse en favor de la meditación trascendental bajo la tutela de Maharishi Mahesh Yogi. Se puede sentir en "Blue Jay Way" —una obra maestra indiscutible de los Beatles y la pieza más compleja que hayan grabado nunca, según la influyente revista inglesa de rock *Mojo*— una nostalgia muy intensa por los buenos tiempos y auténtico dolor por lo que ya entonces no pocos veían como un descenso a los infiernos. Un adiós a la psicodelia.

There's a fog upon LA
And my friends have lost their way
"We'll be over soon," they said
Now, they've lost themselves instead

Hay una niebla sobre Los Ángeles
y mis amigos han perdido el rumbo.
"Terminaremos pronto", dijeron,
pero resulta que se han perdido.

Pero antes de que todo esto sucediera, 1966 y su resplandor esperaban a los mejores músicos del rock para abrirles las puertas a un nuevo mundo y a una nueva realidad que era, claro, la realidad de siempre. De Europa a América, de Inglaterra a Estados Unidos, de Londres a San Francisco, el rock había cumplido ya su periodo de gestación. Las fronteras entre las artes no existían. Y los temas tabú tampoco. Ahora todo estaba a la vista: la bomba atómica, la guerra, las drogas, la revolución sexual, la píldora, las piernas de las chicas en minifalda, los gays, las injusticias, el tercer mundo y la segregación racial.

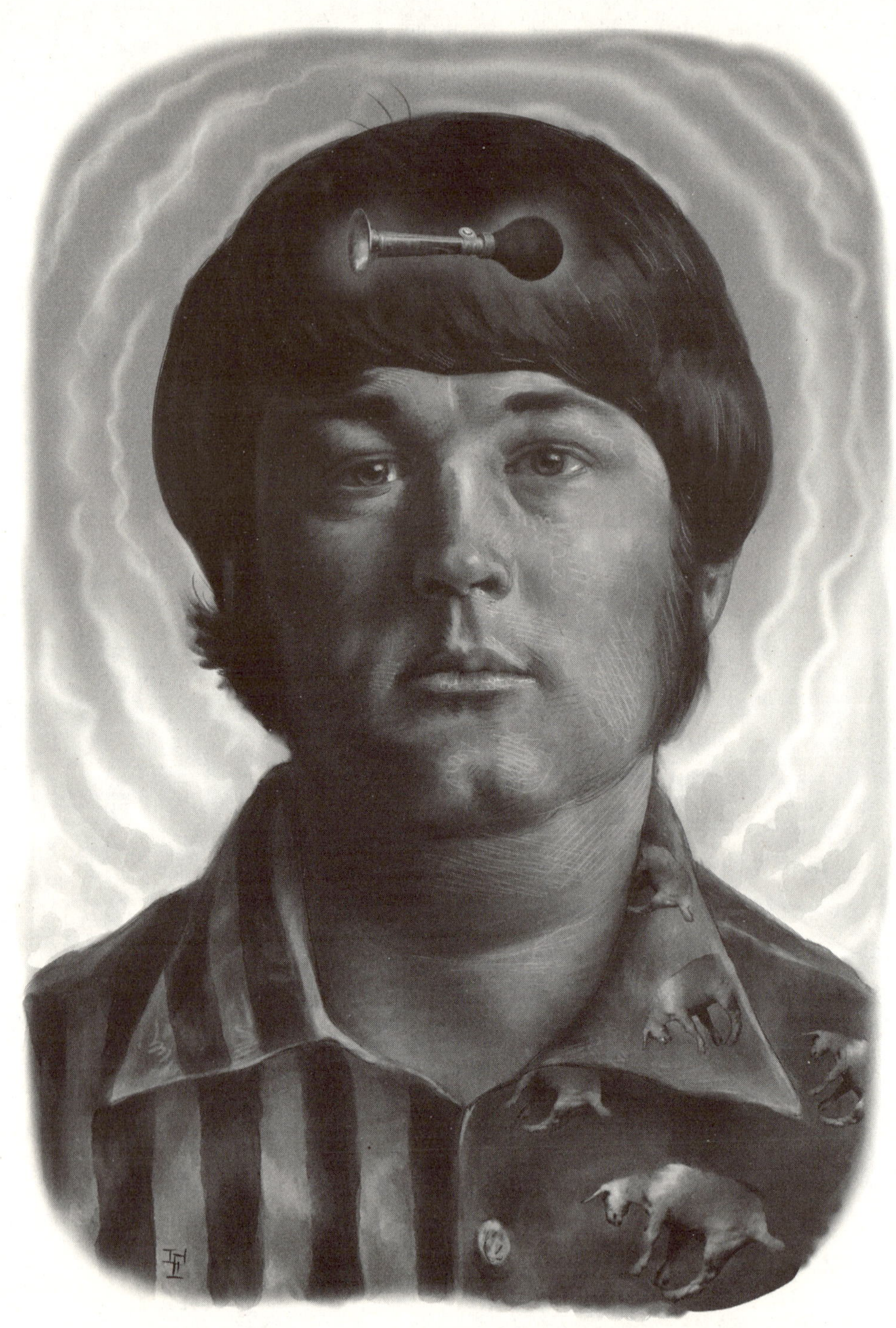

1966
El nacimiento del rock

En 1966 los Beatles se presentaron en concierto por última vez. Sucedió el 29 de agosto, en el Candlestick Park de San Francisco. Para ellos la experiencia de los conciertos en vivo se había vuelto frustrante y había dejado de tener sentido: los gritos de los fans —sobre todo de *las* fans— ahogaban cualquier posibilidad de comunicación musical en el escenario. Sus piezas eran ya tan complicadas que no podían presentarlas en vivo usando los recursos disponibles en esos momentos. En realidad, querían pasar mucho más tiempo en el estudio de grabación, siguiendo los pasos de un adelantado: Brian Wilson, que ya había dejado de presentarse con los Beach Boys para dedicarse en cuerpo y alma a componer y grabar. Al tomar esta decisión, los Beatles por fin le dieron luz verde a George Martin para desplegar sus talentos de músico, arreglista, productor y compositor. El resultado es la serie de revolucionarios discos que serían la cima de los Beatles y el soundtrack de los sesenta. Por si fuera poco, a partir de que Bob Dylan les abrió los ojos al humo mágico y a las bondades de la poesía, John Lennon primero y luego Paul y George empezaron a escribir letras con temas que no se habían tratado nunca antes.

Visto a la distancia, no deja de sorprenderme que 1966 sea el año de mi vida del que prácticamente no guardo recuerdos. Cumplí quince años al regreso de mi viaje a Los Ángeles y comencé la preparatoria en el Centro Universitario México —el CUM—, de hermanos maristas. Mi padre había decidido, sin consultar nada conmigo, pasarme de una escuela "religiosa" de 3 000 pelafustanes —el Simón Bolívar— a un colegio de 2 000 bigardones: el CUM. Un colegio donde estaba seriamente penalizado traer el pelo lo suficientemente largo como para cubrir, así fuese en una mínima parte, las orejas, y donde el peor desacato de todos era llegar a la escuela en pantalones de mezclilla.

En mi vida casi no pasaba nada en el mundo visible, material, de todos los días. Circulaba yo inadvertido para casi todo el mundo. Y lo que bullía con intensidad era vida interior, lecturas y sueños. Y, sobre todo, ¡la música! Ese milagro que permite vivir recuerdos de cosas que no hemos experimentado nunca... o todavía. Recuerdos del futuro. En aquella larva en la que me había convertido en plena adolescencia, escuchaba con absoluta atención y arrobo las fabulosas aventuras de la música por vía de las bandas de rock que, justo en ese momento, comenzaron a emerger una por una de sus crisálidas como deslumbrantes mariposas. Para mi Gregorio Samsa interior se había destapado la caja de Pandora.

1966 es un año clave que se destaca por una serie de canciones y de discos que ampliaron el rango de lo que resultaba aceptable en las compañías disqueras para ser grabado y por la radio para su difusión. A partir de "Like a Rolling Stone", de Bob Dylan (1965); "Strawberry Fields" y "Eleanor Rigby" de Lennon & McCartney y los Beatles; "Good Vibrations", de Brian Wilson; "Sunny Afternoon", de Ray Davies y los Kinks; "Eight Miles High", de los Byrds; "Paint It, Black", de los Stones, y "7 and 7 Is", de Love, hablar de éxitos musicales ya no volvió a ser lo mismo. Una canción excepcional marcó la pauta que se habría de seguir en 1966: "The Sound(s) of Silence", de Paul Simon, que alcanzó el primer lugar de popularidad justamente el 1 de enero de 1966.

Es muy significativo que este año luminoso y augural para la música popular haya comenzado con una nota oscura y como una dura crítica al silencio. Los tiempos habían cambiado:

> Hello, darkness, my old friend
> I've come to talk with you again
> Because a vision softly creeping
> Left its seeds while I was sleeping
> And the vision that was planted in my brain
> Still remains
> Within the sound of silence
>
> Hola, oscuridad, vieja amiga.
> He venido a hablar de nuevo contigo,
> porque una visión reptando suavemente
> me dejó sus semillas mientras dormía
> y la visión que se quedó plantada en mi cerebro
> permanece
> en el sonido del silencio.

Mantener la boca cerrada ante las mil y una necedades y barbaridades del mundo ya no era una opción. Había que hablar, denunciar, gritar. Las cosas no podían seguir igual. En el libro *Paul Simon, The Definitive Biography of the Legendary Singer/Songwriter*, dice su autora, Laura Jackson:

> Un revitalizado Paul Simon, que formaba parte de toda esta escena desde hacía años, declaró en 1966 a *The New York Times*: "La música pop se ha convertido hoy en día en el área más emocionante de todas las artes". Además, agregó que la música pop se había transformado rápidamente en el foro en el que era posible comunicarse con muchas personas y hacer valer puntos de vista diferentes sobre lo que de verdad le importaba a la sociedad.

Nótese que Paul Simon en 1966 seguía hablando de la "música pop" y no hablaba aún de "rock". Pero eso estaba por cambiar, si no es que había cambiado ya. Prueba de los profundos cambios que experimentaba la música y la cultura en general en 1966 es "Summer in the City", obra maestra de John Sebastian y Lovin' Spoonful. Una canción con el tema del verano muy alejada de los típicos tópicos de rigor. Aquí no había chicas en bikini ni surfers. Es una rola dura, tanto en la letra como en la música. Y la letra, por increíble que parezca, fue escrita por Mark Sebastian, hermano de John, a los quince años. A John le gustó la parte que decía: "Pero de noche existe un mundo diferente". Steve Boone, el bajista del grupo, compuso un pasaje para el centro de la pieza que sonaba como "An American in Paris", la composición de Gershwin, donde la orquesta se ve envuelta por el sonido del tráfico y los ruidos de la ciudad.

Hot town, summer in the city
Back of my neck getting dirty and gritty
Been down, isn't it a pity?
Doesn't seem to be a shadow in the city
All around, people looking half dead
Walking on the sidewalk, hotter than a match head

Ciudad caliente, verano en la ciudad.
La parte de atrás de mi cuello mugrosa y llena de tierra.
Ha estado abajo, ¿no es una pena?
No parece haber una sombra en la ciudad.
Por todas partes, gente que parece medio muerta
caminando por la acera, más caliente que la cabeza de un cerillo.

Siempre he soñado con una versión de "Summer in the City" de Jimi Hendrix. ¡Lo que habría podido hacer con esta rola que parece compuesta a su medida! Estoy convencido de que habría resultado una creación a la altura de su mayor logro en esta línea: "All Along the Watchtower".

En la primavera de 1966, e inspirado en gran medida por el *Rubber Soul*, de los Beatles, Brian Wilson, sumamente competitivo, decidió sobrepasar a los Beatles a como diera lugar hasta vencerlos en su propio terreno. Y vaya que alcanzó nuevas e impresionantes alturas con su obra maestra, *Pet Sounds*, que le voló la tapa tanto al público como al medio musical, dejando atónitos a los mismos Beatles. McCartney siempre reconoció que sin este álbum no habría sucedido *Sgt. Pepper's*, con el que se propuso superar *Pet Sounds*. Además, no debe olvidarse que, curiosamente, tanto McCartney como Brian Wilson son bajistas. Y no les gusta que les hagan sombra. Multiinstrumentistas los dos, excelentes compositores y cantantes, se distinguen en que McCartney siempre ha sabido moverse como pez en el agua en los escenarios, y Brian Wilson siempre se ha sentido más a gusto tras bambalinas, en la sala de producción. Y si bien es cierto que Brian Wilson es de lo más competitivo, McCartney no le va a la saga en lo más mínimo. Solamente Lennon no se inmutó con las comparaciones. Para él, simplemente, todos los demás eran inferiores. Punto.

Y sin embargo, hasta el mismísimo Lennon no tuvo más remedio que reconocer que *Pet Sounds* era un gran álbum. Si hemos de creerle a Brian Wilson —y no hay por qué no hacerlo—, poco después de que salió el disco John Lennon le llamó por teléfono para decirle que era el "mejor álbum de todos". Una opinión que habría de repetirse hasta la saciedad en los años siguientes. Pero la última palabra no la tenía Brian Wilson, la tenían los Beatles, que se propondrían —y conseguirían— lanzar un disco aún más impresionante.

Siguiendo el ejemplo de Phil Spector y su *wall of sound* (el famoso muro de sonido), una técnica cuya complejidad no tenía precedentes en el mundo de la producción de sonido para los discos populares, Brian Wilson se valió de una orquestación en la que se combinaban los elementos habituales de cualquier banda de pop o de rock con múltiples y elaboradas capas de voces cuyo juego de armonías resultó deslumbrante. Pero a esto hay que agregar la utilización de una serie de instrumentos inusuales —timbres de bicicletas, perros, cornos franceses, el electro-theremin, secciones de cuerdas y botes de refresco o cerveza—. Una versión pop y contemporánea —es decir: rock— del *Parade* de Satie, estrenado con gran escándalo en 1917, justamente cincuenta años antes. De *Pet Sounds* dijo Philip Glass:

> Escuchándolo hoy en día es fácil ver por qué se le considera una de las obras definitorias de su tiempo. El propósito de hacer a un lado las fórmulas para buscar la innovación de las estructuras musicales, la incorporación de elementos clásicos en los arreglos y los conceptos en la producción del sonido, le dieron a *Pet Sounds* una frescura que sigue vigente hoy.

Pet Sounds inspiró las orquestaciones de Nick Drake en *Bryter Layter*, muchas de las canciones de R.E.M. y álbumes tan importantes como el *OK Computer*, de Radiohead, o las bellezas de The High Llamas: *Beet, Maize & Corn*, *Hawaii*, *Snowbug* y *Can Cladders*. Tras *Pet Sounds* los arreglos de orquesta de cámara se extendieron entre los grupos, desde Jefferson Airplane hasta Wilco.

El álbum de los Beach Boys, lanzado en mayo de 1966 y considerado por muchos como el primer álbum conceptual de la historia del rock, tuvo una tibia acogida en Estados Unidos, pero en Inglaterra escaló al segundo puesto de popularidad, el mismo sitio que ocupaban los Rolling Stones en las listas de álbumes estadounidenses con *Aftermath*. Y en junio llegó el aclamado álbum doble de Dylan, *Blonde on Blonde*, otro hito de donde salió el sencillo "Just Like a Woman", una de sus canciones más bellas; como de *Pet Sounds* salió "God Only Knows", la canción favorita de todos los tiempos de McCartney.

A finales del mismo mes de agosto, los Beatles, muy cansados y hartos de todo, tocaron su último concierto en el Candlestick Park de San Francisco. Tan sólo unas semanas después, *Revolver* encabezó las listas de popularidad estadounidenses. Poco le duró el gusto a Brian Wilson por haber superado a los Beatles con su *Pet Sounds*. Cuando escuchó *Revolver* comprendió de inmediato que los cuatro de Liverpool habían elevado una vez más la marca de salto de altura (de alguna manera, él veía así las cosas). Y siendo quien era y como era, claro, se propuso sobrepasar a los Beatles una vez más: comenzó a trabajar en la que debía ser su obra maestra definitiva: *Smile*. Pero cuando escuchó por primera vez en la radio "Strawberry Fields Forever" tuvo que hacer su auto a un lado, apagar la máquina y comenzó a llorar como un niño. Apenas si atinó a decir entre sollozos: "Ellos llegaron primero…".

Sí, los Beatles habían llegado primero que nadie a la tierra incógnita del rock conduciendo un vehículo de alto poder antes que Brian Wilson… pero no fue con "Strawberry Fields", sino con la impresionante composición que cierra *Revolver:* "Tomorrow Never Knows". Con esta pieza, inmejorable colofón de un disco inmejorable, cambió todo. *Revolver* hizo girar —revolver, revolucionar— la música popular de muchas maneras. Y con la música popular se revolvió un cúmulo de manifestaciones artísticas y políticas, morales y filosóficas, sociales y sexuales. Creo que no es una exageración afirmar que en torno al centro de *Revolver* giran los años sesenta.

Y si *Rubber Soul* había sido el disco Beatle del asombro de la mariguana, *Revolver* constituyó un viaje en ácido en toda forma. Un álbum fértil, complejo, variado, muy creativo y experimental, que comienza con la crítica de Harrison al sistema impositivo inglés —"Taxman"— y termina en la incertidumbre de un viaje inédito entre los ecos escalofriantes del *Bardo Thodol* —"El libro de la liberación por audición durante el estado intermedio"— mejor conocido y mal llamado en Occidente como *El libro tibetano de los muertos*. Pero en *Revolver* no todo es trascendental, hay espacio para muchos otros registros. En este álbum también se pueden encontrar piezas tan evocadoras y amables como el maravilloso clásico de McCartney, "Here, There and Everywhere" —su canción favorita— que en el año 2000 ocupó el cuarto lugar en la lista de las mejores canciones de todos los tiempos en la revista de rock *Mojo*. O la pueril "Yellow Submarine", cantada por Ringo, que habría de dar lugar en poco tiempo a otra de las grandes aventuras artísticas de los Beatles.

Creo que nada expresa mejor los polos entre los que se tendía el cable de alta tensión de la música Beatle que el sencillo "Yellow Submarine", que fue el decimosegundo lanzamiento de los Beatles en el Reino Unido. Apareció el 5 de agosto de 1966 como un "lado doble A" junto con "Eleanor Rigby". Tanto en su país de origen como en los Estados Unidos, el álbum *Revolver*, que incluía ambas canciones, se dio a conocer el mismo día que el sencillo. Los sesenta: un viaje sorprendente que va de una canción de niños a una elegía.

Desde su primer sencillo, "Please Please Me", hasta "Yellow Submarine", los Beatles tuvieron una cadena ininterrumpida de éxitos que llegaron al primer lugar de las listas de popularidad. Con los Beatles, según asevera George Martin en su relato personal, *All You Need is Ears*: "Era un hecho de la naturaleza; y la pregunta no era si el disco llegaría al número uno, sino qué tan rápido. Luego vino el número trece, el de la mala suerte. Eso fue algo excepcional, porque en mi opinión habíamos hecho el mejor disco de todos: 'Strawberry Fields / Penny Lane', y sólo consiguió llegar al número dos". Increíble.

"Strawberry Fields Forever" fue la primera pieza que grabaron los Beatles después de *Revolver*, en noviembre de 1966. Un verdadero *tour de force* de Lennon que habría de cambiar para siempre no sólo la imagen que el mundo tenía de los Beatles, sino las metas y los propósitos de la música popular. Bob Dylan ya no estaba solo. Ahora los Beatles también eran capaces de escribir letras inquietantes, personales y profundas, pero, además, tenían algo que no era el fuerte de Dylan: melodías extraordinarias y las mejores voces del rock. Nada los iba a detener ya.

Cuando Lennon decidió cambiar una palabra en el célebre primer verso de "Strawberry Fields" y decir, en vez de "Let me take you *back*..." (tal como lo tenía escrito en la primera versión de la letra: "déjame llevarte al pasado"), "Let me take you *down* cause I'm going to Strawberry Fields...", lo que está haciendo es transformar el nivel de percepción. John Lennon pasó de escribir una canción nostálgica de la infancia (Strawberry Fields era un hogar para niños cerca de su casa que le fascinaba) a crear una saga de psicología profunda que se hunde en los meandros del inconsciente y en los laberintos de la memoria. Una canción abiertamente freudiana. Tal y como lo había hecho Lewis Carroll con su incomparable *Alicia* cien años antes (1865), Lennon nos ofrece un viaje hacia abajo: a las memorias del subsuelo. O como su paisana, la pintora Leonora Carrington (otra admiradora irredenta de Carroll) en sus escalofriantes *Memorias de abajo*, un viaje al fin de la noche.

Por una serie de causalidades, caprichos y exigencias comerciales (y tal vez por un error de cálculo y apreciación de los tiempos por parte de George Martin), el sencillo "Strawberry Fields Forever / Penny Lane", que debió de haber sido la apoteosis del *Sgt. Pepper's*, se convirtió no sólo en la cima de 1967, sino de toda la década de los sesenta: el yin-yang perfecto. Las obsesiones y traumas de Lennon junto al paseo dominical y el desafane de McCartney. Las dos son piezas nostálgicas que tienen que ver con sus respectivas infancias. Nocturna una, solar la otra. No hay más que comparar las letras:

Let me take you down
'Cause I'm going to Strawberry Fields
Nothing is real
And nothing to get hung about
Strawberry Fields forever

Déjame llevarte allá abajo
porque voy a Strawberry Fields.
Nada es real
y no hay nada de que agarrarse.
Strawberry Fields por siempre.

La pieza de Lennon describe un mundo evanescente, misterioso y cambiante, contradictorio y ominoso: "No one I think is in my tree. I mean, it must be high or low" / "Nadie, creo, está en mi árbol. Quiero decir, debe ser alto o bajo…", mientras que la contraparte diurna y anclada en la realidad de todos los días de McCartney es más bien una tarjeta postal en la mejor tradición del siglo XIX que nos habla de su infancia en estos términos:

Penny Lane is in my ears and in my eyes
There beneath the blue suburban skies
I sit, and meanwhile back

In Penny Lane there is a fireman with an hourglass
And in his pocket is a portrait of the queen
He likes to keep his fire engine clean
It's a clean machine

Penny Lane está en mis ojos y en mis oídos,
allí, bajo los cielos azules de los barrios de la periferia
me siento, y mientras tanto (volviendo al tema)

en Penny Lane hay un bombero con un reloj de arena
y en su bolsillo lleva una foto de la reina;
le gusta tener limpio su camión de bomberos.
Es una máquina limpia.

Es curioso que en "Penny Lane" aparezca un bombero (*fireman*) con un reloj de arena, porque McCartney habría de crear una banda alternativa, The Fireman Band, electrónica, experimental, junto con Youth, el productor y bajista inglés de Killing Joke. Más curioso aún es que el primer disco de este dúo, que decidió permanecer estrictamente en el anonimato por muchos años, se titulara *Strawberries Oceans Ships Forest*. Un evidente homenaje a Lennon. Ahora sí: Strawberry Fields Forever.

Es curioso también ver el paralelismo entre lo que sucedió con el disco sencillo que ha sido considerado como el mejor en la historia del rock y el caso de Brian Wilson y los Beach Boys con su *magnum opus*: "Good Vibrations", que tampoco tuvo el destino idóneo. Esta pieza complicadísima debió de haber sido la culminación de *Pet Sounds*, la indiscutible obra maestra de Brian Wilson, pero por muchas razones y sinrazones no sucedió así.

Parte de las razones por las que "Strawberry Fields" y "Good Vibrations" no coronaron dos de los discos fundamentales —*Revolver* y *Pet Sounds*— de 1966, el año del nacimiento del rock, es que ambas piezas requirieron de interminables sesiones de grabación para dejar satisfechos a sus autores, John Lennon y Brian Wilson. Perfeccionistas los dos, obsesivos, cada uno a su manera muy personal, pasaron meses y meses antes de que sus productores e ingenieros de sonido recibieran un tibio visto bueno.

A pesar de las múltiples grabaciones y regrabaciones y mezclas, Lennon no quedó satisfecho con el corte final de "Strawberry Fields". Una versión que precisó del genio musical de George Martin (para hacer coincidir, por ejemplo, cintas grabadas a una velocidad y en cierto tono con cintas grabadas a otra velocidad y en otra tonalidad), así como de la complicidad y la paciencia de los demás Beatles que aportaron mucho a la obra maestra de Lennon. "Las únicas canciones verdaderas que escribí *con* los Beatles —declaró Lennon en 1970— fueron 'Help!' y 'Strawberry Fields Forever'". Los títulos abren y cierran un paréntesis creativo.

La grabación de "Good Vibrations", por su parte, fue algo inédito hasta entonces. Brian Wilson había grabado una gran cantidad de fragmentos para *Pet Sounds* que comenzó a usar como piezas de un rompecabezas. Collage y no volverás... En el proceso trabajó sin los Beach Boys, y mucho con el flexible colectivo de musicazos de sesión The Wrecking Crew —la banda casera de Phil Spector—, responsables de tocar en cientos de éxitos de los años sesenta y setenta, con instrumentistas extraordinarios como el baterista Hal Blaine y la muy subestimada bajista Carol Kaye al frente. La mayoría de los músicos asociados con el colectivo The Wrecking Crew tenían antecedentes formales en el jazz y/o en la música clásica, y si bien no fueron debidamente apreciados en su época, los expertos de la industria los vieron siempre con reverencia.

El hecho de haber colaborado con tantos músicos y de haber grabado cerca de cien horas de sesiones le permitió a Brian Wilson ensamblar una pieza de una complejidad inaudita en la música popular. El proceso, que se llevó casi todo 1966, se refleja en los constantes cambios de tono, instrumentación y textura que caracterizan la obra. El crítico Derek Taylor la calificó como "una sinfonía de bolsillo": una mezcla de pop experimental, rock psicodélico, retro y progresivo que reafirmó las mil posibilidades ya entrevistas por los Beatles de utilizar el estudio de grabación como un nuevo y complejo instrumento de composición.

La brecha estaba abierta, y de inmediato un grupo tras otro comenzaron a explorar los recovecos sonoros de los estudios. Y, por su parte, los magnates y productores de las disqueras, viendo que el dinero fluía como un Mississippi, no se tocaron el corazón a la hora de abrir la bolsa y permitir que, al menos por una breve temporada, los niños jugaran a su gusto. *The Kids Are Alright*, como rezaba el título de un documental de The Who de 1966. Toda la tienda para ellos solitos. El fantástico y complejo disco *The Who Sell Out*, de 1967, es el ejemplo perfecto de todo lo que comenzó a suceder en 1966 a partir de los primeros y seminales discos del rock.

A los tres álbumes absolutamente fundamentales y fundadores del rock editados en 1966 —*Revolver*, de los Beatles; *Pet Sounds*, de Brian Wilson, y el disco doble y definitivo de Bob Dylan, *Blonde on Blonde*— hace falta agregar uno más, ya que el tres siempre busca al cuatro para completarse. Se trata de la mayor sorpresa de todas: *Freak Out!*, el disco debut —y doble también— con el que hicieron su estrafalaria y muy ambiciosa presentación en sociedad Frank Zappa & The Mothers of Invention. El póker de ases estaba completo.

Sólo que, a diferencia de todos los grandes álbumes clásicos del rock, aparte de los ya mencionados —y discos como *Thick as a Brick*, de Jethro Tull; *After the Gold Rush*, de Neil Young; *Dark Side of the Moon*, de Pink Floyd; *Imperial Bedroom*, de Elvis Costello; *OK Computer*, de Radiohead—, *Pet Sounds* es el único escrito y compuesto desde una perspectiva adolescente. En este sentido habría que ver si la fama de este disco no tiene mucho que ver con ese deseo muy generalizado de los sesenta de volver a una cierta inocencia en medio de una época difícil, violenta, de grandes conflictos y cambios.

La portada de *Pet Sounds* lo dice a las claras: en la foto (muy mala, por cierto) se puede ver a los Beach Boys dando de comer a dóciles animalitos en el zoológico de San Diego. Si comparamos las portadas de los cuatro discos podemos ver que sólo una es como las de antes: la de los Beach Boys. Una cubierta lamentable. La de los Beatles, por primera vez, no es una foto; es un collage diseñado por su viejo amigo Klaus Voormann. En la portada de su disco anterior, *Rubber Soul*, aparecía una foto distorsionada —tiempos cambiantes— haciendo honor al título del disco que, a su vez, era un juego de palabras de la expresión "plastic soul", para hablar del soul chafa. El nombre del grupo no está a la vista; ya no hacía falta. Por otra parte, la portada del álbum doble de Dylan, *Blonde on Blonde,* muestra una foto fuera de foco —tiempos borrosos—, algo impensable sólo meses atrás. Dylan se está esfumando. Nunca se había visto algo así. Para redondear los cambios, *Freak Out!* luce una foto solarizada, descaradamente psicodélica. Tres discos adultos y uno adolescente.

Pero estas cuatro joyas no estaban solas, ni mucho menos. Dignísimo coro les hicieron álbumes tan buenos y recomendables como el de los Kinks, *Face to Face*; los de Love, *Love* y *Da Capo*; de Donovan, *Sunshine Superman*; el ya mencionado *Sounds of Silence*, de Simon & Garfunkel; así como los primeros discos de Jefferson Airplane, *Takes Off*; de Cream, *Fresh Cream*, y el álbum debut de Buffalo Springfield —Neil Young y Stephen Stills— todos de 1966.

El camino estaba abierto, y pronto se multiplicarían las caravanas y las rutas inexploradas. Los tímidos experimentos de un principio se convirtieron rápidamente en un verdadero laboratorio de notas, ideas y descubrimientos: nuevos instrumentos, nuevas armonías en la música popular, nuevas influencias musicales, literarias y artísticas, nuevas técnicas de grabación, nuevos temas, nuevas perspectivas y letras que abordaban tópicos polémicos, asimilando a velocidad supersónica las técnicas y los hallazgos de la música contemporánea, así como los de la poesía y la literatura de tiempos recientes. Nuevos ritmos.

El mejor ejemplo de todo lo dicho es el *Freak Out!,* de Zappa. Nunca antes se había visto que un grupo salido de la nada, ¡y además tan feo! —"We were ugly as fuck!", dijo con toda delicadeza Zappa— debutara con un álbum doble. Así de buenos eran. Nunca se había escuchado algo parecido en el espectro de la música popular ni del pop. ¿Qué otro músico de rock —porque aquí ya, clara y contundentemente, estamos hablando de rock— podría haber dedicado su primer disco a Ravel, Stravinski, Varèse, Schönberg, Webern, Nono, Boulez, Stockhausen y Syl Riots (Silvestre Revueltas), entre otros?

Además de estos colegas, las dedicatorias de *Freak Out!* incluyen a Elvis Presley, Bob Dylan, Captain Beefheart y David Crosby; blueseros como Willie Dixon; músicos de jazz como Bill Evans y Eric

Dolphy; y escritores y poetas como James Joyce y Lawrence Ferlinghetti. Como declaró el mismo Zappa: "*Freak Out!* es un disco que busca ser accesible a muchas personas, si es que quieren tomarse el tiempo para hacerlo accesible. Los nombres en la lista de las dedicatorias —por si alguien lo quiere investigar— pueden ayudar mucho".

La música de *Freak Out!* va desde el rhythm and blues y el doo wop (que le gustaba tanto a Zappa que en 1968 le dedicó todo un disco de homenaje, el maravilloso *Cruising with Ruben & the Jets*), pasando por el rocanrol, el blues y el jazz, hasta desembocar en ricas y sofisticadas orquestaciones que mucho le deben a los grandes compositores de la música contemporánea, así como un uso creativo y original del collage musical. Después de grabado el disco, Zappa se enteró de que su productor, Tom Wilson, había realizado todo el trabajo viajando en ácido. Creo que aquí vale la pena citar al eterno irreverente:

> Yo no sabía nada de la música dodecafónica entonces, pero me gustaba lo que oía. Como no tenía ninguna educación formal, para mí no hacía mayor diferencia escuchar a Lightnin' Slim o a The Jewels; a Webern, a Varèse o a Stravinski. Para mí todo era *buena música*.

Por un breve periodo las cosas fueron así. Entre 1963 y 1969 —con 1966, el año del nacimiento del rock, como imponderable cima de estos locos Himalayas— sucedieron cosas maravillosas en la música gracias a que, por un instante, hasta las mismas compañías de discos perdieron la cabeza. ¿De qué otro modo explicar que se haya editado un disco tan raro y tan poco viable en términos financieros como *Freak Out!* en un ámbito comercial? Por increíble que parezca, en esos momentos era posible escuchar, en una ciudad como Los Ángeles, de vastos y dramáticos claroscuros, las frescas armonías de "California Dreamin'", de The Mamas & the Papas, durante el día, y la rasposa "Hungry Freaks, Daddy", de The Mothers of Invention, por la noche:

Mr. America, walk on by your schools that do not teach
Mr. America, walk on by the minds that won't be reached
Mr. America try to hide the emptiness that's you inside

Sr. América, date una vuelta por tus escuelas que no enseñan.
Sr. América, camina por las mentes que no serán alcanzadas.
Sr. América trata de ocultar el vacío que eres por dentro.

En todo caso, queda claro que antes de 1966 no se hablaba de "rock", por más que el término ya se venía utilizando desde muchos años antes como una especie de abreviatura. Porque seguía existiendo, sí, el rocanrol como una verdadera reliquia musical de los años cincuenta. Y lo que aún quedaba vivo del rocanrol coexistía con el surf, el blues, el rhythm and blues, la música country, el folk, el sonido Motown, soul, etcétera. Pero no se hablaba de "rock" tal y como se llegó a entender el término después. Se hablaba de "pop" o de "la ola inglesa"; se utilizaban términos como el chocante "a go-go", que se aplicaba a todo lo que se moviera; o se hablaba de los Beatles, Stones, Animals, Kinks… o de Dylan, Beach Boys, Byrds *et al.* Se hablaba también de una larga e ilustre lista de artistas negros encabezada por Ray Charles y James Brown. Pero no fue sino hasta 1966 que comenzó a hablarse de *rock*.

El año de 1966 es la hora cero en el reloj del rock. El fin de las adolescentes y sus gritos histéricos en los conciertos y las giras —una elegía— y el nacimiento de una generación de aficionados serios a la música. El año de la gran explosión y de todo lo que habrían de celebrar por mucho tiempo los amantes del rock. Ya no más rocanrol ni pop, sólo rock. El rocanrol se quedaría como un vestigio de la década de los cincuenta o como una referencia histórica para cuando se hablara de Elvis Presley y de Chuck Berry, de Buddy Holly, de Little Richard o de Jerry Lee Lewis. Y el pop quedaría para los retratos de las quinceañeras que todavía quisieran celebrar su fiesta entre vapores de hielo seco y nubes de tul.

Tanto el rocanrol como el pop —encapsulados en una sola rola, "Sweet Little Sixteen", de Chuck Berry, y su recreación en forma de "Surfin' U.S.A.", de Brian Wilson— quedaban atrás. Ambas versiones fueron grandes éxitos, en 1958 y 1963... una como puro rocanrol y la otro como puro pop. Y aunque el sencillo de los Beach Boys, lanzado en 1963, sólo daba crédito a Brian Wilson como compositor, a partir de *Best of the Beach Boys*, de 1966, incluyeron con toda justicia a Chuck Berry como coautor, que en la segunda mitad de los años sesenta vería por fin una revaloración de su música.

En su extenso libro dedicado a la vida y el trabajo de Syd Barret, *A Very Irregular Head* ("Una cabeza muy irregular...", la frase es de Barret), Rob Chapman, su autor, argumenta que la música pop llegó muy tarde al banquete del pop art que había comenzado mucho antes en las artes visuales y el cine:

> La música pop llegó tarde a la fiesta... la demarcación entre grupos de pop y bandas de rock aún no había surgido. Se hacía referencia a los Beatles como un grupo pop, y los singles pop eran la moneda en curso. Es importante recordar esto al analizar la evolución de la contracultura inglesa. El underground no fue generado por la cultura del rock a finales de los sesenta; en todo caso, sucedió justamente lo opuesto. El término "underground" ni siquiera estuvo asociado con la música popular sino hasta 1967.

El pop art estaba en el centro de la vida neoyorquina y, por extensión, de la vida norteamericana —y luego internacional— y al centro del pop art estaba Andy Warhol. Y por un breve momento, en 1966, su banda Velvet Underground estuvo en el centro del mundo de Warhol. La influyente feminista Gloria Steinem escribió un artículo en la revista *Life* que decía: "Teatro, arte [entiéndase todas las formas de artes visuales] y literatura se han llegado a combinar en estos tiempos en algo conocido como *The New Environment*, el nuevo ambiente". Y pocos grupos de rock estaban en ese momento mejor ambientados (para utilizar la expresión de Steinem) que Velvet Underground. Pero Warhol, con su característico desapego y sangre de reptil, dejó de lado al grupo tan pronto como vio que no tenían éxito comercial. No obstante, esta banda llegaría a ser tan insustituible como fundamental.

Como bien dijo Brian Eno: "Su primer álbum sólo vendió 30 000 copias, pero todos los que lo compraron formaron una banda". Su influencia no tiene nada que ver con el éxito de ventas ni con la visibilidad en los medios o con la popularidad; tiene que ver con otra cosa: las ideas musicales de John Cale, las impresionantes letras de las canciones de Lou Reed… y, sobre todo, con el hecho de que estuvieron en el lugar justo en el momento justo.

Este rasgo que definió al primer Velvet Underground —su pertinencia en cuanto al lugar y el momento justos—, guste o no, es en gran medida un mérito del genio comercial de Warhol y su infalible intuición para saber cuál sería la próxima sensación en el mundo del arte. Además, la combinación de las artes visuales, la música y la literatura, en esos momentos del nacimiento del rock, hizo posible ver hacia atrás e identificarse, aun inconscientemente, con los movimientos artísticos que se distinguieron por una integración de todas las artes, como Black Mountain College, la Bauhaus, el surrealismo, los futuristas, incluso con el simbolismo, que en una de sus ramificaciones, el *art nouveau*, influyó notablemente en los artistas visuales asociados al rock que bebieron a sus anchas de esta fuente. El underground se hacía visible.

Con el antecedente de la lectura de Ginsberg en 1965 en el Royal Albert Hall como piedra de toque del movimiento artístico underground en Londres, hay que destacar el enlace de Lennon, a través de Yoko Ono —a quien conoció en 1966 en la Indica Gallery, un lugar clave para entender el año del nacimiento del rock en Inglaterra—, con Fluxus y toda la vanguardia artística de los años sesenta, que también se hizo sentir con fuerza en el Velvet Underground de John Cale y Lou Reed, y no nada más por la influencia directa de Warhol. Cale ya había establecido contacto con George Maciunas y Fluxus mucho antes de llegar a Nueva York; de aquí su relación con La Monte Young.

Y es que 1966 marcó no sólo el nacimiento del rock, sino el de una fértil complicidad de la que se habla demasiado poco y de la cual no se ha escrito lo suficiente: la del rock y la música contemporánea. Esta alianza dio sus mejores frutos en 1967, espléndidos y naturales. Para fines de los años sesenta, The Beatles, Pink Floyd y Frank Zappa reconocerían abiertamente la influencia de Stockhausen en su trabajo. Brian Eno haría otro tanto un poco más tarde. La liberación que significaba la música electrónica se había puesto en marcha, lo mismo que los avances de la música concreta, teorizada en los cuarenta por Pierre Schaeffer y de la que Pink Floyd hizo gran uso.

Luego vendrían otras muchas complicidades entre el rock y la música clásica y contemporánea que, desafortunadamente, no siguieron prosperando porque con el fin de la década de los sesenta terminó también un sueño. La historia de Paul McCartney es un inmejorable ejemplo de esto. Muy bien lo ha resumido Ian Peel en su sorprendente libro *The Unknown Paul McCartney*:

> Aunque Lennon y McCartney podían escribir canciones inolvidables a un ritmo casi sobrenatural, siempre jugaron con el sonido dentro de cada canción. "Hacer arreglos", para usar una expresión anticuada, parecía ser una habilidad innata de los cuatro Beatles. Esta relación orgánica entre sonido y estructura, reforzada por las experiencias de George Martin, los llevó a explorar la música electrónica, la improvisación libre, el performance, el minimalismo, los loops, el sonido ambiental, la música de otras tradiciones en el mundo, el collage y el ruido.

Poca gente sabe que, alentado por George Martin, Paul McCartney asistió a cursos de música contemporánea en la ya para entonces célebre escuela de Darmstadt, donde Karlheinz Stockhausen era la gran figura. No por casualidad se puede ver su retrato en la icónica portada del disco capital de los Beatles, *Sgt. Pepper's Lonely Heart's Club Band*, editado en 1967. Y menos gente aún sabe que integrantes tanto de Jefferson Airplane como de Grateful Dead asistieron a cursos de Stockhausen en UCLA (la Universidad de California en Los Ángeles) en esos años. Aunque no parece evidente el nexo entre Jerry Garcia y Stockhausen, existe y se escucha.

Sin minimizar la marihuana ni el aliciente lisérgico que Lennon y Harrison le ofrecían, McCartney optó por una vía menos escandalosa y espectacular: la de cultivarse. Con ayuda de su novia de entonces, la actriz Jane Asher, y su culta familia, Paul comenzó a frecuentar el teatro de vanguardia y los grandes libros de literatura; las galerías de arte y la música contemporánea. Era el único de los Beatles que no estaba casado, y el único que vivía aún en el centro de Londres y estaba al tanto de cuanto pasaba en el mundo del arte. Los otros tres Beatles, casados y con familia, vivían fuera, en imponentes mansiones.

Lo curioso es que, pese a lo que la imaginería roquera quiere que sea la verdad irrebatible, que el genio revolucionario del grupo era Lennon, mientras que McCartney era el reaccionario y ultraconservador, era este último el que estaba a la vanguardia no sólo en sus exploraciones musicales, sino en sus contactos con la plana mayor del arte contemporáneo: músicos —Berio, Cage, Stockhausen— y escritores —se entrevistó con el nonagenario Bertrand Russell, lo mismo que con Harold Pinter, y llegó a colaborar con Allen Ginsberg y William Burroughs—, además de trabar relaciones con artistas visuales y cineastas, como Antonioni.

De los cuatro Beatles, McCartney fue el que recibió una influencia más determinante por parte de George Martin, cuyo amor por Debussy y Satie era bien conocido. Además, el productor —amparado en el curioso pseudónimo de Ray Cathode— había hecho ya experimentos con cintas, loops, regrabaciones y música electrónica. Las propuestas de Pierre Henry y Pierre

Schaeffer, Luciano Berio, Cage y Stockhausen estaban presentes y vivas por todas partes.

Se pueden dar muchos ejemplos de los hallazgos y tremendos saltos cuánticos de Paul McCartney en sus composiciones. Sin embargo, Lennon, que solía decir que *avant-garde* era la locución francesa de *bullshit*, queda como el innovador. Su "Revolution 9" no sólo es la pieza más notable de los Beatles en esta dirección, sino que se ha convertido en la composición más conocida y escuchada de toda la música de vanguardia. Este collage sonoro, experimental, de los Beatles debe mucho a la influencia de Yoko en Lennon. Y a pesar de que McCartney se había adelantado a todos los demás en esta clase de música, no estuvo de acuerdo en que se incluyera en un disco del cuarteto. Después de todo, él siempre había integrado estos paisajes sonoros en sus canciones. Pero ya no eran los tiempos donde los Beatles eran las cuatro esquinas de un mismo cuadrado. McCartney esperó veinte años para dar a conocer, con el camuflaje de Fireman, sus experimentos vanguardistas. Mientras tanto, con el respaldo total de Yoko, Lennon fue inflexible: "Revolution 9" va. Y fue.

Atrás quedaba el pop fresa, y una nueva forma musical, el rock, se levantaba majestuosa para emprender el vuelo. Un viaje que, por desgracia, muy pronto habría de ser cortado y coartado por la voracidad de los dueños de las disqueras que, fieles a sus inveteradas costumbres, no escuchaban lo que sus artistas estaban produciendo… tan sólo veían signos de dólares. Pero mientras duró el sueño, fue maravilloso. Sol, luz, color, calor, amor y toda una retahíla de fáciles rimas que pronto caerían desperdigadas como las cuentas de un collar hippie que se rompe en medio de un viaje.

"Cuando hablo de los sesenta —dice Carlos Santana en su autobiografía *The Universal Tone*— estoy hablando de la segunda mitad de la década… es decir, de 1966 en adelante":

> Ahí fue cuando San Francisco se convirtió en el epicentro de una conciencia multidimensional… y no era sólo la música o la ropa o la política

> o las drogas o el sexo o los colores… era *todo*. Y todo cambió: hasta la manera de caminar, de platicar, y de lo que platicaba la gente. En vez de que el mundo arrastrara los pies para emparejarse con lo que la gente estaba pensando y sintiendo, una nueva generación coincidió en una perfecta sincronía.

Pero muy pronto el edén de la escena hippie se convirtió en un infierno. Las redadas, los malos viajes y las tragedias psicodélicas se multiplicaron. Una de ésas fue tristemente protagonizada por uno de los talentos más puros de la época: el compositor, cantante y guitarrista del primer Pink Floyd: Syd Barrett. Antes de que el LSD actualizara la terrible ecuación a la que llegó Baudelaire en relación con el opio y el hachís —lo que dan de creatividad lo restan de voluntad—, Syd Barrett vivió momentos de gloria creativa que le llevaron a componer casi entero el primer disco de Pink Floyd, *The Piper at the Gates of Dawn* (1967). Y aún le alcanzó la creatividad para aportar fragmentos al segundo disco de la banda y grabar dos discos como solista tras su salida —o expulsión— de Pink Floyd en 1968: *The Madcap Laughs* y el epónimo *Barrett*, ambos de 1970.

Las mejores canciones de Barrett fueron compuestas en 1966 y tienen un tema en común, típico de la experiencia del viaje en ácido y de la época: el regreso a la infancia, seguido de la sensación de un renacimiento. Muy bien lo resume Philip Norman en su extensa biografía *John Lennon. The Life*: "Aquí estaba la primera destilación de lo que sería la estética esencial de los años sesenta: la nostalgia por la infancia combinada con la sensación de reinventar el mundo entero". Mejor no se podría describir la cima creativa de Barrett.

Las canciones que escribió Syd Barrett en el verano de 1966, como "Matilda Mother", "The Gnome", "The Scarecrow" y "Bike", hablan todas de la infancia y sus juegos, con claras referencias literarias y un diestro manejo de la tradición de la poesía inglesa. Incluso una pieza como "Lucifer Sam" (el nombre de un gato) no deja de tener sus alusiones a la sempiterna *Alicia* de Lewis Carroll:

> Hiding around on the ground
> He'll be found when you're around
> That cat's something I can't explain
>
> Escondiéndose mejor alrededor,
> lo encontrarás cuando estés cerca.
> Ese gato es algo que no puedo explicar.

John Lennon no estaba solo —"Lucy in the Sky with Diamonds" y "I Am the Walrus"— en sus viajes a través del espejo con la pícara sonrisa del gato de Cheshire. Jefferson Airplane había escrito una pieza, "White Rabbit", basada en el conejo blanco de Alicia y las propiedades psicodélicas de cierta sustancia:

> One pill makes you larger
> And one pill makes you small,
> And the ones that mother gives you
> Don't do anything at all.
> Go ask Alice
>
> Una pastilla te hace más grande
> y otra pastilla te hace pequeño,
> pero las que te da mamá
> no hacen nada en absoluto.
> Pregúntale a Alicia.

La psicodelia no habría existido de no haber sido por el LSD, la mescalina (el peyote) y la psilocibina (los hongos mexicanos). Las características típicas de la experiencia psicodélica son los colores vivos que giran, interaccionan y se funden, la distorsión sensorial, la disociación de las percepciones del tiempo, la despersonalización y una profunda conexión con el entorno y con la totalidad. Objetos cotidianos que se disuelven en formas o patrones que brillan y bailan. Muchos artistas recrearon estos aspectos visuales, mientras que los músicos, lidiando con un material más abstracto, recurrieron a toda clase de sonidos exóticos para crear las vibras que querían. *Good vibrations*.

La década de los cincuenta había visto a escritores como los beats cuestionando el *statu quo* (lo que entonces se llamaba el *establishment*) y alentando a los jóvenes a romper con las limitaciones y las imposiciones de lo que en México se llamaba entonces la "momiza". Jack Kerouac, Allen Ginsberg y William Burroughs escribieron sobre el uso de distintas drogas y los efectos de la meditación y la filosofía oriental como formas menos dañinas de alcanzar estados alternativos o de liberar y expandir la mente.

En 1938, trabajando con los derivados de la ergotamina, Albert Hofmann había sintetizado, entre otros derivados, el LSD. No le hizo mucho caso. Cinco años más tarde, sin darse cuenta, ingirió una pequeña cantidad de la sustancia y experimentó una "condición similar a la de una intoxicación no desagradable". Tres días más tarde decidió experimentar con una dosis que consideró cauta: 250 miligramos. Una dosis altísima. Pero es que no se conocía ningún fármaco que exhibiese una actividad de tal potencia. Bastan 4 millonésimas de gramo de LSD para poner en órbita a una persona. Hofmann tuvo un extraordinario viaje en bicicleta a casa. En ese momento el genio se salió de la botella.

Muy pronto se desató un creciente interés en la noción de "expandir la mente" y la gente continuó investigando las posibilidades, primero dentro de los laboratorios, los institutos de investigación, hospitales y universidades, y al poco tiempo en todas partes. Aldous Huxley escribió sobre sus experiencias con la mescalina en su libro *The Doors of Perception*, publicado en 1954, del cual la banda de Jim Morrison tomó su nombre.

Los defensores de los psicodélicos como Huxley, Timothy Leary, Alan Watts, Ralph Metzner y Richard Alpert (Baba Ram Dass) tuvieron una profunda influencia en la contracultura de principios de los sesenta. Y surgieron revistas como la publicación de 1963, *Psychedelic Review*, que se planteaba preguntas como: "¿Pueden estas drogas expandir la mente del ser humano?". Se trató al LSD en esos momentos como un fármaco promisorio y milagroso.

Para 1964, la contracultura, centrada en el uso de LSD, había florecido en San Francisco. Un grupo ecléctico se reunió alrededor del novelista Ken Kesey: los llamados Merry Pranksters. Comenzaron a realizar una serie de reuniones llamadas "pruebas de ácido", en las que se repartía LSD gratis y las bandas tocaban música que no cabe calificar más que como "psicodélica". Hubo espectáculos de luces de colores, proyecciones de películas caleidoscópicas, esculturas hechas con chatarra, bailes desenfrenados.

En San Francisco, los músicos adoptaron rápidamente la psicodelia. Los músicos de folk y jazz ensayaron afinaciones abiertas de guitarra, que le dieron a su música un nuevo sonido, y fusionaron las añejas tradiciones armónicas occidentales con los monótonos modos y ritmos indios y árabes. Una pieza muy influyente y considerada como una marca de agua en el nacimiento de la psicodelia es el álbum de 1963 *Fantasias for Guitar and Banjo*, del guitarrista folk Sandy Bull. Más tarde, *The Great San Bernardino Birthday Party & Other Excursions*, de John Fahey, de diecinueve minutos, tomó ideas musicales anteriores y creó una especie de mapa para lo que seguiría. Pero fue el rock el que tomó las riendas y le dio forma y carácter al nuevo género musical.

La psicodelia en la Gran Bretaña había sido dominio exclusivo de artistas, intelectuales y místicos, mientras que en Estados Unidos ésta se concentró en el movimiento contra la guerra y en una cultura juvenil que exigía un cambio social y político. Los británicos, pragmáticos, como siempre, habían tendido a considerar todo el movimiento psicodélico como una especie de broma. Pero en ambos países la psicodelia influyó poderosamente en la música y las artes visuales. Y su impacto se sigue sintiendo hasta la fecha.

El Fillmore West de Bill Graham proporcionó un lugar para bandas como Grateful Dead, Jefferson Airplane y 13th Floor Elevators. Estos últimos fueron quienes introdujeron el término "psicodélico" en el rock con su álbum de 1966, *The Psychedelic Sounds of the 13th Floor Elevators*, cuya portada también marcó un hito en el diseño gráfico de esos años. Fue entonces que Grace Slick con Jefferson Airplane lanzó "White Rabbit", una canción hipnótica que utilizaba imágenes de *Alicia en el país de las maravillas* y *A través del espejo*, de Lewis Carroll, escritos cien años antes.

Como dice Kevin Hardwicke, escribiendo para *Age Times*:

> La psicodelia británica y la estadounidense, aunque compartían raíces similares y un mismo espíritu, se desarrollaron de forma distinta. La psicodelia estadounidense tenía muy fuertes asociaciones con la contracultura, pero en Gran Bretaña era más caprichosa. Lewis Carroll, Tolkien y C. S. Lewis habían ofrecido cuentos para dormir a generaciones de niños británicos, y este elemento resurgió en su psique adulta. Como resultado, la música británica se llenó de nostalgia que se remontaba a la infancia y el pasado. Abarcaba las épocas romántica, prerrafaelista, victoriana y eduardiana. Se regodeaba en los tópicos de la infancia, defendía el amor por la naturaleza y representaba campos llenos de bosques mágicos, hadas y duendes. La gente comenzó a vestirse con uniformes militares anteriores a la Primera Guerra Mundial…

"Penny Lane" y "Strawberry Fields Forever", de los Beatles; "See Emily Play" y "My White Bicycle", de Pink Floyd; "Paper Sun", de Traffic, y "Hear the Grass Grow", de The Move, son espejo de esta vuelta al pasado mirando al futuro.

Junto con la música, el arte y el diseño psicodélicos florecieron por todas partes, pero muy especialmente en tres centros principales:

San Francisco, Los Ángeles y Londres. Las innovaciones en el diseño gráfico, en particular en la serigrafía, hicieron que la impresión y la reproducción fuesen más sencillas y pusieron a disposición de los artistas una paleta de colores excepcionalmente vivos. Así, hacia 1966 surgieron los primeros impulsores del arte de los *posters* o carteles psicodélicos en San Francisco. Los artistas gráficos, como los llamados "Cinco grandes" —Alton Kelley, Victor Moscoso, Rick Griffin, Wes Wilson y Stanley Mouse—, dejaron clara su huella.

Gran parte de su trabajo se inspiró en el *art nouveau* y en pintores cuya obra siempre tuvo un carácter fuertemente decorativo, como Alfons Mucha y Aubrey Beardsley, iluminados con colores muy intensos y con imágenes que se entrelazaban con letras ornamentales y distorsionadas. Esta forma de arte se popularizó rápido y pasó a ocupar un lugar central en todos los dormitorios y las habitaciones adolescentes. Los coleccionistas no tardaron en aparecer. Y de los carteles de los conciertos, el diseño pasó de inmediato a las cubiertas de los álbumes de rock. La portada de *Cheap Thrills*, de Janis Joplin y el Big Brother, dibujada por Robert Crumb, es un buen ejemplo; lo mismo la del primer disco de Santana, diseñada por Lee Conklin. En Inglaterra, Martin Sharp diseñó la cubierta psicodélica por excelencia: *Disraeli Gears*, de Cream.

Pero 1966 fue también el año de inicio de una reacción violenta contra el LSD. Se lanzaron campañas para prohibir todos los psicodélicos que, según sus detractores, estaban corrompiendo a la juventud de la época. Había que hacer algo antes de que todo se fuese al diablo. El gobierno de Harold Wilson estuvo de acuerdo y declaró ilegal el LSD. Las autoridades en Estados Unidos también se movieron en esta dirección, de tal manera que en 1966 todos los estados de la Unión Americana prohibieron su uso. La muerte de algunas de las figuras más influyentes del rock y otras que se convirtieron en "víctimas del ácido", como la bella y desdichada actriz Sharon Tate, sellaron el pacto.

Para 1966 el LSD se volvió la línea divisoria: o lo habías probado, o no; estabas dentro o estabas fuera. Syd Barrett claramente estaba dentro: era uno de los iniciados. Toda la contracultura previa —los beatniks, los mods, etcétera— se vio en una encrucijada. La alternativa era evidente, como ya se había demostrado en San Francisco: beatniks + LSD = hippies. Había nacido el *underground*. Y en el Reino Unido nadie lo representaba mejor en esos momentos que Pink Floyd. Sus tocadas en el UFO, recién abierto en Londres, o en Roundhouse, su sala rival, donde tocaron todos, establecieron la sólida reputación de Pink Floyd como la banda radical, underground, experimental y psicodélica por antonomasia en 1966. "See Emily Play", de Syd Barrett, es la cumbre de la psicodelia inglesa. Ninguna canción de ese tiempo dijo más con menos. Insinuaciones de la estética del haiku en el rock:

Emily tries but misunderstands (ah ooh)
She's often inclined to borrow
somebody's dreams 'til tomorrow

There is no other day
Let's try it another way
You'll lose your mind and play
Free games for May
See Emily play

Soon after dark, Emily cries (ah ooh)
Gazing through trees in sorrow,
hardly a sound 'til tomorrow

Emily lo intenta pero se equivoca (ah oh)
y a menudo se inclina a tomar prestados
los sueños de alguien hasta mañana

No existe otro día.
Tratemos de otra manera.
Perderás la cabeza y jugarás
juegos gratis en mayo…
mira jugar a Emily.

Poco después del anochecer, Emily llora (ah oh)
mirando a través de los árboles afligidos,
apenas algún sonido hasta mañana.

"See Emily Play" se pudo haber convertido en la pieza que ocupara la cima de éxitos de 1967, pero, para su poca fortuna, el lugar estaba ocupado por otro debut: "A Whiter Shade of Pale", una pieza excepcional que marcó no sólo toda la carrera del grupo que la compuso y la dio a conocer, Procol Harum, sino la época. Rock inglés prerrafaelista. Se dice que John Lennon escuchaba obsesivamente esta canción mientras los Beatles grababan *Sgt. Pepper's*.

La letra de "A Whiter Shade of Pale", siendo mucho más compleja que la de Syd Barrett, no es menos poética, aunque sí es mucho más enigmática. El letrista de Procol Harum (ninguna banda hasta entonces se había dado jamás el lujo de tener un miembro que no tocara nada… que sólo escribiera las letras de las canciones; una especie de "poet in residence"), Keith Reid, declaró años más tarde en una entrevista en *Uncut*:

> Estaba tratando de conjurar un estado de ánimo tanto como contar una historia directa de chavos y chavas. Con el techo volando y la habitación zumbando más fuerte, quería pintar la imagen de una escena. No estaba tratando de ser misterioso con esas imágenes, sólo estaba tratando de ser evocador. Supongo que parece una escena decadente la que estoy describiendo. Pero era demasiado joven para haber experimentado ninguna decadencia, entonces. Podría haber estado fumando

cuando la concebí, pero no cuando la escribí. Yo estaba influido por libros, no por drogas.

Yo recuerdo que en mi primer viaje a Inglaterra, en un viaje en tren de no-sé-dónde a no-sé-dónde, leí en el *Melody Maker* de esos días una entrevista a Bob Dylan, donde el indiscutible maestro de las letras en el rock confesaba su disgusto y desdén por casi todo lo que se escribía entonces. Tan sólo se salvaban de su duro juicio jupiterino dos letristas: Randy Newman y Keith Reid. A Reid lo conocía; a Newman, no. De inmediato tomé nota.

La letra de "A Whiter Shade of Pale", al igual que la de "See Emily Play", es extraordinaria:

She said "there is no reason,
And the truth is plain to see"
But I wandered through my playing cards
And would not let her be
One of sixteen vestal virgins
Who were leaving for the coast
And although my eyes were open
They might just as well have been closed

Ella dijo que no había motivos
y la verdad era fácil de ver,
pero me perdí entre las barajas
y no la dejé que fuera
una de las dieciséis vírgenes vestales
que se iban a la costa.
Y aunque mis ojos estaban abiertos,
igual podrían haber estado cerrados.

Es sólo que allí donde Syd Barret se inspiró en los poetas románticos ingleses y en escritores que van desde Edward Lear y el infalible Lewis Carroll hasta el oscurísimo James Joyce, Keith Reid se benefició de toda la imaginería surrealista que provocó miles de interpretaciones a lo largo de los años. Se trata, sin duda, de sendos poetas conocedores de su oficio y su tradición.

Los tres primeros discos de Procol Harum —el epónimo *Procol Harum*, de 1967; *Shine On Brightly*, de 1968; y, sobre todo, *A Salty Dog*, de 1969— han de ser considerados, en mi opinión, entre las grandes cimas del rock entendido como un vehículo para hacer arte. Gran arte. El hecho de coincidir, sin discusión alguna de por medio, en esta apreciación con José Agustín desde un principio cimentó nuestra amistad. En su libro ilustrado *Los grandes discos de rock, 1951-1975*, dice: "Si trato de ir hasta el fondo, pero de veras hasta el fondo (hasta el fondo) de mí mismo, debo reconocer (yo, Édgar Arturo Kerouac) que mi grupo favorito de todos los tiempos es Procol Harum. Me pega durísimo".

El concierto que dio Procol Harum en 1975 en el viejo Auditorio Nacional de la Ciudad de México fue el primero que pude escuchar como Dios manda. Mi primer concierto de rock en toda forma. ¡Y vaya que Procol estaba aún en toda forma! Yo no lo podía creer… cuando el rock, por decreto presidencial había dejado de existir… o casi. Sólo unos cuantos focos de resistencia, como los más que inenarrables, *inerranables*, hoyos fonquis mantenían de alguna forma la llama encendida en las cavernas. Y frente a ese negro telón de fondo, ¡Procol Harum, uno de los más altos exponentes del rock, en México!

Steve Marriott, el guitarrista y cantante de Small Faces y de Humble Pie, al hablar de cómo había cambiado la escena del pop después de *Revolver* y *Pet Sounds*, lo dijo con toda claridad: "Lo digo muy en serio: esto es un arte, sea que la gente lo vea así o no. Hay una perspectiva completamente nueva con respecto al sonido, y no a la vuelta de la esquina, sino *en* la esquina". Y como si tuviese en mente a Syd Barrett o John Lennon o Bob Dylan, agregó: "Ahora no sólo tienes que ser un músico; tienes que ser un pensador".

Pink Floyd, con Barrett primero, y luego sin él, pero sí con el talento inmenso de David Gilmour en su lugar, se convirtió en la gran banda de rock de los años setenta y ochenta, mientras que Syd, retirado en su casa familiar en Cambridge, después de un colapso mental, vio realizado su sueño: "Siempre soñé con volver a un lugar donde puedes sentarte a tomar tu té".

Este sueño de Syd Barrett de vivir lejos del mundanal ruido y de las luces del escenario es recurrente, en mayor o menor medida, en todas las estrellas, particularmente en las del rock. Fue tal el acoso que sufrieron las bandas más populares en los años sesenta, que no cuesta mayor trabajo entender por qué Dylan se desapareció en la cúspide de su popularidad en 1966, como lo haría años después Lennon. Y pocos como Syd Barret lo anhelaron con tanta fuerza, autocrítica y necesidad interior. En una entrevista que le dio a Steve Turner, de *Beat Instrumental*, en 1971, Barrett decía: "De veras no sé si el pop es una forma de arte... tiendo a pensar que lo es tanto como sentarse".

Después de un accidente de motocicleta que casi le costó la vida, Dylan se retiró de la vida pública a Woodstock, mucho antes del festival. Y su regreso a los estudios y a los escenarios fue gradual. Es mucho lo que se perdió Dylan en ese tiempo, porque el Verano del Amor de 1967 le pasó de noche; no tocó en el Monterey Pop Festival del mismo año y ni siquiera en Woodstock, junto a su casa, en 1969. Nada. Pero también es mucho lo que ganó viviendo en familia y en relativa soledad. Para su inmensa fortuna, The Band estaba allí. Volvió a hacer grabaciones, pero en otro registro y a otra escala. Compárese, por ejemplo, la energía maníaca de su periodo roquero y eléctrico de *Bringing It All Back Home* (1965), *Highway 61 Revisited* (1965) y *Blonde on Blonde* (1966), con los álbumes que vinieron después del accidente: *John Wesley Harding* (1967) y *Nashville Skyline* (1969).

Blonde on Blonde sigue siendo el álbum más ecléctico, misterioso e indescifrable de Dylan. Con este inusitado álbum doble logró redondear, junto con *Bringing It All Back Home* y *Highway 61 Revisited* —ambos de 1965—, su gran trilogía de mediados de los sesenta. En apenas poco más de un año de asombrosa creatividad no sólo compuso y grabó tres discos fundamentales para la década y el rock, sino que dio el paso más significativo en toda su carrera —y quizás en toda la historia del rock— al adoptar instrumentos eléctricos en el Newport Folk Festival.

Al respecto, Bill DeMain escribió en *Louder. The Home of High Voltage Rock 'N' Roll*:

> Dylan desafió a sus detractores y cruzó la brecha cultural para grabar en Nashville con músicos de estudio, supuestamente cuadrados. Para su sorpresa, resultó que compartían su amor por las anfetaminas y podían hacer que su poesía cantara más fuerte que nunca. El resultado fue el álbum doble *Blonde on Blonde*, brillantísimo, con canciones tan oníricas como "Visions of Johanna": "Inside the museums, infinity goes up on trials" / "Dentro de los museos, el infinito sube a juicio".

"El desafío para el compositor pop —aseveraba el crítico musical del *Washington Post* Geoffrey Himes— es reflejar los conflictos de la vida real en una canción y aun así ofrecer la resolución satisfactoria que requiere la música pop". Dylan lo consiguió muchas veces mediante la ironía en las letras. Zappa hizo otro tanto, hasta llegar al más flagrante sarcasmo.

Por su parte, Brian Wilson se apoyó más bien en el manejo de armonías y timbres inusuales en la música pop, que resultaron ser revolucionarios. Wilson era prácticamente sordo de un oído —cortesía de una caricia de su amoroso y comprensivo padre y capataz—, pero aun así desarrolló composiciones de una complejidad asombrosa. "Brian Wilson tiene un solo oído —llegó a decir Dylan— pero debería estar custodiado en el Smithsonian". Frank Zappa, además de sus corrosivas y cáusticas letras, exploró un sinfín de opciones musicales que más tenían que ver con la música clásica y contemporánea que con la popular. Y los Beatles se valieron de todo: desde la maestría de George Martin en el estudio de grabación, pasando por la increíble musicalidad de McCartney y la cada vez más original y sorprendente de Harrison, hasta las innovadoras letras de John Lennon, que habrían de encontrar en Yoko Ono a su mejor aliada.

La mayor parte de la música pop hasta entonces había unificado todos sus dispositivos líricos, melódicos, armónicos y rítmicos de una sola forma que, luego de la sorpresa vivida en sus primeros tiempos, se convirtió en algo muy convencional para comunicar una emoción simple del modo más poderoso posible. Este enfoque, que podríamos llamar "unificado", resultó ser por años bastante satisfactorio para los adolescentes y los jóvenes. Pero ya no fue suficiente para reflejar la complejidad de las emociones adultas en la vida real. Y mucho menos las experiencias psicotrópicas que no tenían antecedentes.

Sin embargo, en medio del huracán hay un ojo de calma. El mayor éxito del verano de 1966 fue "Daydream", de Lovin' Spoonful, que abrió el camino para que "Lazy Sunday Afternoon", de Small Faces, y "Sunny Afternoon", de los Kinks, hiciesen el coro ideal para "Good Day Sunshine", de The Beatles.

Por cierto, ésta fue la composición que con mucha malicia musical escogió Julio Estrada, jurado del concurso de bandas que se realizó en México en 1971, para ser interpretada por todos los grupos en sus propias versiones, pero respetando la pieza original, que tiene su chiste respecto al ritmo, el metro y los tiempos. Sorprende que, a pesar de lo que parece en un principio un cambio de metro, en realidad se trate de un sólido 4/4 y una lenta síncopa que a la mayor parte de los conjuntos les pasó de noche. En sus notas sobre "Good Day Sunshine", Allan Pollack escribe en *Soundscapes*:

> Es verdad que "Good Day Sunshine" no contiene instrumentos exóticos, cintas regrabadas o referencias a las drogas. Sin embargo, a su manera tranquila, agradable, nostálgica y muy campechana, demuestra ampliamente

> la disposición a experimentar, tanto con la sintaxis musical como con combinaciones de estilos y técnicas de grabación. [...] El hecho de que en el momento en que esta canción se estaba grabando en Abbey Road, en junio de 1966, "Daydream", de Lovin' Spoonful, bañada también de sol, encabezara las listas en Estados Unidos, me parece una coincidencia notable y digna de consideración.

La Comuna y La Tinta Blanca quedamos empatados en el primer lugar del concurso, cuyo gran premio era un contrato de grabación con una disquera nacional. A nosotros nos tocó Peerless, y el supuesto idilio no duró nada. En muy poco tiempo nos peleamos con el director de la compañía, pues éste quería que nos presentáramos en un programa archipopular y ultramontano: *Siempre en domingo*. ¡Y por cuatro domingos seguidos! Todos los cantantes y grupos de entonces, de todos los géneros habidos y por haber, mataban por aparecer en este programa de tele. Así que cuando les dijimos que nosotros no estábamos dispuestos a hacerlo, ¡ardió Troya! El director, al borde del colapso, juró y perjuró que acabaría con nosotros, y que se encargaría personalmente de que nunca volviésemos a grabar. Pero no hizo falta que intentara cumplir con sus amenazas. Después de Avándaro el rock mexicano desapareció de las disqueras, de la radio y del radar casi sin dejar huella. Casi.

Nosotros grabamos en mayo de 1971 las primeras cuatro piezas de lo que sería nuestro primer disco de larga duración. Yo ya tenía previsto en mi mente que se llamara *En busca del silencio perfecto*. Del sencillo sobreviven unas cuantas copias porque, después del desaguisado con Peerless, su furioso director mandó destruir todos los acetatos que ya se habían prensado. Así, el primer disco de La Comuna se quedó en el aire. Además, muy pronto las sabias medidas del gobierno mexicano desterraron el rock al inframundo. Después de la matanza de Tlatelolco en el 68 y del siniestro halconazo del 10 de junio de 1971, no querían volver a ver jóvenes reunidos ni por equivocación.

Pero vuelvo a insistir en los dos lados de la moneda: las solares "Good Day Sunshine", "Daydream", "Lazy Sunday Afternoon" y "Sunny Afternoon" tan sólo mostraban una cara del verano de 1966. Había otra cara, mucho más ominosa y oscura. No hay que olvidar que cuando se lanzó "Sunny Afternoon" de los Kinks como sencillo la cara B del disco traía una de las piezas más cáusticas y acerbas de Ray Davies: "I'm Not Like Everybody Else".

> And I don't want to live my life like everybody else
> And I won't say that I feel fine like everybody else
> Cause I'm not like everybody else

> No quiero vivir mi vida como todos los demás,
> ni decir que me siento bien como todos los demás.
> Porque yo no soy como todos los demás.

Los Kinks, que ya se habían establecido como una banda de la clase trabajadora inglesa, no hablaban en sus piezas de viajes, incienso y terciopelo. Gracias al talento de Ray Davies, a su distancia de las drogas y al hecho de que, por argüendes de leguleyos, se les haya prohibido entrar a Estados Unidos (debieron tocar en Monterey y en Woodstock) fueron capaces —paradojas y para jodas— de desarrollarse de un modo muy distinto a todas las demás bandas inglesas. No eran como los demás: "I'm Not Like Everybody Else".

1966 comenzó como un territorio punto menos que virgen para la música pop y abierto a toda clase de aventuras y exploraciones. Los viajes que se emprendieron entonces, por parte de compositores, productores y músicos en general, no fueron tan sólo el resultado de algunas plantas de poder y de los demás psicotrópicos que comenzaron a inundar el mundo. Muchos viajes fueron hechos sin sustancias que alteraran los estados normales de conciencia, por más que a los fanáticos rabiosos del reventón les choque esta perspectiva.

God Save
the Kinks!

In this Style 10/6

Long Live
the Blues

this is
the end
À JIM,
L.F.
Après David

There is no reason

BUILD
TO
LAST
LUIS FERNANDO 90

JEFFERSON
WAS HERE

Pero desde un principio el lado oscuro de la luna estaba también ahí. En el catálogo de Ray Davies, "Death of a Clown" y "Waterloo Sunset" hablan por sí mismas desde los títulos. Incluso "Sunny Afternoon", aunque poca gente se diera cuenta, es una crítica feroz del sistema impositivo inglés. ¿Quién, si no, es esa "big fat mama" de la que habla Ray Davies?

> Ah, save me, save me, save me from this squeeze
> I got a big fat mama trying to break me
>
> Ah, sálvame, sálvame, sálvame de este apretón:
> tengo una mamá grande y gorda que quiere acabar conmigo.

No menos agresiva es la crítica de George Harrison en "Taxman", la pieza que abre *Revolver*, a la forma tan injusta en que las compañías y el gobierno se repartían las jugosas ganancias que producían los discos de los Beatles y de tantos otros grupos, compositores y cantantes. La odiosa voz del cobrador de impuestos que habla en el primer verso de *Revolver* no deja lugar a dudas:

> Let me tell you how it will be
> There's one for you, nineteen for me
>
> Déjame decirte cómo va a ser esto:
> es uno para ti, y diecinueve para mí

Los ingleses tal vez no tenían la guerra de Vietnam, pero también tenían algo por qué protestar. Y Harrison no se tocó el corazón para denunciar al primer ministro y líder del partido laborista, Harold Wilson, lo mismo que al líder del partido conservador, Edward Heath. Davies, por su parte, y luego del terrible accidente minero de Aberfan, en el sur de Gales, ese año —que le costó la vida a más de cien personas, la mayoría niños que fueron sepultados por el cascajo de las minas en una escuela—, no quiso criticar a Harold Wilson; su conciencia de clase trabajadora le impedía irse en contra del primer ministro laborista que había tenido Inglaterra en muchos años. Pero "Dead End Street" es una fuerte denuncia de las injusticias en el Reino Unido y las condiciones de vida de los trabajadores. "People are dying in dead end street" / "La gente se está muriendo en un callejón sin salida".

"Dead End Street" fue lanzado como un sencillo al mismo tiempo que su álbum *Face to Face*, aunque después la canción sí fue incluida como un bonus track en el CD. Curiosamente, la portada del disco muestra una limpia imagen pop en la mejor vena inglesa que ya presagia la estética de la cinta animada de los Beatles, *El submarino amarillo*: una mezcla de coloridas mariposas a la Peter Max, dibujo a la Milton Glaser, e imágenes victorianas del siglo XIX.

Mucha gente pensó que Peter Max había sido el autor de *El submarino amarillo*... pero no fue así. Esta obra maestra de la animación es de la autoría del ilustrador checo-alemán Heinz Edelmann. Una imagen gozosa, infantil y alivianada de los sesenta que estaba a punto de caducar en Inglaterra. "Para abril de 1966 el *Swinging London* prácticamente se había terminado. La ola de energía y creatividad que había seguido a la primera época de los Beatles —tal y como lo describe Jon Savage en *The Year the Decade Exploded*— se había agotado ya". A pesar del levantón de ánimo que supuso el triunfo de Inglaterra en la Copa Mundial de Futbol de 1966 (el único campeonato que ha ganado hasta la fecha), organizada en su propio país, las historias negativas se multiplicaban en el Reino Unido. Los héroes estaban fatigados.

Se entiende perfectamente que con el ajetreadísimo tren de vida de las grandes bandas dando conciertos en todas partes, grabando en los tiempos libres, con la presión de componer un hit tras otro, dando entrevistas, más la mota, el ácido, el alcohol, las pastas, las *groupies* y lo que se acumule, no se tardaron mucho en experimentar una serie de truenes en 1966. No de otra cosa habla la pieza de los Stones "19th Nervous Breakdown".

Casi al mismo tiempo, la mayoría de los protagonistas de la escena musical roquera tuvieron serias depresiones o se retiraron a la oscuridad por un tiempo. Mick Jagger no fue el único en experimentar una crisis nerviosa, Brian Wilson ya se había retirado un año antes; Ray Davies acabó recluido en cama por semanas; los Beatles se borraron del radar por muchos meses, lo mismo que Dylan, encerrado en Woodstock.

El agotamiento se había apoderado de las grandes estrellas y la increíble velocidad e intensidad con las que habían vivido la primera parte de la década llegó a su culminación y desenlace en 1966, cobrándose el precio. Pero hay que decir que todos estos retiros también tuvieron su lado positivo. Incluso óptimo. Por primera vez todos estos músicos y grupos tuvieron tiempo para descansar, relajarse, pensar en lo que habían vivido y en lo que les esperaba en el futuro. Tiempo para desintoxicarse y componer nuevos temas; tiempo para explorar y crecer interiormente; tiempo para plasmar este crecimiento en asombrosas grabaciones que estaban a punto de ver la luz de un nuevo día. Cito las palabras de Bill DeMain:

> Y ésa fue otra cosa mágica de 1966: todos estaban siendo influidos por todos, haciendo crecer sin pausa la apuesta creativa colectiva. Paul Simon le prestó a David Crosby un álbum coral femenino llamado *Music of Bulgaria.* "¡Esas mujeres sí que pueden cantar!", dijo Crosby, y tomó prestada parte de la magia de sus armonías. Bob Dylan convirtió a los Beatles en devotos de la mota, y los Beatles prendieron a Donovan, que escribió "Sunshine Superman".

Sí, había una unidad, una comunidad, pero también había una intensa competencia amistosa y mucha admiración mutua. Los artistas, de un modo u otro, apuntaban todos en la misma dirección: hacia delante. Por un momento todo pareció posible. Todo fue posible. Sin embargo, no duró mucho la época dorada de la experimentación y de los altos vuelos que marcaron el inicio del género. "Eight Miles High", el gran hit de los Byrds en 1966, da cuenta de este vértigo. David Crosby apuntaba: "Hay que saber qué sucede en niveles que no son expresables con palabras… cuando recordamos *eso*, tocamos música; cuando lo olvidamos, hacemos ruido".

"Eight Miles High" es una canción escrita por Gene Clark, Jim McGuinn y Dave Crosby, que se dio a conocer en marzo de 1966 y se convirtió en el tercer y último gran éxito (top 20) de los Byrds en Estados Unidos antes de la partida de Clark, que a esas alturas era el principal compositor de la banda. Y no está mal hablar de alturas, toda vez que "Eight Miles High" puede ser vista y escuchada —junto con "Tomorrow Never Knows", de los Beatles, la pieza que cierra su seminal *Revolver*— como la primera pieza de rock psicodélico de amplio espectro. Las incursiones del LSD en el mundo del rock —y del mundo del rock en el LSD— transformaron el paisaje sonoro de 1966, de la década de los sesenta y de la música popular del siglo XX.

Esta droga que explotó en San Francisco, gracias en gran medida a los Merry Pranksters y sus extravagantes "Kool-Aid Acid Tests" (eso que en España se tradujo con el chocarrero mote de "ponche lisérgico") y al trabajo pionero de Richard Alpert y Timothy Leary —doctores de Harvard— marcó el ritmo de la música por un momento. Leary se convirtió en el apóstol del ácido con su popular mantra: "Turn on, tune in, drop out!" ("Préndete, sintonízate y manda todo a volar"). Y por inverosímil que pudiera parecerle a la vieja guardia, que veía horrorizada la escena, por un breve lapso este programa resultó atractivo y razonable para millones de jóvenes y adolescentes que no veían perspectivas satisfactorias en su futuro: "I can't get no satisfaction!".

Los psicotrópicos abrieron muchas puertas neuronales e inspiraron una potentísima ola de creatividad en una generación de músicos que ya estaban listos para empuñar el timón de la nave.

Y no estoy hablando aquí sólo de los grandes grupos de siempre, sino de nuevas bandas con nombres tan etéreos y estrambóticos como The 13th Floor Elevators, Iron Butterfly, Fever Tree, It's a Beautiful Day o The Electric Prunes.

Fácilmente la mitad de la producción de The Beatles en 1966 podría atribuirse al ácido. Como dice una de sus grandes canciones de esa época, "Got to Get You into My Life", escrita por McCartney con metales de soul:

I was alone, I took a ride
I didn't know what I would find there
Another road where maybe
Could see another kind of mind there

Estaba solo, me di una vuelta
y no sabía lo que me encontraría allí…
Otro camino donde quizás
podría ver otro tipo de mente.

Para 1966 el LSD seguía siendo considerando una droga experimental. Pero no por mucho tiempo… No se podía vivir volando perennemente a ocho millas de altura. "Eight Miles High" permite apreciar una fuerte influencia tanto de las ragas interpretadas por Ravi Shankar como de las improvisaciones de uno de los grandes genios del Jazz: John Coltrane. Se trata, sin duda, de una de las obras maestras de la contracultura que, como era de esperar, concitó los predecibles censura y veto en la radio comercial por sus connotaciones psicodélicas y su incitación a probar sustancias alteradoras de la conciencia. Tanto Clark como Crosby se afanaron en negar las acusaciones. Sin embargo, es de justicia reconocer que años después, tanto Crosby como Clark, dijeron que, en efecto, la pieza "Eight Miles High" había sido inspirada por sus viajes. ¿Y cómo no iba a ser así?

No hay músico de rock de esos años —salvo honrosísimas excepciones, como Zappa, que sólo usaba café, tabaco, insomnio y ambiciones artísticas como drogas para mantener su casi inverosímil tren de trabajo— que en un momento u otro no haya pasado por las mismas. Baste calibrar los versos iniciales de la canción de los Byrds:

Eight miles high
And when you touch down
You'll find that it's
Stranger than known

Ocho millas de altura
y cuando aterrizas
te encuentras con que todo
es más extraño que conocido.

La influencia de la pieza resultó de largo alcance. A partir de 1966 todo en la música popular —en el rock— resultaba más extraño que conocido. Y si bien es cierto que en "Eight Miles High" los Byrds no utilizaron la cítara, y en cambio sí la usaron los Beatles en "Tomorrow Never Knows", se puede apreciar en ambos casos la estructura abierta característica de la música inda que se amalgama de manera perfecta con las improvisaciones a la manera de John Coltrane. Y si la canción de The Byrds habla del viaje, la inusitada pieza de los Beatles *es* un viaje. Con versos tomados del libro *The Psychedelic Experience*, de Timothy Leary, Richard Alpert y Ralph Metzner, un manual basado en *El libro tibetano de los muertos*, "Tomorrow Never Knows" es la primera pieza de los Beatles que no tiene un patrón rítmico regular ni usa rimas.

Turn off your mind, relax and float down stream
It is not dying, it is not dying

Lay down all thoughts, surrender to the void
It is shining, it is shining

Detén tu mente, relájate y flota en la corriente.
No es morir, no es morir.

Deja todos esos pensamientos, ríndete al vacío
y brilla, brilla.

"Tomorrow Never Knows" (que originalmente se titulaba "The Void") fue escrita por John Lennon y se dio a conocer en agosto de 1966, en la cima del año cima de la década cima del rock. Es la culminación de su álbum *Revolver* que marcaría el eje en torno al cual gira la música popular inglesa, que entra disfrazada de pop para salir echando tiros en su alucinante traje de rock. Y con la música popular inglesa, toda la música popular escrita en inglés; y con la música popular escrita en inglés, la música de todo el mundo, escrita en innumerables idiomas, entre ellos, el español.

"Tomorrow Never Knows" es la última pieza del disco, pero en realidad fue la primera en ser grabada. Al escucharla resulta evidente que el LSD estaba haciendo sus efectos. Y para quien piense que todo el mérito de esta pieza es de Lennon, no hay más que escuchar las aportaciones de McCartney, cuyas cintas grabadas y regrabadas se integraron perfectamente. Harrison en la guitarra y la cítara, y las percusiones de Ringo, dan a "Tomorrow Never Knows" un carácter único. En esta composición excepcional ocupan su lugar las cuatro esquinas del cuarteto. Y funcionan. Tal vez los Beatles nunca llegaron a estar más equilibrados, con Ringo incluido y muy creativo. Uno de los bateristas más infravalorados en la historia del rock, al grado que se llegó a decir que Ringo no sólo no era el mejor de los bateristas ingleses, sino que ni siquiera era el mejor baterista de los Beatles, habida cuenta de las habilidades de Paul en el manejo de las percusiones.

El viaje mágico y maravilloso de los Beatles, hecho con botas de siete leguas, los había llevado en escasos tres años desde "Love Me Do" hasta el *Libro tibetano de los muertos*. "Deja todos esos pensamientos... ríndete al vacío... brilla, brilla...". ¡Inverosímil!

La primera sensación en 1966 al escuchar el viaje sonoro de "Tomorrow Never Knows" (a menos que quien lo escuchara también estuviese viajando, cosa que no era nada infrecuente en aquellos años) era de sorpresa y cierta incomodidad. No había aquí ninguna melodía memorable, que fuese fácil de tararear, como las que acaso todo el mundo esperaba de los Beatles. Baste pensar en "For No One", por ejemplo, del mismo *Revolver*, que es una de las piezas más bellas de McCartney. Y es que el oído privilegiado de Paul para las melodías —sin subestimar ni por un momento la capacidad melódica de Lennon y de Harrison— era fabuloso. Incluso en sus inconfundibles líneas de bajo. La melodía —lo asevera nada más y nada menos que Stravinski en su *Poética musical*— es un don, un regalo de los dioses. Todo en la música se puede estudiar y aprender, menos la melodía.

El escucha primerizo de "Tomorrow Never Knows" se topa con una pieza difícil de cantar. La melodía de Lennon es muy discreta. Toda la composición (¿o más bien deberíamos hablar aquí de construcción?) está en un mismo tono. Como confesó Harrison en su *Antología*: "Yo creo que 'Tomorrow Never Knows' fue nuestra primera pieza que no cambió nunca de tono; se quedó allí; toda la canción estaba construida con un solo acorde". Pero hay otro acorde que se sobrepone al do mayor básico: un si que aparece más como una vacilación que como un cambio, más como una pista sobre otra pista que como una composición convencional.

Y no hay que olvidar que en esos mismos momentos se escuchaba la pieza de los Yardbirds, "The Shape of Things", con su zumbido inspirado de igual manera por la cítara, y que bien podría llegar a ser considerada, junto con "Tomorrow Never Knows", como la canción más progresista del año. Letras a favor del medio ambiente y contra la guerra, un riff de bajo tomado de un disco de jazz de Dave Brubeck, más un ritmo de aire marcial, cambios bruscos de tempo, todo coronado con el solo en forma libre de Jeff Beck usando a fondo el *feedback* (retroalimentación) de su guitarra.

Jeff Beck es el guitarrista impar que estuvo a punto de incorporarse a Pink Floyd tras la salida de Syd Barret; a los Rolling Stones, en lugar de Brian Jones; y que casi estuvo en Led Zeppelin en lugar de Jimmy Page. Ahí es nada. Y quizá lo más notable es que Jeff Beck, al igual que Carlos Santana, hizo una larga carrera tan sólo tocando la guitarra y con temas instrumentales... casi siempre. No son cantantes, tampoco son compositores, y pocas veces han tenido piezas maravillosas en su repertorio. Salvo excepciones, claro. Si se toma en cuenta sólo la destreza técnica, bien podría decirse que Jeff Beck es el mejor guitarrista del rock. Es muy probable que hasta Eric Clapton y Jimmy Page estarían de acuerdo. Los sonidos que Beck obtiene de su guitarra son inusuales y difíciles de copiar. Pero otros guitarristas —aparte de los que acabo de mencionar— como Stevie Ray Vaughan, por no hablar del inmarcesible Jimi Hendrix, tienen algo que es más difícil de lograr: singularidad. Y mejor música.

El zumbido monótono de "Tomorrow Never Knows" se sostiene a lo largo de toda la pieza. Un verdadero sonsonete que provenía tanto de la música de Stockhausen —con quien Lennon estaba obsesionado entonces— como de la extraña música india que desarrolla sus ragas a partir de un solo tono: modula interminablemente, pero no cambia. Sin embargo, el hecho de tener un estudio de grabación a la orden y un genio en los controles, como George Martin, les dio a los Beatles rienda suelta para ver hasta dónde podía llegar su creatividad. Y la verdad es que no se vieron tímidos.

Aunque "Tomorrow Never Knows" es una pieza de la autoría de Lennon, todos los Beatles participaron en su creación, incluso George Martin en el piano. Además, hay que subrayar que el interés por la música india también era compartido; no era sólo de Harrison.

"Tomorrow Never Knows" está hecha con un solo acorde, recuerda McCartney, "y esto provenía de nuestro interés en la música india. Nos sentábamos a escuchar música de la India, y al final de cada sesión decíamos: ¿se dan cuenta de que nunca cambiaron de tono? ¡Carajo, todo estaba en Mi!". Y, en efecto, todo estaba en cada uno de ellos.

Por una vía muy distinta a la de "Tomorrow Never Knows", casi se podría decir que desde las antípodas, desde la tierra de las mil danzas (una canción que fue un éxito de Cannibal & the Headhunters en 1965, y un éxito aún mayor en 1966 en la versión de Wilson Pickett), James Brown habría de llegar a la misma conclusión: no era necesario cambiar de tono para expresar lo que tenía dentro.

Frank Zappa dijo alguna vez que lo único mejor que una canción con un solo cambio de acordes era una canción que no tuviese acordes. En la tradición del blues, las piezas de un solo acorde son bastante comunes. John Lee Hooker es un maestro del género. James Brown consiguió prácticamente lo mismo que los Beatles en 1966: una pieza sin cambios en los acordes con "It's a Man's Man's Man's World". Aunque, en estricto sentido, su primera canción de un solo acorde fue lanzada en 1967: "Cold Sweat", para muchos críticos la primera canción auténticamente funk.

A partir de los esfuerzos de James Brown, mucha de la música funk se construyó a partir de un solo acorde. Ejemplo perfecto es "Everyday People", de Sly and the Family Stone, de 1968. Por eso la broma de James Brown que circula desde entonces: "Necesito un nuevo guitarrista —dice James Brown—, pero que pueda tocar un acorde de Mi novena". Y sus músicos le dicen: "No *problemo*. Lo tenemos". Brown les responde: "Sí, pero… ¿pueden tocarlo durante dos horas seguidas?".

Y es que el blues y el funk no se basan en los principios de la teoría de la música occidental, sino en ritmos y armonías africanos, filtrados a través de instrumentos occidentales. En la forma más pura de blues de doce compases a partir de la cual evolucionó el funk, todos los acordes son de séptimas dominantes y las escalas se basan en notas pentatónicas. Ciertamente no es ésta la forma usual de la música popular que nos viene de Europa. Por eso es un error tratar de analizar el blues y el funk desde la perspectiva de la música occidental. Es otra cosa.

Buen ejemplo de ello es el video de Pavarotti y James Brown, donde cada uno, a su manera —y, por lo que se puede ver, con un enorme regocijo—, canta "It's a Man's Man's Man's World", una de las piezas monocordes del padrino del soul. A pesar de que ninguno de los dos era un jovenazo —ambos estaban ya cerca de los 70 años... el dueto sucedió en 2002— es más que fascinante atestiguar este encuentro por todo lo alto de la música blanca y la música negra. Europa y América frente a África: complejidad armónica y polirritmia. Mil acordes y dos acordes. Un acorde. La melodía nítidamente delineada por Pavarotti y el ritmo endiablado de James Brown. Música para escuchar y, también, música para bailar. Música blanca para la cabeza, con letras complejas y melodías elaboradas, como las de los Beatles; y música para todo el cuerpo, vibrando con el ritmo del continente negro y madre de todos nosotros, como la de James Brown. El león y la virgen, y el son del corazón.

En las antípodas de los gritos, gemidos, interjecciones y lo que fuera que se le ocurriese en el momento a James Brown como parte de sus inexistentes letras, tenemos a Bob Dylan, que siempre se mostró más o menos indiferente a las grandes sofisticaciones musicales de muchos de sus contemporáneos. Las letras de sus piezas son, por mucho, lo más importante. Por eso no es de sorprender la anécdota que platica Marianne Faithfull cuando McCartney le dio a oír a Bob Dylan, con mucho orgullo, unas cintas con loops, efectos sonoros y regrabaciones. Para su gran decepción, Paul vio cómo Dylan, impávido, y como única respuesta a su desbordante entusiasmo, se dio la media vuelta y salió de la habitación sin decir nada.

El cráter que Dylan dejó en el mundo de la música folk y en Greenwich Village se llenó de inmediato —porque el mundo de la música popular no admite huecos— con The Lovin' Spoonful. La impresionante ristra de éxitos del grupo en 1966 contrasta con lo que sucedía a unas cuantas calles de la urbe que no duerme nunca: en la fábrica de Andy Warhol, la novísima banda de la casa, el Velvet Underground, ponía los pelos de punta al respetable.

The Velvet Underground nunca logró la popularidad de los accesibles y agradables Spoonful, pero hizo algo que las demás bandas apenas si podían imaginar: inventaron la idea moderna —que para ese momento era inexistente todavía— de la banda de culto: un acto duro, intransigente, que se odia o se adora con exclusión de todos los demás. Y la influencia de Velvet llegó mucho más allá que la del 99% de los grupos de entonces. Todavía en 1998, cuando al fin pude escuchar en vivo a John Cale tocando con Siouxsie Sioux en México, sus piezas me parecieron innovadoras y sorprendentes.

Como si hiciera falta añadir algo más al milagroso año de 1966 para el rock, en diciembre se grabaron algunas de las piezas que, hasta la fecha, están consideradas como de las mejores en la historia del género. Cabe citar, entre las más notables: "I'll Be Your Mirror", de The Velvet Underground; "Hey Joe", de Jimi Hendrix, y "Light My Fire", de Jim Morrison y The Doors. Estas piezas se grabaron en 1966, aunque se editaron hasta principios de 1967. Ese mismo diciembre, David Bowie, de 19 años, lanzó su primer sencillo, "Rubber Band", un homenaje evidente al *Rubber Soul* de los Beatles y una especie de profecía del *Sgt. Pepper's*. En el lado B venía la grabación "The London Boys", que habla de cómo un chavo londinense de 17 años ya no encuentra escape ni ayuda en las pastillas; necesita otra cosa. Para fines de 1966 el mundo de la música ya necesitaba otra cosa. Algo estaba por irrumpir.

Y de pronto irrumpió el primer supergrupo de la historia: Cream, formado por Eric Clapton, que venía de tocar en el semillero del blues blanco de John Mayall, The Bluesbreakers, y que antes ya había sido guitarrista estelar de los Yardbirds; Ginger Baker, el impredecible baterista y líder de The Graham Bond

Organisation, donde también había tocado el bajo Jack Bruce. Clapton ya conocía a Bruce, pues había tocado un tiempo con Mayall, y en algún momento intentaron formar una banda, Powerhouse, que tuvo una fugaz existencia, con Steve Winwood, el joven prodigio de la escena roquera inglesa, que tocaba con The Spencer Davies Group desde los 14 años.

Aunque parezca mentira, antes de unirse al grupo de Spencer Davies (es decir, ¡antes de los 14 años!) Steve Winwood, entonces conocido como Stevie, había acompañado ya a leyendas del blues en sus giras por el Reino Unido. Siendo aún alumno de Great Barr School, Winwood formó parte de la escena del blues y del rock de Birmingham, tocando la guitarra y el órgano Hammond, acompañando a músicos como Muddy Waters, John Lee Hooker, Howlin' Wolf, B. B. King, Chuck Berry y Bo Diddley en sus giras por el Reino Unido.

A partir de Cream, los supergrupos se multiplicaron: en 1967 se formó Traffic, con Steve Winwood, Dave Mason, Chris Wood y Jim Capaldi; en 1968 surgieron Crosby, Stills, Nash & Young, así como Led Zeppelin, con Jimmy Page (otro admirable guitarrista que tocó, al igual que Eric Clapton y Jeff Beck, con los Yardbirds), Robert Plant, John Paul Jones y el gran Bonzo Bonham, tal vez el mejor baterista en el mundo del rock de todos los tiempos; y en 1969, Blind Faith, con los restos de Cream —Clapton y Baker—, Steve Winwood, por fin junto a Clapton en una banda, y el extraordinario bajista de Family, Ric Grech.

En Los Ángeles, y sin calificar como supergrupo, ya que ninguno de sus miembros era conocido cuando se formaron, The Doors conjuntó un cuarteto inusual. El cantante, líder y letrista del grupo, Jim Morrison, había conocido al tecladista Ray Manzarek en la escuela de teatro de la UCLA y, junto con Robby Krieger y John Densmore, bautizaron al grupo en honor del libro de Aldous Huxley, *Las puertas de la percepción*. Los psicotrópicos estaban presentes hasta a la hora de elegir un nombre para la banda.

El primer disco de Doors inicia con la pieza "Break on Through (To the Other Side)", que en sus primeros compases suena como podría haber sonado un bar de San Francisco en los años cincuenta, en una de tantas lecturas de poesía con jazz como las que acostumbraban los beats. Sólo que en vez de escuchar a Jack Kerouac recitando sus largas salmodias, hace su irrupción la poderosa voz de Jim Morrison, dándole a la pieza un carácter totalmente distinto. Puro rock.

No deja de ser sorprendente que en un primer álbum, tan maduro incluso como este primero de los Doors, aparezca una pieza como "Alabama Song", traída directamente del cabaret alemán de los años treinta, donde la música de Kurt Weill y la poesía de Bertolt Brecht preparaban ya a la nación alemana para el horror que estaba por venir. La incomparable versión de The Doors, con una instrumentación genial, es un anticipo de lo que años después sería la música de Tom Waits. Y, de paso, Jim Morrison reivindicaba así a su progenie poética. Además, con joyas como "The Crystal Ship" y "Light My Fire", y, sobre todo, con la composición que cierra el primer disco, "The End", ofrecía un escalofriante adelanto de los tiempos que ya asomaban en el horizonte.

La formación universitaria e intelectual de los integrantes de Doors, en la prestigiosa UCLA, no fue, ni con mucho, la norma de los grupos de rock norteamericanos. Las citas y conocimientos literarios de Jim Morrison son inusuales en el rock gringo. Pero en Inglaterra la situación era muy distinta. Gracias a una serie de buenos programas sociales impulsados por el gobierno de una relativa izquierda de Harold Wilson, se ofrecieron becas para estudios universitarios y se fomentaron las escuelas de arte. En muy poco tiempo hubo muchos cambios sociales, económicos y culturales —los años radiantes del Swinging London—, tal y como lo relata Nick Mason, el baterista de Pink Floyd, en sus memorias: *Inside Out. A Personal History of Pink Floyd*:

> Inglaterra en 1966 estaba pasando por algunos cambios notables. El gobierno laborista de Harold Wilson estaba a punto de introducir una serie de cambios en las leyes relativas a la obscenidad, el divorcio, el aborto y la homosexualidad. La píldora estaba disponible y al alcance de todas las mujeres. La emancipación femenina se estaba convirtiendo en algo más que una teoría [...] Fue un periodo de cambio cultural. Los Beatles iniciaron un fenómeno en el que, de repente, las bandas inglesas dominaron la escena musical internacional. Y esto se vio acompañado por un florecimiento de la moda inglesa [Mary Quant], modelos [Twiggy, Jean Shrimpton, Jane Birkin] y fotógrafos [David Bailey].

Poca gente sabe que la plana mayor de los roqueros y compositores ingleses —John Lennon, Keith Richards, Eric Clapton, Ray Davies, Jeff Beck, Donovan, Pete Townshend, Jimmy Page, David Bowie, Brian Ferry, Brian Eno— pasaron por escuelas de arte inglesas. Y muchos se interesaron en el cine. Tal vez esto explique, al menos en una parte, la alianza de los espectáculos de luz y sonido del rock, así como el auge de los videoclips. Pero todos tuvieron una formación que agudizó sus sensibilidades artísticas. "Sin el puente de las escuelas de arte no creo que hubiera pasado lo que pasó con el rock aquí —dijo Ray Davies al *Melody Maker*—, y yo, ciertamente, no habría hecho música". Tal vez ruido sí, escándalo —"echar relajo", como se le dice en México—, pero no música. ¡Qué lejos de esta realidad la escena roquera mexicana... y qué pobre! El desmadroso rock mexicano tiene mucho que ver con la falta de educación artística; con la falta de educación musical; con la falta de educación.

En Estados Unidos, si bien no se dio el fenómeno de las escuelas de arte que sí hubo en Inglaterra, y que en buena medida explica la gran calidad del mejor rock inglés, músicos y bandas se beneficiaron del sistema educativo gringo que desde las primarias públicas insiste en dar a todos los chavos una formación musical: todos tocan algún instrumento. De nueva cuenta: ¡qué lejos el pobre rock nacional y su falta de recursos! Y creo que no resulta exagerado extrapolar este triste comentario a la mayor parte de América Latina.

Muchas de las mejores bandas norteamericanas —y aquí pienso en las bandas-bandas, como Chicago, The Flock, Blood Sweat & Tears— tuvieron una formación musical de alto nivel en conservatorios de música, incluso del más alto prestigio, como el muy afamado colegio Berklee, en Boston. Aunque los grandes genios del rock *made in* USA son autodidactas; Bob Dylan se hizo de un sólido bagaje literario por pura necesidad interior y fuerza de voluntad; la sofisticada música de Brian Wilson, así como la de Zappa, provienen de dos autodidactas geniales, obsesos y absolutamente dedicados a su arte.

El ejemplo perfecto de los roqueros con formación de las escuelas de arte es Pink Floyd. Tres de sus miembros —Roger Waters, Rick Wright y Nick Mason— se conocieron en la escuela de arquitectura… y Syd Barret venía, nada más y nada menos, que de Cambridge. Mejor no se puede. Syd se matriculó en la escuela de arte y luego estudió pintura en otra escuela de arte en Londres. Fue un pintor de talento. No es, pues, una mera casualidad el alto nivel de las letras de Barret ni los grandes espectáculos de luces y proyecciones que hicieron famosos los conciertos de Pink Floyd. Desde los primeros intentos de crear algo distinto con las luces, el ambiente y el sonido, los arquitectos del grupo estuvieron comprometidos en la construcción y desarrollo de una forma espectacular y nueva de arte. Sólo las extravagancias multimedia podían dar una idea de ese momento en la cultura y la música. Y la idea había surgido y prendido al mismo tiempo en San Francisco, Londres y Nueva York.

Los espectáculos de luces de los salones de baile de San Francisco, tal como los que utilizaban Jefferson Airplane, Grateful Dead, Country Joe, Big Brother y los Merry Pranksters; los locos experimentos con luces del UFO y Roundhouse, y de Pink Floyd en

Londres; los diseños de op art de discotecas nuevas como Cheetah, en Nueva York; el asalto a todos los sentidos del EPI (Exploding Plastic Inevitable) de Andy Warhol y su estudio plateado, The Factory, donde —dicho en sus propias y resecas palabras— daba la impresión de que "todo estaba ocurriendo simultáneamente", se convirtieron en los nuevos entornos envolventes y totalizadores.

Para 1966, muchos hilos del arte, la música y el entretenimiento llegaron a entretejerse de tal forma que convergieron en un mismo punto por distintas vías y a través de muchos medios. En el aire estaban el enfoque y la necesidad de centrar la atención de manera absoluta en el instante. En este sentido, no es de extrañar el énfasis en la meditación, que es el sello distintivo de muchas religiones orientales. En el rock, y por medio del rock, la música se convirtió en un evento, un rito, una experiencia con psicotrópicos y el éxtasis de la danza.

"El EPI fue la puesta en escena más elaborada, hasta ese momento, del impulso pop de los años sesenta hacia la disolución de las jerarquías, de la percepción lineal y el significado manifiesto". Estas palabras de John Savage pueden ayudar a entender cómo es que una banda que, en un principio, no se hacía notar por encima de muchas otras, gracias al ojo muy bien entrenado y malicioso y a la ambición de Warhol, la fría belleza de Nico (que ya había visto y utilizado Fellini en 1960, en *La dolce vita*) y el talento en ciernes de dos músicos que habrían de florecer en grande, Lou Reed y John Cale, pasó a ocupar de pronto el centro de la escena, el ojo del huracán.

Los sencillos que grabaron Velvet Underground, Jimi Hendrix y The Doors ("I'll Be Your Mirror", "Hey Joe", "Light My Fire") a fines de 1966, al igual que las primeras grabaciones de Pink Floyd ("Interstellar Overdrive", de fines de 1966, se editó hasta 2020) no eran más que la punta del iceberg de lo que serían sus primeros álbumes: *The Velvet Underground & Nico*, *Are You Experienced* y *The Doors*. Un digno corolario al año en el que arrancó una transformación cultural y musical tan breve como intensa e influyente.

En 1966 una serie impresionante, y sorprendentemente coordinada, de cambios tecnológicos, económicos, políticos, sociales, culturales, artísticos y musicales confluyeron para hacer posible una transformación en el ámbito de la música popular que muy poco tiempo antes habría resultado inimaginable. Al centro de esta metamorfosis los psicotrópicos fueron el agente operativo de un milagro que muy pronto cobraría altísimos impuestos y muchas vidas.

He aquí un recuento de los grandes cambios y descubrimientos que se dieron en el mundo en 1966 y que contribuyeron al nacimiento del rock:

- La explosión demográfica que experimentó Occidente luego del fin de la Segunda Guerra Mundial generó el fenómeno del *baby boom*, tal y como se le llamó en Estados Unidos. Para la década de los sesenta los muchos millones de bebés de la posguerra eran ya adolescentes y jóvenes.
- La popularización de la píldora anticonceptiva (que en gran medida fue desarrollada en México) en los años sesenta permitió por primera vez disfrutar del sexo sin temor a un embarazo. La revolución sexual que comenzó entonces está íntimamente ligada al nacimiento del rock.
- Una prosperidad creciente de la clase media en Estados Unidos, en Reino Unido y en otras partes del globo les dio dinero a los adolescentes, por vez primera en la historia, para gastar no nada más en discos sencillos, sino en álbumes y equipos estéreo y de mayor calidad para reproducirlos. La nueva y sofisticada tecnología exigió a su vez más y mejores grabaciones.
- Apoyado en la creciente capacidad adquisitiva de los adolescentes, el álbum de 33 r.p.m. —mejor conocido como L.P. (*long play*) o disco de larga duración— comenzó a utilizarse como una forma de arte, una declaración de principios

y ambiciones artísticas, y desplazó en muy poco tiempo el centro de atención de los discos sencillos y baratos a los álbumes en su totalidad.

- Los cambios tecnológicos y económicos contribuyeron directamente al desarrollo musical en 1966. Las grabadoras de múltiples pistas habían existido durante más de una década, pero se volvieron confiables y fueron optimizadas, dando a las bandas cuatro, luego ocho, y muy pronto dieciséis pistas para crear sus composiciones. Nació el universo de las regrabaciones: *track on track*.
- Comenzaron a aparecer amplificadores más grandes y ruidosos, y sistemas de megafonía que aumentaron la potencia —y con ella la emoción— de la música en los conciertos. Se volvió un requisito de rigor la combinación potentísima de los amplificadores Marshall y de guitarras eléctricas como la Stratocaster y la Les Paul.
- Se inventaron, desarrollaron y perfeccionaron los distorsionadores del sonido de las guitarras, así como pedales como el wah-wah, que explotó hasta sus límites Jimi Hendrix para producir sonidos inauditos.
- La tecnología de estado sólido hizo llegar los teléfonos inteligentes de su época —los radios de transistores portátiles— a todas partes. Así nació la música *prêt-à-porter*.
- El aumento de los sellos disqueros independientes y regionales no sólo les dio a muchísimos grupos y compositores la oportunidad de darse a conocer, sino que ofreció al público la posibilidad de escuchar propuestas alternativas y, de paso, pronosticó cómo se verían las cosas en el futuro.
- Los espectáculos de luz líquida surgieron a ambos lados del Atlántico alrededor de 1966 y fueron una parte integral de la escena roquera. Podían estar a cargo de un solo operador con sólo un par de diapositivas modificadas utilizando proyectores de techo y dos o tres ruedas de color, o llegar a ser

tan complejos como espectáculos que requerían de una decena de operadores, o más, y docenas de proyectores. También se usaron mucho dos placas de vidrio con capas de agua y aceite, pigmentadas con colorantes vegetales. El estilo y el contenido de cada propuesta visual eran únicos, pero un mismo objetivo: crear un tapiz visual de elementos multimedia que reflejaran la música.

- 1966 fue el año de la escalada militar en la infame guerra de Vietnam y su correspondiente oleada de protestas y movimientos civiles en Estados Unidos y en muchas otras partes… incluso en Inglaterra, donde los rebeldes, auténticamente sin causa, no tenían mucho por qué protestar.
- Se aceptó que los músicos no tuvieran por fuerza que producir un éxito comercial tras otro. Para 1966 se reconoció que también era válido —y aun necesario— que tuviesen una postura política y opiniones sobre el mundo. Su punto de vista no sólo fue aceptable, sino que se hizo indispensable.
- La alianza de la radio de frecuencia modulada —FM— y el rock es lo que en inglés se llama *a match made in heaven*: un encuentro predestinado que cambió por completo las reglas del juego. Las estaciones de FM se abrieron a una programación innovadora dirigida a nuevas audiencias, particularmente en California: Dylan, Byrds, Grateful Dead, Jefferson Airplane y muchos más.
- 1966 es el año que marca el cambio del epicentro musical, cultural y contracultural de Europa a América; de Inglaterra a Estados Unidos; de Londres a San Francisco.
- Se populariza el uso de la minifalda entre las chicas y el pelo largo entre los jóvenes. Estos dos rasgos, por más que hoy en día puedan parecer superfluos, se convirtieron en una contraseña que permitía saber quién era quién y de qué lado estabas: del lado de la rebeldía o del *establishment*.

Y, en paralelo, he aquí un recuento de las principales innovaciones y cambios que trajo al mundo de la música popular, y de la cultura en general, la explosión del rock en 1966:

- 1966 es el año en que la música popular pasó de ser algo para bailar a música para ser escuchada: expansiones de timbre y de armonías, de instrumentación, de ritmos y duración de las piezas alimentaron el oído. Con el tiempo, también el estilo de los bailes cambió radicalmente.
- Hubo una fusión de estilos y culturas musicales, desde los sitares que serpentearon a través de "Paint It, Black" hasta los electrificados riffs de jazz de John Coltrane canalizados en "Eight Miles High"; desde los drones celtas de Roy Harper en "Legend" hasta Tchaikovsky citado por The Move.
- 1966 fue el año en que músicos como Brian Wilson y los Beatles se dieron cuenta de que un estudio de grabación no es tan sólo (y ni siquiera primordialmente) un estudio de grabación. El estudio se podía utilizar de un modo creativo, imaginativo, hasta convertirlo en un instrumento para hacer música. Y así lo hicieron en *Pet Sounds* y *Revolver*. Brian Wilson contó en el estudio con el respaldo de The Wrecking Crew; los Beatles, con el talento y la experiencia de George Martin.
- Comenzaron a componerse piezas que fueron mucho más allá de la relación entre chicos y chicas para adentrarse en la exploración del sexo y las drogas, la desilusión, la rabia y la depresión, la rebelión y el desafío, el sueño y la crítica social y política de los acontecimientos del día, así como los avatares de una conciencia superior. La poesía en toda forma hizo su aparición en la música popular con compositores como Bob Dylan, Leonard Cohen, Jim Morrison, Ray Davies, Van Morrison, Lou Reed, Joni Mitchell y John Lennon.

- Las canciones fueron más allá de los tres minutos de rigor. Desde los pioneros seis minutos de "Like a Rolling Stone" y los once de "Desolation Road", grabadas por Bob Dylan en 1965, pasando por los siete minutos de sus "Visions of Johanna", de 1966, hasta llegar a los siete de "Light My Fire" y los once de "The End", composiciones grabadas por The Doors a fines de 1966 y editadas en su primer álbum a principios de 1967. A partir de aquí ya no hubo mucha distancia a los diecisiete minutos de "In-A-Gadda-Da-Vida".
- La utilización exitosa por primera vez —"Tomorrow Never Knows"— del collage musical y las regrabaciones en múltiples pistas que se reprodujeron a distintas velocidades, para adelante y en reversa. De las treinta o más pistas que se grabaron originalmente se seleccionaron dieciséis, luego se redujeron a ocho y finalmente se usaron cinco.
- 1966 es el año del último concierto de los Beatles (si se descuenta la imprevista tocada de despedida en la azotea de Apple en 1969), pero marcó el camino a seguir. Los conciertos de los grupos de rock, lo mismo que de solistas, se volvieron muy populares y muy pronto no hubo banda de cierto calibre que no emprendiera una gira de conciertos por Inglaterra, Estados Unidos, Europa y, finalmente, por todo el mundo. Antes de 1966 lo único que había eran las caravanas de toda clase de músicos y géneros absurdamente mezclados.
- 1966 es el año de la edición de una canción para niños de los Beatles, "Yellow Submarine", que dio lugar a una exitosa película de dibujos animados que marcó un hito en las expresiones visuales pop y psicodélicas de la época. El *Submarino* cambió el diseño gráfico y el arte de las películas animadas.
- En Haight Ashbury, en San Francisco, se comenzaron a diseñar carteles para los conciertos con un estilo psicodélico, con influencias del *art nouveau* (Mucha y Beardsley, que

murió como rockstar a los 25 años), pero con colores brillantes y una tipografía difícil de leer, aunque muy alucinante.

- Otra innovación visual muy importante asociada al nacimiento del rock se dio en las portadas de los discos, que en muy poco tiempo pasaron de ser imágenes insulsas, con fotos de los cantantes y los músicos, a verdaderas obras de arte. La cubierta de *Revolver* es el mejor ejemplo.
- 1966 es el año en que se presentó Janis Joplin con el Jefferson Airplane en el Fillmore West de San Francisco, y Jim Morrison y The Doors abrieron en el Whisky a Go Go para Van Morrison y Them. Es también el año de la llegada de Neil Young y Stephen Stills a Los Ángeles para integrar una banda de lujo: Buffalo Springfield. Laurel Canyon estaba a la vista.
- La escena musical de Laurel Canyon comenzó en 1964 cuando dos o tres de los músicos que formaron The Byrds se fueron a este enclave secreto de Los Ángeles; The Mamas & the Papas les siguieron… Luego Frank Zappa se mudó en 1966. El exbajista de Byrds, Chris Hillman, recuerda haber escrito "So You Want to Be a Rock'n'Roll Star" allí en 1966. Con The Doors, Jim Morrison escribió "Love Street" mientras vivía detrás de la Laurel Canyon Country Store. Lovin' Spoonful residió allí también, lo mismo que músicos de Love. Un poco después Joni Mitchell escribiría su "Ladies of the Canyon", y allí se formó Crosby, Stills & Nash, el grupo más exitoso y popular de finales de la década. Toda clase de libros y documentales han mitificado y romantizado este cañón boscoso ubicado detrás del Sunset Boulevard en Hollywood Hills.
- En 1966 apareció el primer álbum conceptual de la historia: el *Freak Out!,* de Zappa y The Mothers of Invention. Sin embargo, es usual considerar que fue *Pet Sounds*, también de 1966, o, mejor aún, *Sgt. Pepper's*, de 1967, el disco que inau-

guró el género. Según el musicólogo Allan Moore, "a pesar de que hubo álbumes anteriores que habían establecido ya un ambiente unificado, fue a partir de la influencia del *Sgt. Pepper's* que la idea del álbum conceptual pasó a ser convincente para la mayoría". Además, el diseño de la portada y el interior del disco presentando a los cuatro Beatles en uniforme como miembros de la banda del Sargento Pimienta reforzó la idea de una obra completa con un solo tema. El disco omitió las brechas que generalmente separaban las pistas del álbum y se presentó como si fuese una sola composición.

- La cultura del club (que no Culture Club) comenzó en el Roundhouse, de Londres, que abrió sus puertas con un gran *happening* en 1966. "Uno de los eventos más revolucionarios en la historia de la música y el pensamiento alternativo inglés", así lo calificó Daevid Allen, guitarrista de Soft Machine. Muy pronto le seguirían los clubs que tachonaron Sunset y Hollywood, en Los Ángeles, y después en todo el mundo.
- 1966 marca el inicio de la polinización cruzada entre la música contemporánea y el rock. Es el año de los experimentos con regrabaciones y cintas de "Tomorrow Never Knows", que tanto le deben a la música que hacían compositores como Stockhausen. El impulso para experimentar con nuevos sonidos llevó a una fusión de estilos musicales y culturas, desde las extensas improvisaciones de Pink Floyd y Soft Machine, pasando por Zappa y Varèse, hasta el minimalismo de Velvet Underground por vía de John Cale.
- 1966 es el año del primer *single* de The Jimi Hendrix Experience: "Hey Joe", un blues tradicional que había sido tocado y grabado incontables veces, y que él convirtió en un clásico. El lado B del sencillo es "Stone Free". Con piezas como éstas, Hendrix fue el primero en darse cuenta de que la guitarra eléctrica no es en realidad una guitarra: es un pla-

tillo volador. En ese momento nace el guitarrista como héroe del rock: Jimi Hendrix, Eric Clapton, Jimmy Page, Jeff Beck, Peter Green, Pete Townshend, Frank Zappa y un largo etcétera.

- 1966 es el año en que se forma la primera banda multigenérica y multirracial: Sly & the Family Stone, fundamental en el desarrollo del rock, la música funk, soul y psicodélica. Muy pronto Carlos Santana seguiría sus pasos al formar su banda con músicos blancos, latinos y negros.
- Aunque el primer éxito de una rola de rocanrol cantada en español es "La bamba", de Ritchie Valens, de 1958, en 1966 la pieza "Black Is Black", de Los Bravos, se convirtió en la primera canción de un grupo de rock español en tener éxito internacional. Sin embargo, la rola todavía estaba cantada en inglés por el vocalista Mike Kennedy, pseudónimo del alemán Michael Volker. El rock en español tendría que esperar.
- Hasta mediados de la década de los sesenta a nadie se le había ocurrido grabar un concierto en vivo, clandestinamente, para darlo a conocer después, en lo que llegaría a conocerse como un *bootleg* (eufemismo para decir "pirata": *boot*, bota, y *leg*, pierna). Pero todo cambió el 8 de enero de 1966, cuando Ken Kesey y The Merry Pranksters reclutaron a los Dead para tocar en lo que entonces era su segundo show en el Fillmore en San Francisco. Fue una tocada memorable. La actuación de esa noche formaba parte de las pruebas de ácido, pero también daría lugar al primer *bootleg* de los Dead y seguramente de todo el rock.
- Como ya dejé muy claro a lo largo de todo este capítulo, hay cuatro discos que pueden considerarse como la cima, trono, corona y cetro del año de nacimiento del rock: *Revolver*, de los Beatles; *Pet Sounds*, de Brian Wilson; *Blonde on Blonde*, de Bob Dylan; y *Freak Out!*, de Frank Zappa & The Mothers of Invention. Entre estos cuatro pilares se encierra

el jardín del paraíso del rock en su expresión más nítida y clásica, y que muy pronto habría de experimentar la tentación de la serpiente, la caída y la consecuente expulsión del paraíso. Es ese mismo jardín del Edén que le dio título a una de las piezas más memorables de la época: la interminable "In-A-Gadda-Da-Vida", que no es otra cosa que "In the Garden of Eden" balbuceado por alguno de los componentes del Iron Butterfly después de haberse tomado un par de copitas de rompope.

- Y *last but not least*, como se dice en inglés (en último término, pero no en el último lugar), hay que subrayar una vez más el efecto catalizador que tuvieron los psicotrópicos entre los músicos, empezando por la marihuana, pasando por las demás plantas de poder y culminando con el LSD. Lo que comenzó con los *acid tests* de Ken Kesey, con todo y su dosis de machismo trascendental —"¿eres capaz de viajar en ácido sin tronar?"—, acabó desatando una verdadera locura generalizada cuyos efectos, lo mismo liberadores que nefastos, pueden sentirse hasta la fecha. No se puede tapar el sol con un dedo: la drogadicción mundial, el narcotráfico, la guerra de los cárteles y la terrible violencia que todo esto conlleva son una parte muy pesada de la herencia de los locos años sesenta de la que poco se habla, y que dista mucho de ser heroica, pero que debe asumirse con toda responsabilidad.

Sin embargo, como dijo Jerry Garcia para abrir boca la única vez que se me concedió ver a Grateful Dead tocando en vivo —en el Sports Arena de San Diego, en diciembre de 1993, donde fueron recibidos estruendosamente por una multitud delirante, extática, de *heads* después de casi veinte años de ausencia (los angelitos tenían vedada la entrada por cargos de drogas y detallitos de ésos)—: "el daño ya estaba hecho". Había nacido el rock.

Por cierto, el concierto de Grateful Dead del que hablo fue el primer concierto de rock al que asistió nuestra hija Dana, que entonces contaba con sólo ocho añitos. Y nunca lo ha olvidado... particularmente el olor: "Olía muy raro". A partir de aquella primera ocasión, no exagero al decir que ha escuchado cientos de conciertos en todo el mundo. Se desarrolló como una fantástica y muy original cantante de rock y tuvo una banda muy buena, Soma, que, en la mejor vena roquera, se desintegró después de grabar un primer y excelente disco producido por Felipe Souza, exguitarrista del Tri y de la cantante de blues Betsy Pecanins —con quien yo mismo colaboré en repetidas ocasiones—.

Ningún grupo en la historia del rock ha sido más grabado que Grateful Dead, que siempre apoyó a sus fervientes fans en la práctica alternativa de los *bootlegs.* Con más de 2500 conciertos, nunca repitieron un programa. Por ésta y otras razones, Jerry Garcia y su banda son, tal vez, el grupo más querido del rock. ¿Qué otra banda financiaría a una muy pobre selección de basquetbol de Lituania tras el derrumbe del bloque soviético para poder asistir a los Juegos Olímpicos hasta ganar y recibir la medalla de bronce vistiendo camisetas de Grateful Dead? La pura buena onda del rock.

MUSAK
PUBLICAN

1967
Año *mirabilis*

Pasa ya del medio siglo el instante auspicioso en el que la música popular —el pop— se convirtió en lo que a partir de entonces se conoce como rock. Un término que, si bien tuvo contornos definidos en un principio, se abrió tanto que se diluyó hasta convertirse en casi cualquier cosa. Así que es válido hacer la pregunta: ¿qué se entiende hoy por *rock*? La respuesta depende, claro, de a quién se le pregunte. Y seguramente para muchos el rock significa en estos tiempos lo que en décadas atrás se consideraba heavy metal o rock duro: la música que se escuchaba en el primero y original Hard Rock Café de Londres, un pequeño café y restaurante con música fundado en 1971 en Londres por Isaac Tigrett y Peter Morton, y que tuve la suerte de visitar en ese mismo año. Para entonces el rock —si hemos de hacer caso a las palabras del personaje de Lester Bangs en la película *Almost Famous*— había perdido la batalla. El rock fue asimilado por las grandes corporaciones que, tras un brevísimo intervalo de cierto desconcierto (y de llenarse los bolsillos a manos llenas), volvieron a las andadas y a llevar agua para su molino de entretenimiento y especulación.

Sin embargo, 1967 comenzó bajo los mejores auspicios y con réplicas de las buenas vibras del verano de 1966 —los éxitos solares y dominicales de los Kinks, Small Faces, Lovin' Spoonful y Beatles— en el Summer of Love de 1967. Incluso una banda tan oscura como Velvet Underground quiso que su primer disco, *The Velvet Underground & Nico*, comenzara con una pieza que era muy poco representativa de lo que sería el sonido de Velvet, pero sí del momento: "Sunday Morning". Grabada a fines de 1966 y lanzada a principios de 1967, la cálida y hermosa canción de Lou Reed y John Cale, escrita con la gélida voz de Nico en mente, ofrece un paisaje todavía soleado, donde se pueden sentir ya los atisbos de los tiempos oscuros que estaban por venir:

> Sunday morning and I'm falling
> I've got a feeling I don't want to know
>
> Domingo por la mañana y me estoy cayendo.
> Tengo una sensación que no quiero saber.

Esta pieza era la única de su álbum debut en esa onda; el resto del disco era otra cosa. Lo mismo se puede decir de Jimi Hendrix, que también grabó su primer sencillo a finales 1966: "Hey Joe", una versión de un número clásico de blues. Para el lado B se requería una pista original y Hendrix decidió escribir una canción —la primera pieza compuesta para su trío, The Experience— sobre la libertad de la contracultura y, al mismo tiempo, un himno al individualismo: "Stone Free". En su primer sencillo lanzado en Inglaterra quedaban cifrados el pasado y el futuro del rock.

En noviembre de 1966 Jimi Hendrix se presentó con The Experience (Noel Redding y Mitch Mitchell) en el Bag O'Nails, de Londres. Toda la realeza del rock se hizo presente para ver y escuchar la nueva sensación: Lennon y McCartney, Mick Jagger y Brian Jones, Eric Clapton y Pete Townshend, Kevin Ayers y Jeff Beck, etcétera. La estupefacción fue unánime. Nunca nadie había escuchado a alguien tocar así. "Mi vida no fue igual desde entonces", dijo lacónicamente Clapton.

Ayers describió la reacción de la gente como una atónita incredulidad… las estrellas no lo podían creer. La actuación le ganó a Hendrix una primera y extensa entrevista en el *Record Mirror*, que se publicó bajo el explosivo título de "Mr. Phenomenon". "Predecimos que este guitarrista va a revolucionar todo el negocio de la música como un tornado", escribió Bill Harry, que le preguntó a Hendrix: "¿De veras son sólo ustedes tres los que crean ese sonido tan espeso e impresionante?". Y Jimi le respondió: "No queremos ser clasificados... pero si se trata de poner etiquetas, me gustaría que se llamara 'sentimiento libre' ['*free feeling*']. Es una mezcla de rock, freakout, rave y blues".

Como puede verse, para fines de 1966 el término *rock* había cobrado ya su verdadera dimensión justamente gracias a gente como Jimi Hendrix, The Doors, Velvet Underground, Frank Zappa y Pink Floyd. Sin olvidar, claro, a sus muy ilustres antecesores: Beatles, Stones, Kinks, Animals, Spoonful, Them, Who, Byrds, etcétera. Y a esto hay que agregar todavía la pléyade californiana. Una serie de discos excepcionales de todas estas bandas transformaron el mundo de la música popular, lo mismo que el panorama de la radio y la televisión, el cine y, en última instancia, la manera de oír, de ver y de vivir incontables experiencias por parte de millones y millones de jóvenes en todo el mundo, México incluido. *Rock* es el término usual a partir de 1967. Y de aquí en adelante ya no hubo marcha atrás.

Jimi Hendrix tenía razón: si hay una palabra que podría calificar la segunda mitad de los sesenta es "libre". Frank Zappa, por su parte, declaró: "Tocamos la nueva música libre, absolutamente libre, sin toda la carga de la represión cultural estadounidense". Y por si había alguna duda de su posición musical, política y contracultural, agregó: "Estamos tratando de eliminar los obstáculos creativos que nuestro útil sistema educativo ha instalado para garantizar que nada creativo se pueda filtrar hasta los chavos". Por su parte John Sebastian, igualmente explícito, dijo: "A medida que las muy diversas categorías de la música popular se descomponen, hay lo que el observador no muy enterado llama 'nuevos sonidos'. Son más bien viejos sonidos nuevos, o nuevos sonidos viejos, en un intercambio creativo y libre". Rock. Libre. Aquí la palabra *libertad* es la roca de fundación.

No obstante, todavía bien entrado 1967 —por dar sólo un notable ejemplo— se convocó, al norte de California, el primer gran festival masivo de rock con el título oficial, y a todas luces pobre, inadecuado y obsoleto, de Monterey International Pop Festival. Uno de los momentos cruciales en la historia del rock y de los años sesenta no fue capaz de aceptar su rasgo definitorio y definitivo: se trataba de *rock*.

El Festival Pop de Monterey comenzó, en efecto, siendo pop —Simon & Garfunkel, Mamas & Papas, Scott McKenzie y su "Flowers in Your Hair"— el 16 de junio de 1967, y terminó apenas dos días después en plena euforia roquera y hippie: Country Joe & the Fish, Grateful Dead, Jefferson Airplane, The Animals, The Byrds, Buffalo Springfield, Electric Flag, The Who, entre muchos otros. Las inolvidables presentaciones de Janis Joplin, con Big Brother & the Holding Company, y Jimi Hendrix dejaron una profunda huella. Tal vez no alcanzaron nunca una cima más alta. Hay una imagen en la película *Monterey Pop* que lo dice todo: Mama Cass, estrella pop y una de las mejores y más afinadas voces que se habían oído, con la boca abierta... escuchaba cantar a Janis en un éxtasis teñido tanto de admiración como de incredulidad.

El gesto de Mama Cass condensa el azoro generalizado ante la velocidad de los cambios y la inmensidad del horizonte que parecía por fin abrirse tras el festival. Porque ya no cabía la menor duda: nada volvería a ser lo mismo en el mundo de la música popular. Y de la mano de la música popular —ahora sí: del *rock*— ya nada sería igual. De corroborarlo con creces se encargaría el año de 1968, con lamentable lujo de violencia. Los actos destructivos de The Who, acabando con todo su equipo, y de Jimi Hendrix prendiéndole fuego ritual a su guitarra, no auguraban más veranos amorosos. Eso no era Peace & Love. Sin embargo, y por un rato, la juguetería completa estuvo al alcance de los músicos sin más límites que su imaginación y su osadía.

Keith Moon, el baterista de Who, declaró *inocentemente*: "Queremos destruir todo; es parte de lo que nos está pasando a nosotros y también a nuestro público". John Cage había mostrado el camino tiempo atrás: el caos, a su manera, puede ser muy reconfortante. De hecho, su opinión era que, si el caos es el estado natural del universo, entonces deberíamos aceptarlo como es, en vez de tratar de imponerle algún régimen artificial. "No te quiebres la cabeza —solía decir a los músicos y a quien quisiera escucharle— tratando de estructurar demasiado las cosas…".

Esto era miel para los oídos de las desordenadas bandas de rock de ésa y de todas las épocas. "No hay que tenerle miedo al caos…". Ésta era una de las premisas de John Cage, cuyo mensaje había llegado a oídos de Townshend por la vía de Gustav Metzger, un artista muy clavado en la idea del arte que se autodestruye. Su precursor: Jean Tinguely y su máquina autodestructiva. Entre los más famosos seguidores de Tinguely se encuentra Banksy, cuya *Niña con globos* se hallaba enmarcada en una trituradora de papel que destruyó, para sorpresa de sus acaudalados compradores, la mitad de la pieza.

La violencia y la destrucción eran tópicos calientes en 1967, con todo y el pregonado Verano del Amor que, en realidad, en Inglaterra había ocurrido el año anterior, en 1966. La revista de vanguardia *Arts and Artists* les dedicó un número completo a estos temas. En la introducción, titulada sin fingimientos "Violencia", Kenneth Coutts-Smith escribió: "Todos los días la maquinaria de la publicidad nos invita a vivir en una fantasía condicionada por la violencia. James Bond y compañía nos persiguen hasta en nuestros sueños".

Cuando Provo, el grupo de activistas políticos radicales de izquierda neerlandeses, organizadores de eventos y *happenings*, llegó a Londres, Metzger fue el encargado de recibirlos. Pete Townshend, que había vuelto ya una costumbre destruir su guitarra al final de las tocadas de The Who, había asistido a las conferencias de Metzger, donde se impregnó de las ideas del arte destructivo y autodestructivo. The Who era una banda feroz y su fusible —el impredecible baterista Keith Moon— muy pronto pagaría el precio, muriendo a los 32 años luego de vivir la miseria de los psiquiátricos y programas de desintoxicación. Su muerte ocurrió en la misma casa y en la misma habitación donde cuatro años antes, el mismo día del año y a la misma edad que él, falleció Mama Cass Elliot. La casa pertenecía a Harry Nilsson, quien se hizo famoso por su maravillosa canción "One", que Three Dog Night convirtió en un gran éxito, lo mismo que por su amistad tóxica con Lennon y Ringo, miembros del infame Hollywood Vampire Drinking Club, durante los años angelinos de Lennon.

No era necesario ser clarividente para saber que en el momento en que coincidieran Jimi Hendrix y The Who en el Festival Pop de Monterey, en 1967, iba a darse una fuerte competencia, celos y rivalidad por presentar al público hippie de California una versión destructiva y autodestructiva del rock. Y así fue. Al darse cuenta Townshend de que Hendrix solía hacer lo mismo que él en sus espectáculos —terminar destruyendo su propia guitarra— lo fue a buscar para dejar en claro que The Who tocarían primero; no quería que nadie le robara la "gloria" de llevar a la práctica las escandalosas declaraciones de Keith Moon: "Queremos destruir todo". Y aunque The Who ganó el volado y tocaron primero que Hendrix, fue el guitarrista de Seattle quien se llevó las palmas. Como bien sabía lo que iba a hacer Townshend, decidió aumentar la apuesta y prenderle fuego a su guitarra para escándalo de la jipiza californiana.

No era la primera vez que Hendrix quemaba su guitarra; lo había hecho antes en el Rainbow Theatre de Londres, frente a un público inglés que no se esperaba fuegos artificiales. Ese sacrificio ritual lo ayudó a lanzar su carrera y pasar de ser un telonero más a cabeza de cartel. Aunque nunca dejará de ser recordado como un gran innovador musical y el mayor virtuoso de la guitarra eléctrica, este acto destructivo fue lo que lo hizo famoso. Hendrix dejó de ser un rumor y se convirtió en una leyenda. Y su muerte tres años después, luego de una serie de lamentables episodios de drogas, alcohol y violencia, terminó por consolidar su imagen y la del rock: creación y destrucción.

Hay una película de 1966, *Blow-Up*, de Michelangelo Antonioni, que de muchas formas condensa toda esta atmósfera. Está basada en una historia del gran cronopio: en París, un fotógrafo chileno mata el tiempo con tomas de la ciudad. Más tarde, en su cuarto oscuro, algo le llama la atención: en el borde de una de sus fotografías se alcanza a ver a una pareja haciendo el amor. El fotógrafo, que trabaja para la agencia Magnum y llegaría a ser muy famoso, no reparó en este detalle mientras disparaba con su cámara Leica. Pero la imagen no dejaba lugar a dudas.

La historia se habría perdido si Sergio Larraín —el fotógrafo— no se la hubiese contado a Julio Cortázar, quien a fines de los cincuenta trabajaba como traductor de la Unesco en París. Con la anécdota de Larraín, Cortázar creó su cuento "Las babas del diablo", uno de los cinco que integraron *Las armas secretas*, de 1959. Siete años después, esta historia fue utilizada por Antonioni en su película *Blow-Up*, tal vez la más popular de su obra. El director le agregó al cuento de Cortázar algo de glamour y un crimen: el fotógrafo era de modas y en la imagen se revelaba un asesinato. Película emblemática de la cultura pop y mod de los sesenta, *Blow-Up* cambió la ciudad de la narración original de París a Londres, y con este cambio surgió toda la carga cultural del "Swinging London": el rock (The Yardbirds), el modelaje (Twiggy), el diseño de ropa (Mary Quant) y la presencia de Vanessa Redgrave, Veruschka y Jane Birkin.

La banda sonora de *Blow-Up* es de Herbie Hancock, que venía de tocar con Miles Davis. En la cinta hay una escena antológica con dos de los mayores guitarristas del rock: Jeff Beck y Jimmy Page, que por un muy breve tiempo tocaron juntos con Yardbirds. Ocurre en un club donde se presenta el grupo, que en ese momento estaba en la cima de su popularidad. En la cinta se puede ver a Jeff Beck destrozar su guitarra —tal como lo hacía Peter Townshend con The Who— ante un público entre impávido y aburrido, que sólo reacciona con la violencia y la destrucción. La idea original de Antonioni era tener a The Who en la película, pero ya eran demasiado famosos y no les llegaron al precio.

Donde hay mucho orden, hay que meter desorden, y donde hay mucho desorden, hay que meter orden. Algo así escribía John Cage en su *Diario: cómo mejorar el mundo (sólo conseguirá empeorarlo)*, de 1965. Y Pete Townshend y The Who hicieron ambas cosas: desataron el caos con sus presentaciones, así como en sus grabaciones pusieron orden. Aunque, claro, los titulares en las noticias tenían que ver casi siempre con el lado destructivo de la banda, sus frecuentes excesos, y pasaban por alto la calidad de su música, el alcance de las composiciones, las letras de Townshend y su propuesta alternativa.

Después del Festival de Monterey, The Who terminó de grabar su disco *Sell Out*, que se dio a conocer en diciembre de 1967. Se trata del trabajo más ambicioso y complejo que el grupo había hecho hasta entonces: un collage muy elaborado que va desde los ecos de Nino Rota hasta los anuncios de la radio en esa época en Inglaterra, y donde la ironía de Townshend lleva la voz cantante. Todo esto aglutinado con la típica música y el sonido de The Who, apoyados en una sección rítmica verdaderamente imbatible: la enloquecida bataca de Keith Moon y las magistrales lecciones en el bajo de John Entwistle, sin duda uno de los grandes de todos los tiempos.

La revista *Rolling Stone* elogió sin trabas lo que calificó como "exquisito" sentido del humor del disco, así como la "consumada" maestría musical de The Who, para considerarlo algún tiempo después como "el álbum conceptual más exitoso de la historia". *Sell Out* estableció a la banda como "la tercera mejor no sólo en Gran Bretaña sino en el mundo". Dave Marsh lo llamó "el mejor álbum de rock de su era" y "la indudable obra maestra de The Who".

Melody Maker dijo que el disco era una obra maestra debido a su "gloriosa celebración del pop como un producto inútil". *Sell Out* es, sin duda alguna, uno de los mejores álbumes conceptuales de la época. Es un disco que consiguió con éxito lo que The Who haría después en exceso con obras como *Tommy* y *Quadrophenia*, y dejó claro qué tan vivo estaba el pop en plena psicodelia.

Esta relación entre el arte popular y el gran arte (o como se le quiera llamar) se halla en el centro de la transformación del pop en rock. Eso que más tarde habría de caracterizarse como "high & low", y que vio su apoteosis en la magnífica muestra presentada con este título en el Museo de Arte Moderno de Nueva York en 1989. Esta complicidad le dio al rock de los años sesenta un impulso inusitado. McCartney y Berio; Zappa y Varèse; Lennon y Yoko; Velvet Underground y Cage, etcétera. 1967 marcó el inicio de las fértiles colaboraciones entre el rock y la música contemporánea y, en una menor medida, las de la música contemporánea y el rock.

Otro evento de 1967 que fue poco atendido, pero cuya importancia se ha ido acrecentando con los años, fue el Carnival of Light. El 5 de enero de 1967, poco después de que se llevaran a cabo las sesiones de regrabación de las voces de "Penny Lane", los Beatles grabaron una pista experimental para usarla en un festival de arte, luz y sonido que se avecinaba en ese momento, titulado "The Million Volt Light and Sound Rave" a celebrarse en el Roundhouse de Londres el 28 de enero y el 4 de febrero del mismo año. Se dice —porque poquísima gente ha escuchado esta grabación vanguardista de los Beatles— que "Carnival of Light" tiene una duración de 13:48 minutos, y más allá de los dos eventos originales en los que se reprodujo y se pudo escuchar, nunca ha circulado entre el gran público.

La historia de la pieza comienza cuando David Vaughan (el diseñador que pintó el piano psicodélico de McCartney) le preguntó a Paul si estaría dispuesto a enviar una canción para The Million Volt, un evento organizado por el propio Vaughan. Para su deleite,

McCartney estuvo de acuerdo y la pista se grabó el mes siguiente, durante las sesiones del *Sgt. Pepper's* en el estudio de EMI. El resto de los Beatles se sumó a esta aventura de Paul, que ha cobrado importancia porque muestra el compromiso del primer Beatle con un experimento musical tan radical, más de un año antes de "Revolution 9", de Lennon, que apareció en el *Álbum blanco* de los Beatles en 1968.

En 1996 McCartney intentó lanzar la pista en la compilación *Anthology 2* de los Beatles, pero su inclusión fue vetada por sus antiguos compañeros de banda. McCartney confirmó que la cinta estaba en su poder en 2008. En todo caso, se trata de uno de los momentos representativos de la relación, siempre dispareja, entre el rock y la música contemporánea. Esta pieza de McCartney ha sido comparada con "The Return of the Son of Monster Magnet", la extravagante pieza que cierra el *Freak Out!,* el primer álbum de Frank Zappa, reconocido por el mismo McCartney como una de las influencias decisivas en *Sgt. Pepper's Lonely Hearts Club Band.*

Y es que hay que subrayar que mucho más bebió el rock en esos años de los grandes músicos de conservatorio que lo que la música contemporánea se benefició del rock, por más que las excepciones saltan a la vista y ya se han mencionado: Varèse, Stockhausen, Berio, Boulez y Ligeti, por citar a algunos de los más notorios, tuvieron contacto directo con roqueros como Zappa y McCartney, y hasta con grupos como Jefferson Airplane o Grateful Dead. Como dice Alex Ross, el reconocido crítico musical de *The New York Times* en su indispensable *The Rest is Noise: Listening to the Twentieth Century:*

> Incluso cuando Stockhausen y Ligeti rozaron la contracultura, varios estadounidenses más jóvenes (Terry Riley, Steve Reich y Philip Glass) lograron un tipo diferente de desarrollo. Simplificaron su lenguaje armónico y redescubrieron el placer de un pulso constante, ideando una tonalidad moderna que no tenía nada de nostálgica.

En la portada de *Sgt. Pepper's* aparecen varias docenas de celebridades que conforman un *who's who* de los Beatles en 1967. Entre los músicos (notablemente escasos) que aparecen en la cubierta se puede advertir la presencia de Stockhausen y Bob Dylan, junto a una nutrida serie de escritores de lengua inglesa que van desde Lewis Carroll y Oscar Wilde hasta Edgar Allan Poe, H. G. Wells, James Joyce, Dylan Thomas, sin faltar el inefable William Burroughs. La imagen es un collage que en 1967 recibió el Premio Grammy a la mejor portada de un disco. Peter Blake, el artista con quien McCartney ideó la portada del álbum, ha dicho que su intención era mostrar a la nueva banda rodeada de sus fans después de una actuación.

Sgt. Pepper's es el primer disco que se abre como si fuera doble, y que permite leer las letras impresas. Por otra parte, en el disco se omitieron los surcos que generalmente separan las pistas de un álbum, dándole al conjunto de canciones una cierta unidad. Más que un álbum articulado en torno a un concepto, *Sgt. Pepper's* es una obra construida sobre un tema central: Inglaterra tal y como la recordaban los Beatles.

Sin embargo, el consenso popular —si es que existe algo así— para dejar claro cuál debe ser considerado como el primer álbum conceptual del rock favorece al *Sgt. Pepper's*. "Rastrear la historia del álbum conceptual es como atravesar un laberinto", dice Rick Wakeman, tecladista de Yes, en *When Pop Went Epic: The Crazy World of the Concept Album*, un documental donde el veterano del rock progresivo explora la historia del álbum conceptual. Según Wakeman, esta historia comienza con el disco de Woody Guthrie de la década de 1940 sobre la pobreza y la lucha de clases en Estados Unidos, *Dust Bowl Ballads*; sigue con *Only the Lonely* (1958), de Frank Sinatra, y llega a *Pet Sounds*, de los Beach Boys (1966), antes de culminar con los grandes candidatos de siempre: *Sgt. Pepper's* y *Tommy*.

En realidad, los "álbumes conceptuales" habían existido desde mucho antes de los Beatles y antes del rock. Los primeros ejemplos provienen de los tiempos de Harold Arlen (el compositor de la inigualable "Over the Rainbow" y de canciones tan clásicas como "Blues in the Night" y "Stormy Weather") y el ya mencionado Woody Guthrie. Ninguno de los dos está incluido en la portada del *Sgt. Pepper's*, y bien pudieron haber estado allí con sobrados méritos.

Es tanto lo que se ha escrito sobre *Sgt. Pepper's* (tal vez como no se ha escrito sobre ningún otro disco en la historia de la música grabada) que insistir en su originalidad y su importancia, sus innovaciones y consecuencias es punto menos que inútil. Además, hay tantas historias y anécdotas, tanto verdaderas como falsas, exageradas o inventadas, que no creo que valga la pena repetir ninguna. Sólo voy a ofrecer un par de las menos conocidas.

La primera proviene del productor y colaborador de los Beatles (sobre todo en *Sgt. Pepper's*), George Martin, que relata cómo sucedió el reconocido pasaje que une las dos partes de "A Day in the Life": una compuesta por John y la otra por Paul, en la obra maestra de Lennon y McCartney que cierra este disco. La historia aparece en su propio libro de memorias, *All You Need is Ears*, de tal manera que no creo que admita réplica:

> John le preguntó a Paul si tenía algo para la parte media de la canción, y a Paul se le ocurrió "Me desperté, salí de la cama, etc.", que en realidad es una canción completamente diferente. Pero se juntaron, porque daba la impresión de ser una especie de sueño. Luego dividimos las dos secciones y nos quedó una pausa musical muy larga. En la pista original se puede escuchar a Paul, solo, tocando la misma nota en el piano durante 24 compases.

El asunto era cómo llenar esos 24 compases, porque tal y como estaba era muy aburrido. Y a Lennon se le ocurrió la idea: "Me gustaría escuchar un crescendo que vaya desde nada, silencio, hasta algo que se escuche como el fin del mundo. Y me gustaría hacerlo con una orquesta sinfónica". Lennon estaba pensando en las lecciones aprendidas de la música contemporánea. Después de discutirlo, George Martin estuvo de acuerdo en escribir la partitura para una orquesta donde los instrumentos comenzarían por la nota más baja que podían tocar y alcanzarían después de 24 compases las notas más altas posibles, comenzando con un *pianissimo* y culminando con un *fortissimo*.

La compañía disquera, que estaba angustiada por los excesivos gastos que había causado ya el *Sgt. Pepper's*, no quiso pagar una orquesta sinfónica completa y contrató sólo la mitad. No *problemo*: George Martin duplicó la cinta. Pero todavía tuvo que tolerar el capricho de McCartney, que pidió que toda la orquesta, director incluido, se presentara vestida de smoking para la sesión de grabación. La cerecita del pastel fue darle a cada músico una nariz roja de payaso para completar el atuendo.

El gasto demostró ser más que justificado. *Sgt. Pepper's* se convirtió en un tótem de la obra de los Beatles, de la música de los sesenta y de toda la historia del rock. Y "A Day in the Life" es su cresta. Sólo restaba terminar en grande, para lo cual se volvieron a usar los 24 compases de la orquesta. Como remate todos tocaron en cuatro pianos distintos, lo que los músicos llaman "clusters" de notas: un golpe con todo el antebrazo sobre el teclado.

Y aquí viene a colación la segunda anécdota. La historia no sucedió esta vez en los estudios de Abbey Road, donde se grabó el *Sgt. Pepper's*, sino en la Escuela de Música de Darmstadt, donde en 1967 estaba dando clases nada menos que Ligeti. Cuando escuchó el disco de los Beatles reproducido por primera vez en los altavoces de la escuela se quedó asombrado. Algunos de los sonidos —como los que acabo de comentar de "A Day in the Life"— eran muy parecidos a los experimentos musicales más avanzados en Darmstadt. Música electrónica y música concreta.

Ligeti ya era un admirador de los Beatles para entonces, y más tarde los citaría musicalmente en su obra *Nonsense Madrigals* (1988-1993), donde parafraseó pasajes de "Eleanor Rigby" y de "I Want

You". Además, no escatimó elogios un poco más tarde a Supertramp, cuyos discos *Crime of the Century* y *Breakfast in America* eran muy de su gusto. Supertramp, como tantos otros de los mejores grupos de los setenta y décadas subsecuentes, le debe mucho a los Beatles. Lo dice Sting: "Los Beatles conquistaron el mundo con sus canciones y les dieron permiso a las generaciones más jóvenes para intentar lo mismo [...] y todos lo intentamos. Les debemos mucho a los Beatles, realmente fueron una influencia increíble en todas nuestras vidas".

"A Day in the Life" es la culminación del trabajo compositivo de dos músicos de rock excepcionales. Y al igual que lo que sucedió con lo que sería su sencillo, "Strawberry Fields Forever / Penny Lane", se trata de una obra bipolar: la mitad compuesta por Lennon parece estar sumida en la noche y la neblina, mientras que la mitad de Paul es totalmente diurna; de hecho, comienza con un enfático "Woke up!"/ "Me desperté". Tú también te puedes despertar. Y la prueba de que no hago una lectura abusiva de la letra de esta pieza, y que el despertar de McCartney es mucho más que el de un día común y corriente de cualquier persona para ir a trabajar, allí está el remate de la canción, al final de la segunda parte de Lennon que sin ambages dice: "I'd love to turn you on" / "Me encantaría prenderte".

Los Beatles se habían sintonizado con el gurú del LSD Timothy Leary y su "Turn on, tune up, drop out!". "Deja la escuela", les decía Leary a los millones de adolescentes gringos que lo escuchaban hipnotizados, para consternación de sus padres y madres que nomás no entendían por qué sus hijos le daban la espalda a una buena vida que a ellos les había llevado tanto tiempo y trabajo construir. "Abandonen su vieja manera de vivir —insistía Leary, y con él, toda la plana mayor del rock—, porque ésta es una nueva época: ha comenzado ya un mundo nuevo". Una nueva realidad iluminada por la farmacopea completa de los psicotrópicos. Paz y amor para todos y en todas partes. McCartney, después de haber probado el ácido, se daba su toquecito:

Found my way upstairs and had a smoke
And somebody spoke and I went into a dream

Luego subí y fumé un poco
y alguien habló y entré en un sueño

Además, esta canción, en lo que toca a la parte de Lennon, pasa revista al omnipresente mundo de los medios masivos de difusión. El primer verso de la canción dice: "I read the news today, oh boy", y más adelante aparecen las imágenes —"I saw the photograph"—, el cine —"I saw a film today, oh boy"— y, en último lugar, los libros: "But I just had to look / having read the book"… Leí las noticias, vi las fotos, vi una película, leí el libro…

En 1968, estando yo en tercero de prepa, presenté un ensayo sobre esta canción como mi trabajo final para el curso de psicología. Allí señalaba la abrumadora presencia que los medios tenían en nuestras vidas. Una realidad que no ha hecho sino acrecentarse de modo escalofriante con el advenimiento de internet, las computadoras, los teléfonos celulares y las redes sociales. Pero el proceso, queda claro, ya había comenzado. La generación que llegó al pico de su creatividad dentro del rock a finales de los años sesenta es la primera que convivió con la televisión desde niños.

En una mirada retrospectiva que trata de recuperar y de entender lo que pasó entonces, el contraste entre la cobertura que le dieron los medios al Summer of Love, así como al estilo de vida hippie en Haight-Ashbury en 1967, y lo que ha podido verse en la televisión cincuenta años después es impresionante.

Aunque en 1967 la televisión gabacha informaba casi a diario de lo que estaba sucediendo en San Francisco, casi siempre lo hizo con una actitud más que moralista, reaccionaria. Otra cosa fueron los recuentos y la historia escrita en los propios medios de la contracultura, como el San Francisco Oracle, cuyo número de lectores superó el medio millón de personas ese verano.

Esta utopía hizo eclosión en 1967 en San Francisco, que por sólo unos cuantos meses se convirtió en el centro de la contracultura en todo el mundo. La antorcha encendida en Carnaby Street en 1966 había pasado ya para 1967 al cuartel general de los hippies en Haight-Ashbury, como fue rebautizado el barrio. Pero el Verano del Amor no podía durar gran cosa. Para la mayoría de los que participaron en la fiesta hippie, el idealismo y la utopía no eran más que buenos deseos. *Wishful thinking*. De que esto quedara claro se encargarían, entre otros actores, sus satánicas majestades, los Rolling Stones, que con el infausto concierto libre de Altamont le dieron un cerrojazo a la utopía hippie y a la contracultura de los sesenta. Pero eso habría de suceder un par de años más tarde. Por lo pronto, los Stones le entraron también, aunque no de muy buen grado, a la onda psicodélica.

El contrapunto y hermano gemelo del *Sgt. Pepper's* fue, por supuesto, el disco de los Rolling Stones, *Their Satanic Majesties Request*, que lo mismo fue alabado por muchos como una obra maestra absoluta del rock psicodélico que denostado y denigrado por otros… entre ellos el mismo Keith Richards —que en ningún momento ha dejado de ser un bluesero de corazón—, a quien nunca le gustaron los excesos y las extravagancias de este disco único en el conjunto del corpus stoniano. Excesos y extravagancias que comienzan con la portada del disco: eco de y respuesta a la portada del *Sgt. Pepper's*.

En un principio el LP presentaba una imagen tridimensional de la banda en la portada. Cuando se ve de cierta manera, la imagen lenticular muestra los rostros de los miembros del grupo. Pero viendo con más cuidado la imagen, se pueden advertir los rostros de los Beatles. Ésta es la primera (¿cuántas más hay?) portada tridimensional de un disco. Están los Stones sentados y disfrazados, como los Beatles, pero con una personalidad muy distinta. Malabareando la maliciosa campaña publicitaria que Oldham visualizó desde un principio, y que hacía de los Stones lo opuesto de los Beatles —sus rivales y casi enemigos—, se ve a Jagger con un gorro negro y puntiagudo, de bruja o de hechicero (Their Satanic Majesties…) en una atmósfera onírica y nocturna. El contrapunto exacto de la imagen diurna y solar de la banda del Sargento Pimienta.

Como bien dice Bob Spitz al respecto:

> Nada define mejor los polos gemelos de la revolución musical de la Gran Bretaña que los Beatles y los Rolling Stones. Los discos de los Beatles demostraron todo lo que el pop puede ser, con melodías originales y armonías fascinantes, mientras que los Stones exploraron los rincones oscuros del blues eléctrico. Ambos extremos, como todos los faros que sirven de guía, atrajeron a toda clase de misioneros que enfilaron la música en trayectorias nuevas y por rumbos poco convencionales.

En la realidad, los Beatles y los Stones se conocían desde siempre y eran buenos amigos. En la portada de *Sgt. Pepper's* se puede ver una muñeca de tela con la imagen de Shirley Temple que lleva un suéter que dice "Bienvenidos los buenos Rolling Stones", luciendo los colores de la bandera de Inglaterra. Por otra parte, no olvidemos que uno de los primeros grandes éxitos de los Stones fue una canción de Lennon y McCartney: "I Wanna Be Your Man", misma que muy generosamente les regalaron sin que estuviese completamente terminada. "Ellos son compositores —dijo entonces Keith Richards— y pensaron que nos podría servir". Eran todavía los tiempos en que los Stones aún no comenzaban a escribir sus propias canciones.

Sin embargo, para 1967 los Rolling Stones habían ligado ya una serie impresionante de éxitos con canciones escritas por The Glimmer Twins. Y no todo era crítica, desdén y sarcasmo, como podía escucharse en "19th Nervous Breakdown" (dedicada a Chrissie Shrimpton, la novia *early sixties* de Jagger); "Mother's Little Helper" (un himno a los ansiolíticos como el Valium); "Have You Seen Your Mother, Baby, Standing in the Shadow?" (una de las primeras rolas que se arriesgó a tener un título tan largo), o la descarada "Let's Spend the Night Together". Había toda una vertiente que, siguiendo la senda de "As Tears Go By", se decantaba por la onda bucólica y pastoral: "Lady Jane"; o el blues isabelino de Brian Jones (la pieza es suya), "Ruby Tuesday"; o la joya de la corona de *Their Satanic Majesties Request*: "She's a Rainbow".

Fue tal mi entusiasmo con este disco cuando apareció en 1967, que en plena crisis familiar y abismo generacional hice que mi pobre padre escuchara el álbum conmigo. Creo recordar que no logró llegar al final, pero el intento da fe de su enorme buena voluntad y del tipo de escenas que, podemos imaginar, se habrán dado, al menos de vez en cuando, en algunas otras familias. Sólo recuerdo que al final, no pudiendo soportar más lo que para él habrá sido una tortura sónica, salió de mi cuarto gritando: "¡Soy un hombre del año dos mil y mis hijos no me comprenden!". Y nunca dejó de utilizar la frase cada vez que venía a cuento, o no.

En este acetato los Stones echaron mano de todo el arsenal disponible, tanto en la instrumentación como en el uso del estudio, y saldaron, de una vez por todas, cualquier deuda psicotrópica que pudiesen tener pendiente. Ritmos africanos, melotrones, sones jarochos, arpas paraguayas... incluso por ahí se escuchan unas maracas cósmicas (!!!) tocadas por Jagger. Multinstrumentista, Brian Jones se soltó el chongo como nunca. Los cinco Stones experimentaron con muchos instrumentos nuevos y efectos de sonido durante las sesiones, incluyendo el theremin, estática de radio de onda corta y arreglos de cuerdas del entonces futuro bajista de Led Zeppelin, John Paul Jones.

Recuerdo perfectamente que en ese tiempo yo me quedé alucinado cuando escuché por primera vez este disco. Me pareció una obra maestra, y hasta la fecha me sigue gustando. Creo que Bill Wyman hizo maravillas con su bajo en el álbum. No hay más que escuchar "2000 Light Years from Home", una canción cuya letra Jagger escribió estando en la prisión de Brixton... "It's so very lonely..." Charlie Watts también brilló como pocas veces. Es, sin duda, uno de los bateristas —junto con Ringo y Nick Mason, de Pink Floyd— más austeros y efectivos del rock. Son bateristas subvaluados que tocan siempre para el grupo y le brindan, junto con sus respectivos bajistas —Paul McCartney, Bill Wyman, Roger Waters—, una espina dorsal a la música que les permite a los demás músicos vagar a su entero gusto, dejar de lado las inhibiciones, intentar cualquier loquera o floritura, ir y volver... mientras que ellos están ahí, firmes, llevando impecables el ritmo. Y si hace falta, son capaces de tocar algún gran solo y demostrar que pueden tocar tan bien, tan sofisticada y locamente, como Keith Moon o Mitch Mitchell o Ginger Baker. El incomparable Bonzo Bonham sería la combinación perfecta de ambos tipos de baterista.

El disco fue recibido por una crítica polarizada donde dominaron los comentarios adversos. Keith Richards habló pestes del álbum, y Jagger no fue mucho más compasivo. Sólo dos piezas que se incorporaron al repertorio de los Stones se salvaron de la quemachina: "She's a Rainbow" y "2000 Light Years from Home". Pero a muchos nos pareció, y nos sigue pareciendo, un disco anómalo de los Stones, sí, pero más que interesante. Y con el paso del tiempo *Their Satanic* se ha ido decantando como un disco importante en sus propios términos y significativo de y para la época. El disco psicodélico de los Stones. Y, manque les pese, uno de los mejores en el género.

En todo caso, lo que vale la pena hacer notar es que en 1967 hasta una banda tan reacia a abandonar los formatos tradicionales del blues y ocupada en delinear las características del naciente rock, no era ajena a las lecciones de la música contemporánea y a la experimentación sonora en la Gran Bretaña.

También en Inglaterra, Aaron Copland le había facilitado a John Cale, que era oriundo de Gales, su traslado a Nueva York. Allí se reforzó su relación con La Monte Young, reconocido como el primer compositor minimalista, antes de que Terry Riley, Steve Reich y Philip Glass fueran aceptados como maestros del género.

La Monte Young es uno de los músicos más serios y experimentales de la escena de la música contemporánea estadounidense del siglo XX, a la par de John Cale, Morton Feldman y la vanguardia musical del momento. He aquí un relato del propio Cale, de su libro autobiográfico, *What's Welsh for Zen*:

> Entre el 9 y el 10 de septiembre de 1963 formé parte de un equipo de relevos de pianistas, bajo la dirección de John Cage, quien interpretó *Vexations* de Erik Satie en el Pocket Theatre, en 18 horas y 40 minutos. Las 180 notas de este trabajo de 80 segundos se tocaron 840 veces. Y todo fue idea de John Cage. Su enfoque a lo que estaba sucediendo era romper las barreras entre la posibilidad y la convención.

Esta convicción de Cage de romper las barreras entre las posibilidades abiertas y más o menos aceptables (no era raro que los conciertos terminaran en trifulcas entre el público, o *con* el público, o en líos mayúsculos donde tenía que intervenir la policía) penetró en el rock a través de músicos como Cale, y de bandas como Velvet Underground, que en 1967 lanzó su primer disco: *The Velvet Underground & Nico*.

Fue justo en esta época que Syd Barrett alcanzó su máximo potencial creativo con Pink Floyd, y su momento más prolífico y admirable en la música pop, que en 1967 estaba disfrutando de su período de experimentación más rico. Los compositores que trabajaban en el mundo enrarecido de la Academia y el Conservatorio envidiaban la forma en que los roqueros, a menudo sin una capacitación formal, incorporaban las técnicas de la vanguardia en la música popular. Por desgracia, el breve compromiso del rock con el *avant-garde* tal vez alcanzó su cenit demasiado pronto y enseguida se marchitó, salvo en el caso de Zappa. Ya lo revivirían Brian Eno, Laurie Anderson, John Zorn y Björk.

El caso de Syd Barret es un triste paradigma de la época: una creatividad genial que floreció por muy breve tiempo y una caída escandalosa provocada por las drogas. A Barrett se lo llevó una riada de ácido. Al gran Nick Drake le sucedería algo parecido muy poco después. En muy pocos años algunos de los músicos más creativos e importantes del rock estarían muertos. Brian Jones, el fundador de los Rolling Stones; Jimi Hendrix, el mayor guitarrista eléctrico de todos los tiempos; Janis Joplin, la cantante más famosa del rock; Jim Morrison, una de sus figuras más carismáticas y sobresalientes, poeta y pararrayos de The Doors, murieron todos a los 27 años, víctimas de las drogas y el alcohol.

Sin embargo, en medio de toda clase de excesos y experimentos, el rock psicodélico había nacido, y nadie como Pink Floyd del otro lado del Atlántico para llevarlo a la cima. La primera tocada de Pink Floyd en América sucedió en el Fillmore West de San Francisco, donde alternaron, ni más ni menos, que con Janis Joplin en su apogeo, con su banda: Big Brother & the Holding Company. Un grupo excelente y muy injustamente menospreciado por muchos críticos, por los inefables *weirdos* (así decidimos llamar, jugándola a efectos contrarios, a los que nos calificaban entonces de *weirds*, extraños) de la disquera y, lo más triste, por la misma Janis, que luego se arrepintió de haberlos dejado.

En el mismo cartel estaba una de las grandes bandas de la época dorada del rock —aunque no de las listas de popularidad— y cúspide de la psicodelia en Estados Unidos: H. P. Lovecraft. Formado en Chicago ese mismo año, el grupo contaba con un músico de altos vuelos y formación clásica, Dave Michaels, autor de todos los arreglos de cuerdas, y con las potentísimas voces de dos cantantes operáticos: el excantante de folk George Edwards y el mismo Michaels. En el estudio H. P. Lovecraft utilizó todos los recursos que tuvo a su alcance y puso en juego toda su creatividad, amén de la declarada influencia del mago del terror metafísico, el extravagante H. P. Lovecraft. Siempre se rumoró que su segundo y excepcional disco, *H. P. Lovecraft II*, de 1968, fue el primero que se grabó con todos los músicos viajando en LSD. No lo creo…

Los discos decididamente psicodélicos de H. P. Lovecraft, que del escritor que le da nombre al grupo tomaron buena parte de sus atmósferas y temas, y que de "Eight Miles High" hicieron homenajes como "Spin, Spin, Spin" que abre su segundo y magistral disco, *H. P. Lovecraft II*, pusieron la barra muy alta para los siguientes saltadores de alturas sonoras. Pero en esta misma línea se habían inscrito ya otros grupos. En particular notables son algunos discos de 1967, como *The Psychedelic Sounds*, de The 13th Floor Elevators; *Electric Music for the Mind and Body*, de Country Joe & the Fish; *Forever Changes*, de Love, y el primer disco epónimo de Moby Grape.

Otros grandes grupos, músicos y compositores no se quedaron atrás. Casi todos ellos editaron discos psicodélicos impresionantes en 1967. Además de todos los discos que ya se han mencionado, vale la pena destacar *Axis: Bold as Love*, de Jimi Hendrix; *Disraeli Gears*, de Cream; *Days of Future Passed*, de Moody Blues; *A Gift from a Flower to a Garden*, de Donovan; *Safe as Milk*, de Captain Beefheart; *Absolutely Free*, de Mothers of Invention; *The 5000 Spirits of the Layers of the Onion*, de The Incredible String Band; *I-Feel-Like-I'm-Fixin'-to-Die*, de Country Joe & the Fish; *From the Beginning*, de Small Faces; el acetato epónimo de Vanilla Fudge; *One Nation Underground*, de Pearls Before Swine; amén de los primeros discos de The Doors, Jefferson Airplane y Pink Floyd, y hasta discos comerciales como *Happy Together*, de The Turtles, y *Pisces, Aquarius, Capricorn & Jones Ltd.*, de los Monkees.

Todas estas bandas aparecían con frecuencia en los carteles de la época anunciando grandes tocadas en los Fillmores, tanto East como West, y en toda clase de auditorios, espacios abiertos, teatros y universidades, desatando una verdadera euforia psicodélica entre los chavos en todas partes. "Nunca confíes en nadie mayor de treinta años", dijo Jack Weinberg, paladín del Free Speech Movement de Berkeley. A toda una generación le llegó a parecer que no era necesario ir más allá: los Beatles terminaron su tremenda obra antes de que ninguno de ellos cumpliera los treinta años.

En diciembre de 1967 los Beatles lanzaron su *Magical Mystery Tour*: el álbum y la película. La cinta es una comedia surrealista hecha para la televisión, dirigida y estelarizada por los mismos Beatles. No fue muy bien recibida por la crítica, si bien el álbum con la música fue otro gran éxito del cuarteto. Ésta es la tercera película protagonizada por la banda y retrata a un grupo viajando en un autobús que experimenta extraños sucesos provocados por unos magos. En realidad, los magos eran los psicotrópicos. Y es que a partir de 1966 la música pop había dejado de ser una diversión para convertirse en un viaje.

La idea del *Magical Mystery Tour* está tomada, obviamente, del viaje de Ken Kesey y sus Merry Pranksters, que en su destartalado "Furthur" viajaron en 1964 desde Oregon hasta la Feria Mundial de Nueva York, en 1965. Pero lo que entonces fue una locura que no se había visto antes, en la recreación de los Beatles se convirtió en una triste farsa que nunca levantó el vuelo. Pero los Pranksters no sólo les ofrecieron a los Beatles una probadita de magia blanca con su *Magical Mystery Tour*; también les pasaron a los Rolling Stones —*very much in character*— una dosis de magia negra. Queriendo repetir la experiencia de Ken Kesey y su bienvenida a los impredecibles Hells Angels en su cuartel general, en La Honda, al sur de San Francisco, a los pasadísimos y sobradísimos Stones se les ocurrió la peregrina idea de invitar a los Hells Angels —conocidos por no aceptar órdenes de nadie— como guardias y escoltas de seguridad para su concierto en Altamont. Los resultados del despropósito son bien conocidos. Pero esto habría de suceder al cierre de la década, en diciembre de 1969.

Y si apenas en 1966 se había comenzado a hablar de la psicodelia y de los hippies, del LSD y de la mescalina, de la psilocibina y de todas las plantas mexicanas de los dioses, como si se tratara de un culto secreto, apenas un año después, en 1967, estos secretos que se habían conservado, celosamente guardados, y que no conocían más que unos cuantos iniciados se hicieron no sólo públicos, sino populares. Todo esto sucedió en gran medida por la influencia del rock y sus protagonistas.

Y pocos protagonistas hicieron más por engrandecer el llamado de la selva de los hippies, de uno y otro lado del Atlántico, que Donovan, el bardo que llegó de Escocia. Donovan había grabado las primeras cuatro pistas de "Sunshine Superman" en diciembre de 1965 y las terminó en California en mayo del 66. Había usado la cítara en "Fat Angel" (1966); hizo fusión de rock y jazz en "Preachin' Love" (1967); y tiene méritos tan buenos como los de los mejores para ser considerado como el iniciador de la psicodelia y la meditación en el rock. Dicho en sus propias palabras:

> Yo comencé como parte de una tradición que se remonta a cientos de años en Irlanda, Escocia y Gales, donde el bardo, en la cultura gaélica medieval, era un narrador. Hoy lo llamarías un cantautor. El bardo era muy respetado. Conocía la historia, el ritual, las celebraciones de los cuatro grandes cambios del año: primavera, verano, invierno y otoño. Estuvo allí cuando los reyes fueron coronados y en los nacimientos, los bautizos y funerales. Ésta es la tradición en la que me vi y todavía me veo. Poetas, artistas, músicos, juglares, todos al servicio de la curación de la sociedad, haciendo música, liberando emociones oscuras para la experiencia humana. Es un llamado extremadamente alto.

Donovan, consciente de su tradición, siempre ha sostenido que la psicodelia es natural. Vuelvo a citarlo en extenso:

> En el pasado encontrarás a muchos músicos, sobre todo de jazz y de reggae, que disfrutaban de las "plantas mágicas" o "plantas de poder". No estoy hablando de drogas de laboratorio, sino de sustancias orgánicas de la Tierra. Eran fáciles de conseguir. Y cuando la psicodelia se une a la música, estás hablando de un estado de ánimo como el que puede ser inducido con la marihuana. El tempo y las sensaciones en este tipo de música son muy relajados. Claro que no tienes que fumar para entender,

> pero ayuda. Yo era muy consciente de lo que estaba haciendo. Estaba haciendo poemas y canciones para colocar al público en un estado de relajación. Cuando tomamos LSD, mescalina y hongos, que eran legales en 1965, experimentamos profundos estados de relajación.

En un parpadeo, las investigaciones de Gordon Wasson, por ejemplo, con los hongos de la sierra Mazateca, en Oaxaca, y sus visitas a María Sabina, queriendo saber más de los hongos y "buscando a Dios" —como le dijo a la sabia curandera, que no daba crédito a lo que oía— dieron lugar a que, con el tiempo (el término surgió hasta 1979) se hablara de "enteógenos": sustancias que hacen nacer a Dios dentro de un ser humano. En un principio, sobre todo en el área de San Francisco, el uso de enteógenos entre los músicos del aún incipiente *underground* tenía justamente esta connotación. Así describe Phil Lesh, el bajista de Grateful Dead, las primeras experiencias con la marihuana, la mescalina y el LSD a mediados de los sesenta en su muy recomendable libro de memorias, *Searching for the Sound*:

> Se ha afirmado en ciertos sectores de las enseñanzas tradicionales que estas experiencias fueron atajos inducidos artificialmente a niveles espirituales que se alcanzaban mejor y de manera natural a través de un arduo trabajo espiritual. Esto es en parte cierto; sin embargo, yo siempre vi estas visiones como una señal de que estábamos en el buen camino. Después de todo, las drogas no te permiten *permanecer* allí, y tarde o temprano vuelves a la "realidad"; pero ahora *sabes* que estos niveles espirituales existen. Esto nos inspiró a buscar tantas formas como pudimos para regresar a esos niveles exaltados de conciencia.

El camino que va desde los enteógenos a los psicotrópicos —un término más neutro, que significa tan sólo "sustancias que cambian la psique"— hasta llegar al gacho e indiscriminado apelativo de "drogas" sintetiza el viaje que en muy poco tiempo vivió San Francisco, la escena roquera en particular, la juventud en gran parte del mundo en general y, finalmente, con el advenimiento de la globalización, el mundo entero. De las plantas de poder de las que hablan los libros de Castaneda al narcotráfico internacional no hay más que unos cuantos pasos. Sólo pasaron unos pocos meses para que el Verano del Amor dejara en Haight-Ashbury un muladar y a muchas víctimas en las calles, con la psique no sólo cambiada, sino, con frecuencia, deshecha. Y muchos no sobrevivieron.

Sí, 1967 será recordado por muchos como el año del Verano del Amor, tanto en San Francisco como en Londres, pero la verdad es que la serpiente reptaba ya entre las flores. Esas flores que Donovan Leitch lanzó desde el escenario del Hollywood Bowl en 1966 y que le dieron al rock de ese tiempo su consigna: "Flower Power". La frase había sido utilizada por Allen Ginsberg en 1965 en las protestas contra la guerra de Vietnam. Donovan, por cierto, fue la primera estrella de rock apañada por drogas; por eso no fue a Monterey. Aunque hay que decir que muchos años antes —en 1930— el gran Satchmo, Louis Armstrong, fue arrestado por un toque y pasó nueve días en la cárcel.

Billie Holiday padeció por años el acoso de la policía de narcóticos desde que en 1947 fue arrestada por posesión de estupefacientes en Nueva York. Se inició entonces un proceso legal que llegó a ser conocido como "Los Estados Unidos de América contra Billie Holiday". "Y así fue como se sintió", dijo la cantante. Enferma y aterrada se declaró culpable y pidió que la enviaran al hospital. Pero fue, en cambio, sentenciada al Campo de Prisiones Federales de Alderson, en Virginia. La condena por posesión de drogas hizo que perdiera su licencia para trabajar en todos los antros de la ciudad de Nueva York que vendían alcohol; es decir: en todos. En realidad, Billie Holiday había estado en la mira de la policía y las agencias del gobierno de Estados Unidos desde que en 1939 grabó la que, sin mayores discusiones, puede considerarse como la primera canción de protesta en la música popular: "Strange Fruit".

Southern trees bear a strange fruit
Blood on the leaves and blood at the root
Black bodies swinging in the southern breeze
Strange fruit hanging from the poplar trees

Los árboles del sur dan un fruto extraño:
sangre en las hojas y sangre en la raíz.
Cuerpos negros balanceándose en la brisa del sur…
un fruto extraño colgando de los álamos.

En su libro *33 Revolutions Per Minute*, Dorian Lynskey al hablar de esta canción aborda el espantoso tema de los linchamientos de los negros:

> Escrita por un comunista judío llamado Abel Meeropol, "Strange Fruit" no fue la primera canción de protesta escrita, pero sí la primera que trasladó un mensaje político explícito al mundo del espectáculo. [...] Antes de eso, las canciones de protesta estaban pensadas para cierto público —escuelas de folclor, reuniones de partido, sindicatos— con un objetivo específico: únete… lucha… ganemos esta huelga.

Los siguientes en la lista de apañes serían los roqueros, comenzando por los inofensivos miembros de Buffalo Springfield: Zal Yanovsky y Steve Boone fueron detenidos en Berkeley con un poco de mota, y ese arresto bastó para acabar con el grupo. Seguirían los Stones. De milagro Brian Jones no cayó en ese momento, pero Jagger y Richards tuvieron que enfrentar en 1967 un juicio escandaloso del que salieron, por suerte, bien librados. Brian Jones caería a los pocos meses, y pronto le seguirían Lennon y Yoko en 1968. A partir de estos primeros arrestos, los roqueros que se metieron en líos con la ley por asuntos de droga son legión: Eric Clapton, Neil Young, George Harrison, Richie Furay (ex Buffalo Springfield y fundador de Poco), Jack Casady (Jefferson Airplane) y más. Todos enfrentaron cargos por posesión de marihuana en 1968. El caso de Jimi Hendrix fue más rudo, pues le encontraron heroína y hachís en 1969.

Pero 1967 será recordado por mucho más que los arrestos. En la tarde del 25 de junio de 1967, desde los estudios de Abbey Road, los Beatles dieron a conocer al mundo —y aquí sí vale la expresión, pues cerca de trescientos cincuenta millones de personas los pudieron ver y escuchar en directo— la pieza emblemática de los Beatles y de los sesenta... "All You Need Is Love", de John Lennon. Por primera vez se hizo una transmisión televisiva en vivo, a través de satélites, a los cinco continentes dentro del programa *Our Earth*. Las imágenes del planeta Tierra —*The Spaceship Earth* ("La nave espacial Tierra")— flotando en el cielo infinito, como una esfera de zafiro, trascendieron.

A partir de este pico, todo fue de bajada, no sólo para los Beatles, que estaban por experimentar sus primeras pérdidas (la muerte de su manager, Brian Epstein), divorcios (Lennon acababa de conocer a Yoko Ono en la Indica Gallery y eventualmente dejaría a su esposa Cynthia) y fracasos (la película *Magical Mystery Tour*). Por primera vez un proyecto Beatle (en realidad un proyecto de McCartney) sería mal recibido: la cinta (que no el disco) provocó acerbas críticas prácticamente unánimes. Y ya nada volvió a ser lo mismo.

En su famoso libro *The Electric Kool-Aid Acid Test*, Tom Wolfe describe del otro lado del Atlántico la decadencia de la escena hippie en San Francisco:

> La acción, es decir, las camarillas hip que establecieron el tono original, había terminado en Haight-Ashbury. Muy pronto todos los referentes de una bohemia exitosa estarían allí también, los autos pasando en fila, con los turistas dando vueltas en autobuses con altavoces: "y aquí... el hogar de los hippies... miren, hay uno allí". Todo era Haight-Ashbury y el ácido. Pero no era sólo North Beach lo que se estaba muriendo. Todo el viejo estilo de vida (el jazz, las cafeterías, los derechos civiles, invitar

a alguien a cenar, Vietnam) estaba muriendo también. Incluso en Berkeley, al otro lado de la bahía de San Francisco, que había sido el corazón de la llamada "rebelión estudiantil".

Y qué mejor ejemplo de la dicotomía esquizofrénica de la paz y el amor catalizados por el extenso uso de los psicotrópicos en esos años y la violencia nada soterrada y omnipresente, dentro y fuera de los Estados Unidos, que el primer *single* de Hendrix, "Hey Joe", con su lado B, "Stone Free":

> Hey Joe, I said, where you goin' with that gun in your hand?
> I'm goin' down to shoot my old lady
> You know I caught her messin' 'round with another man
>
> Hey Joe, dije, ¿a dónde vas con esa pistola en la mano?
> Voy a dispararle a mi vieja…
> sabes que la agarré revolcándose con otro.

Mientras que "Stone Free", jugando con el doble sentido de la expresión, y subrayando la importancia fundamental de la libertad, dice:

> Stone free to do what I please
> Stone free to ride the breeze
>
> Piedra libre (o pasado) para hacer lo que quiera
> piedra libre (o pasado) para cabalgar la brisa

La consigna ingenua y peligrosísima de la Boom Generation de dedicar la vida a buscar la felicidad, pasarla bien y hacer lo que se quiera, sin ataduras de ninguna clase, llevaba una gran violencia implícita. Porque no es posible hacer cualquier cosa con tal de satisfacer sin mesura los deseos personales, sin pasar por encima de los demás.

La interminable violencia gringa encontró en los años sesenta una siniestra manifestación en la infame guerra de Vietnam; se hizo presente en la política con los asesinatos de los dos Kennedy, y de los líderes negros Malcolm X y Martin Luther King; y en el rock se reflejó en las muertes por armas de fuego de Sam Cooke y Marvin Gaye (asesinado por su propio padre), así como en el suicidio del gran guitarrista de Chicago, Terry Kath ("¡pero si toca mejor que yo!", exclamó Jimi Hendrix la primera vez que lo escuchó tocar) y en el cobarde asesinato de Lennon, y más tarde en el suicido del genio torturado de Kurt Cobain.

1967 es el año en que Muhammad Ali se presentó en Houston para ser integrado a las Fuerzas Armadas de los Estados Unidos, pero se negó tres veces a dar un paso al frente cuando lo llamaron por su nombre. De inmediato fue arrestado. Más tarde ese mismo día, la Comisión Atlética del estado de Nueva York suspendió su licencia de boxeo y lo despojó de su título. El 20 de junio de 1967, después de sólo veintiún minutos de deliberación, un jurado blanco encontró a Ali culpable de negarse a ser reclutado. "Yo no tengo problemas con el Vietcong". El que ha sido considerado como el mejor boxeador de todos los tiempos se subió a un ring mucho más grande y relevante.

Convertido en un líder de la lucha por los derechos civiles y en una figura de muy alto perfil del orgullo racial afroamericano, sus acciones como objetor de conciencia a la guerra de Vietnam lo convirtieron en uno de los íconos más notables de la contracultura de los años sesenta.

Y mientras los hippies de Haight-Ashbury y del Golden Gate Park en San Francisco disfrutaban de sus *love-ins* y sus *acid tests*, y en Londres los *freaks* y la juventud inglesa, como siempre, muy consciente de la moda, daban rienda suelta a una locura temporal, las autoridades se preparaban para ponerle un freno a lo que veían, precisamente, como un desenfreno. En el verano del 67 la BBC de Londres realizó su primera transmisión de programas televisivos en color. De la noche a la mañana la grisérrima ciudad de Londres se vio inundada de color por todas partes. Las autoridades sospechaban, no sin razón, que esto tenía que ver con drogas y decidieron dar un escarmiento a los jóvenes.

En el Reino Unido la policía cazó a los Rolling Stones en una fiesta de la que todavía se habla. La escena de Marianne Faithfull desnuda, envuelta en una piel de oso (era de conejo), y con una barra de chocolate como juguete sexual (¿a quién se le ocurrió semejante historia?), por espuria y absurda que sea (y Keith Richards ya se encargó de desacreditarla en su libro de memorias) pasó al anecdotario irrebatible del rock. Ken Kesey, el jefe Prankster, fue cazado y llevado a juicio en California. Al poco rato, Jerry Garcia también.

Tanto Kesey como Garcia y los dos grandes Stones salieron bien librados de las garras de la justicia tras sendos juicios que provocaron una atención pública inusitada y celebraciones de todo tipo cuando fueron liberados. Pero una negra sombra cayó sobre el mundo del rock cuando se anunció la muerte de Brian Epstein, la primera víctima de grandes ligas del rock por sobredosis de drogas. El manager de los Beatles había caído en una profunda depresión luego de que el grupo le hizo saber su decisión de no dar más conciertos. De pronto Epstein se había quedado sin nada. Los Beatles recibieron la noticia en Gales, donde se habían recluido para meditar con el Maharishi Mahesh Yogi.

El contraste entre la muerte de Brian Epstein y un primer intento serio por acercarse a Oriente por parte de los Beatles y algunas otras estrellas del rock, como Donovan, ya señalaba la encrucijada en la que se encontraban no sólo el mundo del rock, en 1967, sino millones de jóvenes en todas partes que hasta ese momento se habían dejado llevar alegremente por el hipnotizante canto de la sirenas. ¿Valía la pena tratar de seguir los atajos inducidos por medio de la utilización de psicotrópicos para obtener visiones y "experiencias espirituales" cuando el precio a pagar bien podía ser la propia vida?

¿No sería mejor alcanzar estos estados por la vía más lenta, ardua y, a fin de cuentas, más segura de las religiones ancestrales y los sistemas tradicionales?

Hay una canción de Donovan, "There Is a Mountain", que expresa esto de manera muy clara trabajando con kōan (acertijos) de la tradición zen:

> First there is a mountain, then there is no mountain, then there is

> Primero hay una montaña, luego no hay montaña, y luego la hay

Un kōan puede provenir de historias, parábolas o frases utilizadas por los maestros budistas del pasado, aunque también puede tener su origen en la actualidad. Meditar en kōan zen ayuda a trascender los patrones mentales convencionales, ya que plantea preguntas que no pueden ser respondidas por el pensamiento racional. Los psicotrópicos se convirtieron en un kōan.

Por un lado, se abrió la puerta de Oriente, sobre todo la del yoga, el budismo y el zen, la meditación, como vía sustituta a los rápidos ascensos que los psicotrópicos ofrecieron a toda una generación. Ésta es la vía ascética que siguieron muchos: la puerta de marfil de los buenos sueños. Y por el otro lado, siguió abierta la puerta de cuerno que tan sólo podía llevar hacia abajo: hacia el inframundo. Y muchos no regresaron. Había que tomar una decisión. Como dijo la poeta Maricruz Patiño —que llegó a cantar algunas rolas con mi segunda banda de rock (1982-1985), Las Plumas Atómicas—: "¡Ilumínate o vete!".

La amorosa escena de San Francisco, donde los hippies repartían comida, toques y chochos gratis, cambió a una velocidad alucinante. Los miles y miles de chavos desastrados que fueron llegando a la Bahía, sin más recursos que su gana de huir de casa, su ingenuidad o su ignorancia, y comenzar algún tipo de nueva vida, muy pronto dieron con los espesos muros de una realidad necia e inamovible. La pobreza, la suciedad, la violencia y los estragos de toda clase de drogas, incluidas las adulteradas, como la heroína que le costó la vida a Janis Joplin, hicieron de la dorada Bahía de San Francisco un desastre. El Verano del Amor desembocó en disturbios, Panteras Negras, truenes y apañes por todos lados. El revoltoso y revuelto año de 1968 estaba a la vuelta de la esquina. Sangre, sudor y lágrimas.

Sangre, sudor y lágrimas (*blood, sweat & tears*) es una expresión tomada de una famosa frase de Winston Churchill, "blood, toil, tears and sweat" que se hizo popular a partir de un discurso que dio en el Parlamento Británico en 1940, en vísperas de la entrada del Reino Unido al escenario de la Segunda Guerra Mundial. Es lo que Churchill le ofreció a su pueblo. Y Blood, Sweat & Tears (o B S & T, como se les conoció popularmente) fue una de las primeras bandas de alientos de los años sesenta, junto con la Chicago Transit Authority, que luego se abreviaría hasta quedar simplemente como Chicago. Ambas bandas se formaron en 1967, y con sus primeros discos cimentaron la vanguardia de las *big bands* sesenteras, utilizando nuevos instrumentos y arreglos, y sacando el mejor partido tanto de sus fuertes influencias jazzistas como de la formación de alta escuela de muchos de sus integrantes. Tras sus pistas siguieron otras superbandas, como Electric Flag, de Mike Bloomfield, que se dio a conocer en 1967 con la música de la cinta de culto *The Trip*, escrita por Jack Nicholson, que con su título lo dice todo; Tower of Power, formada en Oakland en 1968, y The Flock, la banda de Chicago que sacó su primer disco, homónimo, en 1969, encabezada por el violinista Jerry Goodman, que tiempo después tocaría con la Mahavishnu Orchestra, de John McLaughlin.

De la mano de Al Kooper, el impulsor del grupo, B S & T hizo época tocando piezas de James Taylor y Laura Nyro, lo mismo que canciones de Billie Holiday o de The Band. Igualmente incorporaron música de Serguéi Prokófiev o Erik Satie que de Thelonious Monk a su repertorio, sin dejar de lado sus propias composiciones.

Su excelente disco debut, *Child Is Father to the Man*, incluía rolas de Tim Buckley, Harry Nilsson y Randy Newman, lo mismo que del propio grupo. Al Kooper era un tecladista de prestigio que participó como músico de estudio tanto en grabaciones de Dylan como de los Rolling Stones y Hendrix, y que había encabezado uno de los mejores grupos experimentales de la costa este: *The Blues Project*, fusión de elementos clásicos, jazz, blues y pop.

En 1967 era posible tomar prestados estilos del folk contemporáneo de Greenwich Village, el rock ácido de San Francisco, la música pastoral inglesa y las mil y una formas de ritmos africanos, los sofisticados recursos tradicionales de la música clásica y la más extrema y novedosa experimentación sonora de la música contemporánea, además del blues, el country y el jazz, y mezclar todo en lo que parecía tener el potencial de convertirse en una nueva forma musical: algo que no se había escuchado nunca antes.

Y si una sola banda condensa todas estas vertientes musicales y más, esa es Grateful Dead. Bajo la guía tutelar de compositores de música contemporánea de altos vuelos como Charles Ives y Henry Cowell, así como de lumbreras del jazz como Saint John Coltrane, los Dead amalgamaron toda clase de influencias musicales en la matriz del rock de San Francisco de los años sesenta. Aunque a muchos les resulte punto menos que imposible creerlo, existe en San Francisco una iglesia, que estuvo situada originalmente en el distrito de Fillmore, cerca del viejo Fillmore West, dedicada al reverenciado autor de *A Love Supreme*: la Iglesia Ortodoxa Africana de San John William Coltrane. El culto popular, que ha dado lugar a frases como "Clapton is God" o a la iglesia presleyteriana, bajo la advocación de Elvis Presley, elevó a este saxofonista excepcional al rango de la santidad.

Vuelvo a Phil Lesh, el bajista de Grateful Dead, un músico y un escritor muy articulado, que en sus memorias da fe sobrada de esta nueva manera de hacer música, tanto con su banda como en los *jams* monumentales que en un momento dado se armaron con los Dead, Jefferson y Quicksilver, o bien con los Allman Brothers y el Fleetwood Mac de Peter Green y Danny Kirwan:

> Estas experiencias me ayudaron a confirmar la existencia de una realidad que va más allá de lo físico; a saber, que no siempre todo es lo que parece; que hay más realidad de lo que se puede ver, saborear o tocar; que hay más en el cielo y la tierra de lo que sueñan la ciencia y la filosofía materialistas. Pero, bueno, cualquier músico debería saber esto: la música es una metáfora perfecta de la manifestación de la realidad como algo efímero… ¿no es así?

"Siempre diré que los sesenta comenzaron en 1965, y que terminaron en 1967", dijo John Densmore, el baterista de The Doors, que grabaron su extraordinario y epónimo primer álbum en 1966 para darlo a conocer en 1967. Y agregaba Densmore: "Antes de 1965, era todavía el final de los años cincuenta; pero para 1968 la música se estaba perdiendo en las drogas… la cocaína y la heroína hicieron su aparición masiva [y devastadora] y el sueño se veía cada vez más deshilachado".

1968
Año crítico

El año de 1968 fue un año axial, al menos para la segunda mitad del siglo XX, y no sólo en uno o dos de países. Una ola de inconformidad y rebeldía en todos los órdenes recorrió el planeta, y sus efectos se hicieron sentir tanto en París como en Roma, en Corea y en Estados Unidos, en la Unión Soviética y en la desaparecida Checoslovaquia, en Tokio y en México.

El movimiento estudiantil de 1968 en México no se dio en el vacío ni fue un levantamiento espontáneo. La politización a largo plazo de los estudiantes de prepa y universitarios se remonta a la década de los cincuenta. No se diga la de los sindicatos. Los jóvenes forjaron alianzas con el Comité Nacional de Huelga y con el sector laboral para tratar de hacer que el gobierno rindiera cuentas de la promesa revolucionaria que mantuvo al PRI en el poder.

Antes de la masacre, el Consejo Nacional de Huelga había difundido una lista de seis demandas dirigidas al presidente Díaz Ordaz que no parecían descabelladas: la liberación de los presos políticos, la reducción del presupuesto olímpico, la eliminación del Código Penal especialmente punitivo, la indemnización por la brutalidad policial, el despido del nefasto jefe de la policía y la disolución del cuerpo de granaderos (policía antidisturbios).

A pesar de que el movimiento estudiantil había sido una revuelta seria que buscaba objetivos políticos legítimos incubados por décadas, la imagen de los jóvenes como agentes desestabilizadores marcó la narrativa política del régimen en 1968. Pero los Juegos Olímpicos le ofrecieron una oportunidad para cambiar esta imagen. Un corrupto locutor de televisión proclamó en la ceremonia de apertura: "Ésta es la bella capital de México. México, muy viejo y hoy sobre todo muy joven, acoge a la flor y nata de los atletas del mundo". Pero aun en los mismos Juegos Olímpicos siguieron las protestas.

Varios deportistas negros del equipo de atletismo de Estados Unidos reivindicaron el Black Power en sus ceremonias de premiación y provocaron imágenes que le dieron la vuelta al mundo. Yo estuve allí y lo pude ver con mis propios ojos. Fue increíble. Por otra parte, la invasión de Checoslovaquia por la URSS, así como los asesinatos políticos en Estados Unidos y la escalada en la guerra de Vietnam terminaron por dar a ese año una fisonomía terrible.

El primer movimiento estudiantil de 1968 se dio en París y señaló en gran medida el derrotero de muchos otros, incluido el mexicano. Durante el mes de mayo, los jóvenes franceses comenzaron a protestar contra el sistema universitario de Francia y las oportunidades laborales limitadas. Después de una serie de conflictos entre los estudiantes y la policía, millones de trabajadores franceses se unieron a los estudiantes en una huelga general para mostrar su solidaridad. Los estudiantes pidieron reformas en la economía y las protestas paralizaron todo el país. El presidente De Gaulle trató de negociar con los manifestantes y finalmente disolvió la Asamblea Nacional para convocar nuevas elecciones en junio, mientras Francia se convertía en el quinto poder nuclear del mundo.

Los sucesos de 1968, especialmente en las sociedades desarrolladas, generaron una especie de utopía social, contestataria e irreverente, cargada de esperanzas más o menos ingenuas, sueños libertarios y bromas surrealistas. El Mayo del 68 parisiense se vivió, en buena medida, como una fiesta y como una creación colectiva de nuevas formas de organización; una valiente tentativa de inventar comunidades humanas más libres e igualitarias, nuevos caminos para la creación artística, desde los carteles subversivos e irreverentes hasta las pintas poéticas e irónicas sobre los muros; desde el cine hasta el rock.

En México el movimiento estudiantil comenzó como un lío colegial que, debido a la represión absurda del gobierno, provocó un malestar mucho más generalizado. La gente salió a las calles para hacer oír su voz hasta convertir las protestas en una verdadera fiesta colectiva que terminó en una tragedia de grandes proporciones, por más que el gobierno se afanó en minimizarla.

El 2 de octubre de ese año, apenas diez días antes de la ampulosa inauguración de los Juegos Olímpicos, una lluvia de balas dejó cientos de muertos en la Plaza de las Tres Culturas de Tlatelolco. Miles de manifestantes —la gran mayoría activistas en edad universitaria que se habían reunido esa tarde en la plaza para expresar su creciente descontento con el gobierno— fueron golpeados, detenidos o pasmosa y sencillamente "desaparecidos". Testigos presenciales y pruebas fotográficas posteriores dieron testimonio de la plaza inundada de sangre y de los cuerpos apilados en los pasillos de los edificios adyacentes, en instalaciones del ejército y en el Campo Militar Número 1.

Para el mundo occidental 1968 fue un escenario de protestas centrado en Europa y Estados Unidos que tenían en común el rechazo a una sociedad capitalista desarrollada. Sin embargo, por otro lado, se reconoce que 1968 marcó la emergencia de la protesta juvenil y estudiantil. Señaló la irrupción también de proyectos revolucionarios por la vía pacífica o armada en los países en vías de desarrollo (así se le decía al fregadaje entonces), como respuesta crítica al predominio del poder de las dictaduras militares y de las oligarquías locales. En Europa del Este, en países regidos por una economía centralmente planificada, también surgió la resistencia al poder de las burocracias.

Lo que pasó en 1968 en los países latinoamericanos fue una convulsión política que partió del segmento más sensible de la sociedad, que fueron los núcleos de la rebeldía juvenil agrupados en los campus universitarios. Tanto los movimientos estudiantiles brasileño, argentino, guatemalteco como el que se dio en México, a gran escala, fueron el medio más propicio para conducir una protesta social en ese momento.

Para los norteamericanos, 1968 fue posiblemente el año más traumático de la segunda mitad del siglo XX: dos magnicidios, una guerra fallida que dividió el país cada vez más y un sistema político que parecía incapaz de responder a las crisis del momento. Pero 1968 fue, sobre todo, un fenómeno global, con disturbios en Praga, París, Tokio, Moscú, Roma, México, etcétera.

En todo caso, es imposible exagerar la importancia que tuvo para la mentalidad y la atmósfera de los años sesenta en Europa, Estados Unidos y no se diga en Japón la horrorosa omnipresencia de la amenaza de una guerra nuclear. Bien se podría decir que los años sesenta comenzaron en 1962 con la crisis de los misiles y la inminencia de una conflagración atómica. No debería resultar sorprendente para nadie que una artista nacida en el Japón deshecho de la posguerra haya sido tan influyente en el mundo del rock. Por más que irrite a muchos de los más fervientes beatlemaniacos, y al margen de sus muy evidentes defectos, es imposible entender el desarrollo de John Lennon, y el destino de los Beatles en conjunto, sin Yoko Ono. A partir de "All You Need Is Love" la influencia de Yoko es manifiesta. Sus libros de instrucciones, así como sus piezas conceptuales de una sola frase, impresionaron tanto a Lennon que muy pronto sus canciones utilizarían este recurso con mucha eficacia. Sólo así pueden entenderse piezas como "Imagine", "Give Peace a Chance", "Mother", etcétera, que no habrían sido escritas tal cual sin el impacto de Yoko.

Por otra parte, es imposible para alguien que nació y creció en México, que pasó su infancia y adolescencia en la Ciudad de México, como es mi caso, comprender el peso de la bomba atómica en la psique de mi generación en los chavos y chavas que crecieron en los países afectados o devastados por la Segunda Guerra Mundial. La posibilidad de borrar millones y millones de vidas humanas en un segundo se tradujo casi de inmediato en una respuesta más que lógica: si todo se puede acabar en cualquier momento hay que disfrutar del aquí y el ahora. *Be here now.* O, como exigía el Rey Lagarto: "We want the world and we want it... Now!" ("Queremos el mundo, ¡y lo queremos ahora!"). O los versos de "When the Music's Over", una de las piezas más importantes de los Doors, de su segundo disco, *Strange Days*, que no deja lugar a dudas de lo que fue la mentalidad de satisfacción inmediata de esos años, pagando impuestos por onerosos que éstos fuesen: "Cancel my subscription to the Resurrection" ("Cancelen mi suscripción a la resurrección").

Cuando Doors entró a grabar el que sería su tercer disco, *Waiting for the Sun*, las tensiones, contradicciones y problemas dentro del grupo, casi siempre responsabilidad de Jim Morrison y sus excesos, comenzaron a convertirse en verdaderas grietas que señalaron la inminencia del final, no sólo de la banda, sino de los sesenta. Mientras que sus dos primeros acetatos fueron grabados en poquísimo tiempo, *Waiting for the Sun* requirió de miles de horas. Una sola pieza como "The Unknown Soldier" —la referencia más abierta que hicieron a Vietnam en toda su corta carrera— tuvo incontables tomas. Sólo grabar el disparo que acaba con la vida del soldado desconocido les tomó horas. Y no era culpa sólo del esmero de Paul Rothchild, su productor, o los retrasos y berrinches de Morrison; era la enorme cantidad de drogas y alcohol que ya para entonces circulaban en el estudio. Paul tenía siempre a la mano un jarro cargado de "K. D." (*killer dope*: droga mortífera). La muerte andaba cerca.

De acuerdo con la apreciación de Densmore, que veía los límites de los años sesenta —al menos en lo que al rock se refiere— entre 1965 y 1968 no quedaban más que dos años de plenitud musical: 1966 y 1967. Y yo creo que no andaba tan errado, porque es en ese preciso momento cuando nace el rock con sus justos reclamos, no sólo de índole política y social, sino, y sobre todo, estética. El rock se reveló a partir de 1966 como un vehículo ya no digamos adecuado, sino potentísimo, para hacer arte. Para 1968 la máquina se dirigía a toda velocidad al desenlace, en muchos sentidos trágico, de la obra.

Michael Walker, que ha escrito extensamente sobre cultura popular en *The New York Times*, *Washington Post* y *Los Angeles Times*, por su parte, hace coincidir los acontecimientos y los números redondos del calendario:

> Los años sesenta —y aquí me refiero al implacable evento de la cultura pop, no a la década cronológica real— apenas habían comenzado cuando en el calendario terminaban. Los años sesenta que pronto iban a ser osificados por los nostálgicos comenzaron con la beatlemanía en 1964 y terminaron, con explosiones y gemidos, en la fecha prevista.

La expresión de esta última frase proviene, por supuesto de los famosos versos de T. S. Eliot: "Así es como termina el mundo —nos dice T. S. Eliot al final de su poema de 1925, "The Hollow Men" ("Los hombres huecos")—: no con una explosión sino con un gemido". La cita se ha hecho tan popular que hasta la gente que nunca ha leído la poesía de Eliot la conoce. Y las explosiones y los gemidos a los que se refiere Walker serían (en su opinión y pensando, claro, en Estados Unidos) sobre todo tres: el Festival de Woodstock, los asesinatos de la familia Manson y el Festival de Altamont. Los tres hechos ocurrieron en un periodo relativamente corto —menos de cuatro meses— entre el 8 de agosto y el 6 de diciembre de 1969. Enmarcado entre asesinatos, el Festival de Woodstock quedó en el imaginario colectivo como un remanso de paz y amor que, de milagro, no terminó también de forma trágica. El desorden, las drogas, la desorganización y la inmensa multitud eran los ingredientes perfectos para un coctel molotov de grandes dimensiones.

Vuelvo a la cita de Joe Boyd que ofrecí en el capítulo dedicado a 1963 y que ahora completo: "Los años sesenta comenzaron en el verano de 1956 y terminaron en el otoño de 1973, alcanzando su cima justo antes del amanecer del primero de julio de 1967". ¿Por qué ese día en particular? Porque para Joe Boyd ese día y a esa hora terminó una tocada de la muy poco conocida banda Tomorrow, en el club UFO de Londres, creado por Boyd y Hopkins. Ésa fue para él la culminación de toda la contracultura musical de los años sesenta.

Tomorrow fueron los pioneros, junto con Pink Floyd y Soft Machine, del rock psicodélico inglés, aunque nunca tuvieron su éxito comercial por más que la crítica inglesa los trató siempre muy bien. La banda incluía a Steve Howe, que luego se haría famoso como guitarrista de Yes, y al baterista John *Twink* Adler, que más tarde se uniría a Pretty Things y grabaría con ellos la que puede ser considerada —antes que *Tommy*, de The Who— como la primera ópera rock: *S. F. Sorrow*, de 1968. Y es que 1968 señala la cima de la polinización cruzada entre la música clásica, la música contemporánea y el rock.

UFO era la sigla no de lo que en español llamamos un "ovni" (en inglés: Unidentified Flying Object), sino la de Underground Freak Out, pero resultan obvias las connotaciones implícitas de un viaje mayor; como el título del primer álbum de Zappa. Es evidente que las noticias volaban rápido dentro del ámbito de los roqueros. Lo que estaba creando Zappa entonces (también después) no se parecía a nada que se estuviese haciendo en el Reino Unido. Y hablando de Zappa, José Agustín, en su libro pionero y ya citado, *La nueva música clásica*, dice del jefe de The Mothers of Invention:

> A él, el más freak de los freaks, se debe la existencia de los United Mutations, que reúne a los principales freaks y canaliza el término *freak out* (nivel personal: proceso mediante el cual la persona abandona los standards anticuados y represivos de pensar, vestir y comportarse para expresar

CREATIVAMENTE su relación con un desarrollo inmediato y con la estructura social como un todo. Las personas menos perceptivas se refieren a las personas que han escogido esta manera de sentir y de PENSAR como "freaks" —monstruosos, extravagantes, raros, anormales—, de ahí el término "freaking out". Nivel colectivo: cuando un número de freaks se reúne y se expresa creativamente a través de la música y el baile hay que utilizar el término FREAK OUT).

En todo caso, y más allá de las connotaciones y reverberaciones de la expresión "freak out", lo que interesa señalar aquí es que, sacando las cuentas que propone Boyd —con UFO o sin UFO—, 1966 sigue quedando como el año central del rock: entre 1956 y 1973. Y la rotunda aseveración de Boyd, que señala 1973 como el fin de los sesenta, se mueve justamente en la misma línea y dirección de *Almost Famous*, la película de Cameron Crowe, que había sido reportero de la revista *Rolling Stone* y sabía bien de lo que hablaba cuando rodó la cinta. *Almost Famous* es, sin alguna duda, una de las mejores películas de rock, junto con *A Hard Day's Night*, *Easy Rider*, *Monterey Pop*, *Performance*, *Woodstock*, *Gimme Shelter*, *The Last Waltz*, *Phantom of the Paradise*, *The Commitments*, *The Wall*, *The Blues Brothers*, *The Kids Are Alright*, *Rattle and Hum*, *School of Rock*, *Sugar Man*, *Control*, *Habana Blues* y unas cuantas más.

Lester Bangs, convertido por Crowe en personaje de *Almost Famous*, le dice de pronto al jovencísimo reportero que funge como *alter ego* del director:

> Ellos quieren que escribas historias ñoñas sobre el genio de las estrellas de rock. Y arruinarán el rock'n'roll y estrangularán todo lo que amamos de él [...] Eres lo suficientemente inteligente como para saberlo. [...] Te lo digo: estás llegando en un momento muy peligroso para el rock'n'roll. Quiero decir que la guerra ha terminado. Y ellos ganaron. Ahora el silencio es más convincente que el 99% de lo que pasa por rock'n'roll en estos días.

Dejando de lado el hecho de que Lester Bangs se rehúsa a utilizar la palabra *rock* fuera de un contexto derogatorio y sigue hablando de *rock 'n' roll*, defendiendo el rocanrol y lo poco que sobrevivía del género a principios de los setenta, a mi banda, La Comuna, le tocó vivir en 1972 algo semejante a lo que describe esta película. Lo mismo, pero distinto. Era el espíritu de la época. Eso que lo alemanes llaman *Zeitgeist*. La excelente película irlandesa *The Commitments* culmina con la misma escena: el momento en que una banda truena tristemente cuando están tocando mejor que nunca.

Por desgracia, la petición de principios y el agrio agüero de Lester Bangs se volvieron una realidad. Tras unos cuantos —poquísimos— años maravillosos, el rock y el pop y cuantos hijos legítimos y naturales se prohijaron a partir del blues, el jazz, la música country y el rhythm and blues se abocaron de lleno a la intrascendencia. La música popular que se escucha hoy en día da fe del agudo deterioro de la calidad del género. Pero, claro, siempre hay excepciones. Y los excepcionales años sesenta, entre muchas otras cosas, legaron de una vez y para siempre la noción de que el éxito comercial puede no estar reñido con la calidad, de la misma manera en que la música de calidad, y en más de un sentido experimental, no requiere de la sanción del éxito comercial —como tampoco de la popularidad— para ejercer una gran influencia y sus benéficos efectos en los escuchas. Ejemplo perfecto de ello es la música de Björk.

Los hallazgos y técnicas que se incorporaron al rock marcaron el inicio de una nueva época en la música popular. No fue sólo la introducción de las pautas musicales provenientes de otras tradiciones (ya hablamos del jazz y de la música de la India) ni fue sólo la utilización de instrumentos exóticos que no se habían escuchado nunca en el pop (como la ya mencionada cítara, o como el theremin que utilizó Brian Wilson en *Pet Sounds*); no fue nada más el hecho de que el estudio de grabación pasó a convertirse en el metainstrumento por excelencia de las mejores bandas o que la música concreta y electrónica que llegaba proveniente de los experimentos de compositores contemporáneos —como Schaeffer, Henry, Boulez, Stockhausen, Cage, Berio *et al.*— llegó para quedarse. Ni siquiera fueron las letras sofisticadas que, siguiendo la pauta marcada por Dylan —el verdadero flautista de Hamelin del rock— guio a toda una generación y a las siguientes. Fue, sobre todo, la utilización del recurso artístico por excelencia del siglo XX: el collage.

La historia del collage en la música se remonta a los primeros esfuerzos de Stravinski. Y desde los primeros esfuerzos de Stravinski hasta las técnicas que hoy en día son tan comunes y corrientes gracias a las computadoras —como son el sampleo y la apropiación—, el collage pasó a ocupar el centro de la escena de muchos grupos. Hoy en día estas técnicas son prácticamente ubicuas en la práctica de la música popular, particularmente en el rap, el hip-hop y la música electrónica. Resulta significativo que el año de 1912 —que podría considerarse como el año "oficial" del nacimiento del collage cubista con Picasso y Braque— sea el mismo año de los inauditos collages musicales de *La consagración de la primavera*, de Stravinski. Y aquí cito de nueva cuenta a Alex Ross: "Una vez que hubo reunido sus melodías folclóricas, Stravinski procedió a pulverizarlas hasta obtener pequeños fragmentos, motivos, que apiló en capas sonoras y volvió a armar a la manera de los collages cubistas y los montajes". Aquí, más que un paralelismo entre las artes, estamos en presencia de lo que podríamos llamar un *acuerdo*.

No mucho tiempo después, en 1917, Eric Satie habría de llevar el collage musical a nuevas alturas con su partitura de *Parade*, la fabulosa extravagancia circense ideada por Serguéi Diáguilev y sus Ballets Rusos. Con un libreto escrito por Cocteau, decorados y vestimenta diseñados por Picasso, coreografía de Massine y notas del programa preparadas por Apollinaire (donde, por cierto, utilizó por primera vez la palabra mágica *surrealismo*), *Parade* demostró cómo una vieja forma de arte —el ballet tradicional— podía renovarse y adaptarse a los gustos y necesidades de los nuevos tiempos. Algo semejante intentó hacer The Doors con su cuarto disco, *The Soft Parade*, a fines de 1968.

Este disco fue el más ambicioso de toda la discografía de Doors en lo que a la producción se refiere. Contó con arreglos de cuerdas, secciones de metales y una fuerte influencia jazzística. George Harrison, que estaba en Los Ángeles *—there's a fog upon L.A.—* en esos días, pasó a visitarlos al estudio y les comentó que todo lo que allí veía y escuchaba le recordaba mucho los días de *Sgt. Pepper's*. Al inicio de *The Soft Parade*, Jim Morrison, sacando una voz potentísima desde el fondo de su ser, lanzó un grito desgarrador, escalofriante —y que no a pocos les pareció blasfemo— que dejó petrificados a todos:

> When I was back there in seminary school
> There was a person there who put forth the proposition
> That you can petition the Lord with prayer
> Petition the lord with prayer
> Petition the lord with prayer
>
> YOU CANNOT PETITION THE LORD WITH PRAYERS!
>
> Cuando estaba allí en la escuela del seminario
> había una persona que planteó lo siguiente:
> puedes pedirle al Señor lo que quieras con tus oraciones
> puedes pedirle al Señor lo que quieras con tus oraciones
> puedes pedirle al Señor lo que quieras con tus oraciones
>
> ¡NO PUEDES PEDIRLE AL SEÑOR NADA CON TUS ORACIONES!

Muchos años después, John Densmore, al reflexionar sobre las letras de Jim Morrison en este disco, diría: "Si en ese momento realmente yo hubiese visto más de cerca esas letras, me habría dado cuenta de cuánto dolor había en Jim, y tal vez hubiese renunciado…

tal vez nos estábamos aprovechando de su dolor... no vi qué tan alto era el precio que estaba pagando Jim".

Can you give me sanctuary
I must find a place to hide
A place for me to hide

Can you find me soft asylum
I can't make it anymore
The man is at the door

¿Puedes darme refugio?
Debo hallar un lugar para esconderme,
un lugar para esconderme

¿Puedes encontrarme un suave asilo?
Ya no puedo más,
el hombre está en la puerta

El hombre en la puerta era ese personaje que en inglés denominan *The Reaper*: La Parca. Y el primer músico sesentero de rock en transitar al viaje sin retorno, al sueño interminable, fue Brian Jones. Pero antes de irse en 1969, unas semanas después de ser despedido de su grupo, los Rolling Stones, por Jagger y Richards, Jones —que ya casi no participó en el disco que entonces estaban grabando, *Beggars Banquet*— se fue en 1968 a Marruecos, donde su amigo, el pintor marroquí Mohamed Hamri, le dio a conocer la música de los Maestros de Jajouka, un grupo de músicos de trance sufíes marroquíes de las estribaciones de las montañas del Rif, que producían una cacofonía hipnótica. Su sonido se remonta a siglos atrás, utilizando técnicas transmitidas de padres a hijos. Brian Jones quedó cautivado por su música y afirmó que era el sonido que quería escuchar por el resto de su vida.

El recurso del drone (un zumbido monótono) empleado por los Maestros de Jajouka se convirtió también en un recurso musical empleado por muchos grupos de rock a fines de los sesenta. En 1968, Jones les grabó un álbum *sui generis* en vivo, capturando el sonido de las festividades anuales de Bab Bou Jeloud que celebran la aparición en el siglo XV de una figura mítica parecida a Pan, que es mitad hombre y mitad cabra, y que se dice otorga fertilidad, una cosecha abundante y secretos musicales. Cada año, un aldeano encarna a Bab Bou Jeloud: cosido en pieles de cabra, exhorta a la gente a bailar golpeándola con ramas de olivo, mientras que la música se centra en los drones —zumbidos de tubo de tono febril—, cánticos bruscos de llamada y respuesta, flautas etéreas y los frenéticos tambores. Los Stones lo editaron póstumamente en 1971.

Drone o drone music es toda una rama del minimalismo en la música contemporánea que consiste en sostener notas o tonos o *clusters* (racimos de notas o tonos) por largo tiempo. La Monte Young, el maestro de John Cale en Nueva York, fue uno de sus precursores. Sin embargo, este recurso sonoro ya era conocido y utilizado desde la antigüedad, tanto en Oriente —la música de la India, de Japón— como en Occidente, sobre todo en la música bizantina y en la música religiosa de los mayores compositores del siglo XV, como Josquin des Prés y, sobre todo, Johannes Ockeghem, franco-flamencos los dos. También en la música popular tradicional es posible escuchar el uso de los drones. Un buen ejemplo de ello es el extraño y evocador sonido de las gaitas.

Si bien el drone puede invocar poderosamente una sensación de infinito poder, también puede invocar experiencias emocionales que se derivan de la perfección y la pureza del sonido. Así, por ejemplo, la música de Ockeghem, además de escucharse como un drone con un profundo sentimiento religioso mediante la utilización de pequeños intervalos (una especie de microtonalidad *avant la lettre*), influyó en muchos de los compositores de la música contemporánea, como el estonio Arvo Pärt o La Monte Young, y en músicos y bandas de rock como los Beatles, Stones, Velvet Underground y, más tarde, Sonic Youth.

John Cale, a través de La Monte Young, influyó mucho en el sonido de The Velvet Underground. Se ha citado a Cale diciendo que: "La Monte Young fue quizá la mejor parte de mi educación y de mi introducción a la disciplina musical". Brian Eno fue influido de manera similar por el trabajo de Young, llamándolo el "papá de todos nosotros". En 1981, Eno se refirió a *X for Henry Flynt* diciendo: "Realmente es la piedra angular de todo lo que he hecho desde entonces". Andy Warhol asistió al estreno en 1962 de la composición estática de La Monte Young llamada *Trio for Strings*. Las películas estáticas de Warhol se inspiraron directamente en este performance. En 1963, Young se unió al grupo musical de Warhol The Druds, una banda vanguardista de música noise de corta duración, pero al encontrarlo ridículo renunció después del segundo ensayo. En 1964 Young proporcionó una banda sonora de drones, minimalista y ruidosa, para las películas de Warhol *Kiss*, *Eat*, *Haircut* y *Sleep*.

Esta notable capacidad de elevar el ánimo con la música hasta despertar sentimientos muy fuertes y llegar, incluso, a lo que podría considerarse como una experiencia religiosa, es lo que descubrieron al mismo tiempo Brian Jones y George Harrison en la cítara y lo que les enseñó Ravi Shankar. Drone music es lo que intentaron sin cítara Ray Davies en "See My Friends", Jeff Beck y The Yardbirds en "Shape of Things" y Donovan en "Sunshine Superman". Este estilo de música que se originó en el Theatre of Eternal Music de La Monte Young tuvo influencia directa en Stockhausen que, a su vez, influyó a The Beatles. "Tomorrow Never Knows" es la mejor prueba de ello.

Keith Richards buscó el mismo efecto y finalmente lo consiguió con la afinación abierta en la guitarra (sol mayor, con cinco cuerdas), y poco después este zumbido monótono sería utilizado por una gran cantidad de grupos que, en la mayor parte de los casos, lo consiguieron con las distorsiones de la guitarra eléctrica y el fuzz tone. John Cale, discípulo directo de La Monte Young, fue el primero en lograrlo con su viola eléctrica. Este sonido inconfundible es el que le da todo el carácter al primer e influyente disco de Velvet Underground.

Otro notable músico contemporáneo que ha trabajado con drones ha sido Terry Riley, maestro, por cierto, de Phil Lesh, el bajista de Grateful Dead. Mientras actuaba como solista improvisador, Terry tocó la fibra sensible de muchos jóvenes artistas de rock, incluido el mercurial John Cale. Se puede escuchar la influencia de Riley en cortes del Velvet Underground como "Sister Ray", donde los sonidos pulsantes del órgano de Cale mezclan el estilo de Riley con el sonido de las bandas sonoras porno baratas de los sesenta. Cale y Riley grabaron juntos una obra maestra de rock-fusión llamada *Church of Anthrax*. También el álbum de 1975 de Lou Reed, *Metal Machine Music*, reconoce, a la vez que homenajea, el trabajo de los drones y las posibilidades armónicas de la música de Riley y de La Monte Young.

La influencia de la drone music de Velvet Underground y los demás precursores en la utilización de este recurso se hizo sentir con fuerza en los años setenta en la música de David Bowie, sobre todo en los discos conocidos como la Trilogía de Berlín: *Low*, *Heroes* y *Lodger*, hechos en colaboración con Brian Eno y con el apoyo de los guitarristas de King Crimson: el jefe Robert Fripp y Adrian Belew. Además, la influencia de la escena del rock progresivo alemán —lo que se conoció como Krautrock— fue determinante en estos discos. La música de bandas como Can, Kraftwerk, Popol Vuh, Amon Düül y Tangerine Dream, entre otras, así como la de Klaus Schulze, uno de los fundadores de Tangerine Dream y prolífico y renombrado compositor de música electrónica, junto con los experimentos sonoros de Pink Floyd y de gran parte del rock progresivo, sobre todo europeo, fructificó a mediados de los años noventa en lo que se ha conocido desde entonces como post-rock.

A partir de los últimos discos de Talk Talk, *Spirit of Eden* y *Laughing Stock*, considerados como piedra de fundación del post-rock, una serie de grupos tan influyentes como Radiohead o la banda islandesa Sigur Rós han hecho crecer este rico género, como puede escucharse en la más reciente producción de Thom Yorke, líder de Radiohead, y su nuevo grupo, The Smile.

¿Quién me iba a decir que veinte años después de que terminó mi segunda banda, Las Plumas Atómicas, y escuché por primera vez (y porque compré el CD por pura intuición: me llamaron la atención tanto el nombre del grupo como la austerísima portada) la producción inaugural de Tortoise, una de las bandas pioneras del post-rock, que lo que tocábamos con Las Plumas en su última etapa era, justamente, post-rock? Más allá del rock progresivo y más acá de la música contemporánea; más allá del jazz y más acá de la música electrónica. Nuestra música no se parecía a nada de lo que se estuviera haciendo entonces en México. Pero en 1984-1985 ni siquiera existía el término *post-rock* en Estados Unidos. Mucho menos en nuestro país.

Lo que tocábamos en la soledad de un cuarto de ensayos de la colonia del Valle sólo fue escuchado por unos cuantos amigos y amigas, toda vez que la única ocasión en que decidimos compartir esta música con un auditorio que esperaba las viejas canciones de Las Plumas, en un concierto en la Casa de la Paz en octubre de 1985, fue la última vez que tocamos juntos. El concierto resultó un estruendoso fracaso. Sobre todo en términos de aceptación del respetable, y no se diga en la consideración de la muy ilustrada crítica de rock nacional. La banda salió muy decepcionada con lo que habían escuchado esa noche. "Éstas no son Las Plumas Atómicas".

Por desgracia, nuestro grupo se deshilachó a partir de ese concierto. Muy lejos de los centros musicales donde el rock evolucionaba a todo vapor, y muy cerca de la escena roquera nacional a la que Televisa ya le había echado el ojo, el oído y el gancho, la música de los dos años finales de Las Plumas Atómicas sólo sobrevive en grabaciones caseras. Tal vez algún día se puedan escuchar las canciones de La Comuna, dando un testimonio distinto y *sui generis* de lo que llegó a ser el rock a finales de los años sesenta en México, y las canciones —todas en español— de la primera etapa de Las Plumas Atómicas (1982-1984), así como las composiciones abiertas, los experimentos y las improvisaciones del grupo en su última etapa (1984-1986).

El post-rock, como queda claro a partir del prefijo, deja un mensaje contundente: el rock, tal y como lo conocimos hasta los noventa, se acabó. No hay forma de volver atrás. No por azar el género y el término surgieron justo cuando cuatro décadas de relativa estabilidad terminaron con el colapso de la URSS y el fin de la Guerra Fría. Al igual que el término "posmoderno", el post-rock no sólo significa lo que viene después del rock, sino contra el rock. Un rechazo a una historia y una narrativa obsoletas. Lo que comenzó en 1966 murió treinta años después; ya tan sólo sobrevive el fantasma. Tortoise, Mogwai, Stereolab, Godspeed, Mono y Slint, entre otros, convirtieron sus guitarras en telares de tapices y texturas en lugar de máquinas de riffs, sirviéndose de la electrónica para cumplir sus funciones. Con ellos la obra de Philip Glass, Steve Reich, Arvo Pärt y Terry Riley pasó a ocupar un primer plano.

Con la ayuda de Brian Eno y del propio David Bowie, Philip Glass convirtió en 1992 *Low* en una sinfonía. Por su parte, la influencia de Riley se dejó sentir en el rock progresivo desde fines de los sesenta, como se puede escuchar en el tercer álbum de Soft Machine y en el *Who's Next*, de The Who, donde la canción llamada "Baba O'Reilly" homenajea a Terry y al gurú indio Meher Baba. Por su parte, los pioneros progresivos de Curved Air tomaron su nombre del álbum de Riley *A Rainbow in Curved Air*. Esta banda —donde tocó Stewart Copeland, el baterista de Police— contaba con la carismática presencia de la cantante sueca Sonja Kristina, que había estelarizado la obra musical *Hair*.

Soft Machine se formó hacia mediados de 1966 con una alineación impresionante: Robert Wyatt, batería y voz; Kevin Ayers, bajo, guitarra y voz; Daevid Allen, guitarra, y Mike Ratledge, órgano. Tres de sus miembros, Wyatt, Ayers y Hopper, habían sido los fundadores de The Wilde Flowers, de donde salieron los futuros integrantes de otra banda seminal de Canterbury y de todo el rock progresivo inglés: Caravan. Cuando a Daevid Allen (australiano) se le negó la visa para reingresar al Reino Unido tras una gira por Europa, decidió quedarse en París y formar Gong.

Luego de un viaje en LSD en 1966, en España, durante el cual vislumbró la palabra *gong* y lo que ella podría significar en el futuro, Daevid Allen conoció al escritor Robert Graves en Deià, Mallorca, y sintió confirmada su inclinación poética. Y si bien es cierto que la primera encarnación de Gong no tuvo mayor relevancia discográfica, sí sentó las bases psicodélica, poética y experimental que sostendrían sus siguientes encarnaciones. Tras la crisis de la Revolución de Mayo del 68, en París, la banda se disolvió. Se dice que Allen se enfrentó a la policía con ositos de peluche... una acción que enojó tanto a los comunistas como a las fuerzas del orden francesas. Pero acciones de este tipo no eran raras en la época. La psicodelia que había estallado en Londres en 1966, sobre todo a raíz de la inauguración en diciembre de ese año de UFO, con la banda de la casa, Pink Floyd, alcanzó en 1968 su culminación para precipitarse en muy poco tiempo en una irreversible decadencia. Pero mientras duró la fiesta, prácticamente todo el mundo del rock inglés se entregó de lleno y alegremente al freak out y sus excesos.

Así lo relata Nick Mason al hablar de aquellas primeras tocadas de la banda en el Underground Freak Out, el UFO, antes de que cerrara las puertas de su primer local, a causa a las presiones de la policía londinense, y se mudara al Roundhouse, un curioso y decadente edificio de ladrillo en Camden:

> El resto del mundo se hizo más o menos una idea de lo que era la psicodelia en anuncios como el que se puso en la revista *Melody Maker* para "Psychedelicamania", para la celebración del Año Nuevo en el Roundhouse: "¿QUÉ ES UN FREAK OUT? Es algo que sucede cuando muchas personas se reúnen y se expresan creativamente a través de la música, el baile, las luces y el sonido electrónico. Los participantes, emancipados de nuestra esclavitud nacional, vestidos con sus atuendos más inspirados, realizan como grupo el potencial que poseen para la libre expresión".

Como se puede ver, ésta es una definición que no está muy alejada de la que nos había ofrecido José Agustín en 1968.

Esta manera de expresarse creativamente a través de la música y una serie de acciones circunvecinas encontró en 1968 cabal expresión en el Reino Unido con bandas como todas las ya anotadas: desde los canónicos Beatles y Rolling Stones, pasando por The Kinks, The Animals, The Who, hasta llegar a los Yardbirds, Cream, The Zombies y Traffic. Las bandas más recientes, como Pink Floyd, Soft Machine, Procol Harum, Tomorrow, Pretty Things, Ten Years After, Family —todas ellas presentándose con gran éxito en el UFO— no sólo continuaron con esta recién creada "tradición", sino que la acrecentaron.

Donovan, por su parte, después de haber editado un par de álbumes característicos de los *sixties* en 1967, *Mellow Yellow* y *A Gift From a Flower to a Garden*, dio a conocer en mayo de 1968 su superpsicodélica rola "Hurdy Gurdy Man", contando con el archicelebrado solo de guitarra de Jimmy Page. Donovan formó parte, a principios de 1968, del grupo que viajó al ashram del Maharishi Mahesh Yogi en Rishikesh. La visita atrajo la atención mundial gracias a la presencia de los cuatro Beatles, y algunas otras luminarias menores como Mia Farrow y su hermana Prudence, quien inspiró a Lennon a escribir "Dear Prudence", así como del insoportable Mike Love, de los Beach Boys. Se sabe que fue durante esa estancia que Donovan les enseñó a Lennon y McCartney un nuevo estilo de guitarra llamado *fingerpicking*. Lennon usó esta técnica en canciones como "Dear Prudence", "Julia", "Happiness Is a Warm Gun" y "Look at Me", y McCartney en "Blackbird" y "Mother Nature's Son".

Del otro lado del Atlántico, Bob Dylan, que con una velocidad fulgurante había pasado de ser el folclorista devoto de Woody Guthrie a líder indiscutible de la música folk y las canciones de protesta; a cantante de himnos políticos y pacifistas de la primera mitad de los sesenta; a iniciador eléctrico del rock; a beatnik descreído y cínico, y que habría de seguir evolucionando hasta llegar a ser un ferviente católico en los ochenta, para volver luego a sus raíces judías y terminar afirmándose como un poeta importante del siglo XX —tanto que fue reconocido en 2016 con el Premio Nobel—, llevaba al rock en otra dirección.

En 1968, en Estados Unidos, y para parafrasear los celebérrimos versos de Dylan, no estaba claro si la subcultura hippie estaba ocupada en nacer o en morir. La violencia de los acontecimientos en todo el mundo, y en el país de las barras y las estrellas en particular, no parecía dejar mucho margen de acción a la mentalidad hippie, más allá de ser una respuesta visceral, poco menos que inconsciente, ante el caos reinante. El problema es que "el maravilloso mundo de los hippies" —como tituló el infumable Juan Orol uno de sus churros más monumentales— estaba plagado de drogas y contradicciones. Y el caos les iba pisando los talones. Como dijo Chris Hillman, bajista original y fundador de los Byrds, colaborador de Gram Parsons y figura clave en el desarrollo del country rock con su segunda banda, Flying Burrito Brothers:

> En el 68 todo se estaba cayendo a pedazos... todo se estaba yendo al diablo. La atmósfera del país cambió y nos encontramos de pronto muy cerca de la anarquía. Muy cerca. Con la guerra de Vietnam, los disturbios en los campus universitarios, los asesinatos políticos, etcétera, nos hallábamos muy cerca del colapso.

Dylan, con su banda The Band, encabezó la retirada de la psicodelia y la experimentación en todos los frentes, hacia una vida menos agitada y un arte más tradicional. Encerrado en su cabaña de Woodstock, viviendo con su recién formada familia y en compañía de uno de los mejores grupos de rock de todos los tiempos, con Bobbie Robertson al frente, Dylan llegó a un acuerdo para que la banda, que hasta entonces se habían llamado The Hawks —habían sido la banda de Ronnie Hawkins desde 1958— lo acompañara a sol y sombra.

El regreso de Dylan a la música tras su sonado (muchos pensaron que se trataba sólo de un truco publicitario) accidente en motocicleta a mediados de 1966 fue gradual. Justo un mes después del lanzamiento de su séptimo disco, *Blonde on Blonde*, Dylan estrelló su motocicleta cerca de Woodstock, Nueva York. Fue un evento misterioso que puso su carrera en suspenso durante años y cambió el curso de la historia del rock.

A resultas del infausto accidente, Dylan decidió apartarse y concentrarse en su escritura, en componer y en grabar. Pero sus registros cambiaron: eran de menor escala. Compárese la energía maníaca de su periodo considerado "eléctrico" —*Bringing It All Back Home* (1965), *Highway 61 Revisited* (1965) y *Blonde on Blonde* (1966)— con los álbumes posteriores a su accidente: *John Wesley Harding* (1967) y *Nashville Skyline* (1969). Aunque los cinco álbumes fueron aclamados por la crítica y amados por los fanáticos, quedaba claro que Dylan había cambiado de rumbo. Sin duda alguna seguía creciendo de muchas maneras, hacia dentro y, en poco tiempo, hacia fuera también, pero ya era otro. El mundo era otro.

En el centro de todos estos cambios estuvo la experiencia musical que habría de quedar grabada en *The Basement Tapes*, y que el mundo no escuchó sino hasta 1975, por más que ya en 1968 la influyente revista *Rolling Stone* clamaba por dar a conocer estas grabaciones. La historia de estas pistas se remonta al momento en que, una vez electrificado, Dylan le había dado ya la vuelta al disco y había nacido el rock. Su banda de soporte —que hasta ese tiempo no tenía nombre… era simple y sencillamente "La Banda"— decidió poner en práctica uno de los sueños roqueros por excelencia: conseguir un lugar agradable, lejos del mundanal ruido, donde pudieran dedicarse a tocar, improvisar y componer, sacarse las presiones de encima, intoxicarse y desintoxicarse.

Un día Rick Manuel, el pianista de The Band —como finalmente habría de ser conocida "La Banda"— llegó a casa de Bob Dylan en Woodstock, donde se recuperaba de su accidente en motocicleta y se reunían de pronto a tocar, y les dijo a los demás miembros del grupo: "¡Creo que la he encontrado!". Rick se refería a una casa de un improbable color rosa —la casona que habría de ser conocida como The Big Pink— en Saugerties, muy cerca de Woodstock. El lugar, modesto, contaba con un sótano que Robbie Robertson visualizó de inmediato como su estudio de grabación. Allí nació *The Basement Tapes*.

Rick Danko, el bajista de The Band, recordó que él, Richard Manuel y Garth Hudson se unieron a Robbie Robertson en Big Pink. En algún momento a mediados de 1967, Dylan y los cuatro ex Hawks empezaron a hacer sesiones de grabación informales. Más tarde, Dylan le expresaría a Jann Wenner: "Ésa es la buena forma de hacer una grabación, en un ambiente tranquilo y relajado, en el sótano de alguien. Con las ventanas abiertas... y un perro tirado en el piso". Danko le dijo al biógrafo de Dylan, Howard Sounes: "Recuerdo que Bob y Robbie venían entre cinco y siete días de la semana, durante siete u ocho meses". Garth Hudson, el maestro de música de The Band, organista y multinstrumentista del grupo, por su parte, agregó: "Sorprendía la capacidad de escritura de Bob. Cómo entraba, se sentaba frente a la máquina de escribir y escribía una canción. Además, casi todas sus canciones eran divertidas".

Dylan grabó una treintena de nuevas composiciones con los Hawks, incluidas algunas de las canciones más célebres de su carrera: "I Shall Be Released", "This Wheel's on Fire", "Quinn the Eskimo

(Mighty Quinn)", "Tears of Rage" y "You Ain't Goin' Nowhere". Danko escribió la música de "This Wheel's on Fire" y Manuel la de "Tears of Rage". Por su parte, Robbie Robertson, el principal compositor y guitarrista de The Band, escribió "Chest Fever"; y entre Robertson y Manuel, "Ruben Remus" y "Katie's Been Gone".

Cuando Levon Helm, el baterista que se había apartado del grupo por un tiempo, volvió al nido, la banda estaba completa. Ya eran The Band. Y como recuerda Robertson en sus muy recomendables memorias, *Testimony*:

> Tocar música en un círculo en el sótano o en un set acústico en la sala de Big Pink tuvo un gran efecto en nuestro enfoque musical: se trataba de un equilibrio entre voces e instrumentos. Si no te podías escuchar es que alguien estaba tocando muy fuerte y se había perdido el balance. Esta manera de tocar era tan vieja como la música misma, pero tenía muy poco que ver con lo que los grupos de rock estaban haciendo por entonces. Habíamos evolucionado a un lugar donde la música tocada en volúmenes altos era como comida grasosa: no muy saludable.

La intensa colaboración entre Dylan y The Band, que dio por resultado *The Basement Tapes*, llegó a su fin en octubre de 1967 cuando Dylan se mudó a Nashville para grabar un álbum de estudio formal, *John Wesley Harding*, que fue muy bien recibido por el público y la crítica. El disco contiene, entre otras joyas, "All Along the Watchtower", que habría de convertirse en una de las canciones más notables de 1968 en la inigualable versión de Jimi Hendrix, y que aparece en su disco de 1968, *Electric Ladyland*.

La recreación de "All Along the Watchtower" de Jimi Hendrix fue de tal envergadura que para cuando pude escuchar por primera vez a Dylan tocando en vivo, en un estadio en Niza, en el sur de Francia, presentó esta pieza como una canción de Hendrix. Claro que para entonces —1984— ya habían pasado muchos años desde la muerte de Jimi. Pero el gesto de Dylan lo dice todo. Por cierto que en ese mismo concierto Dylan compartió el cartel con Santana, en todo su apogeo, y con otro guitarrista extraordinario, Mark Knopfler, de Dire Straits. El final del concierto con los tres tocando juntos fue inolvidable.

Aunque se podrían poner muchos otros ejemplos, la letra de "All Along the Watchtower" es más que suficiente para dar testimonio de la calidad de la escritura de Dylan. Es una letra —un poema— que deja todo en suspenso en el último verso; se podría decir que la verdadera historia está por comenzar allí donde la canción termina. Con un tono, una atmósfera y un paisaje que mucho recuerdan a uno de los poetas que más influencia ha ejercido en Dylan, según su propia confesión —el descastado poeta medieval francés François Villon—, "All Along the Watchtower" nos hace sentir la inminencia de algo terrible que está por ocurrir, pero que nunca se hace explícito. Esta vaga indefinición le da al poema mucha de su fuerza y su poder de evocación.

> "There must be some way out of here," said the joker to the thief
> "There's too much confusion, I can't get no relief
> Businessmen, they drink my wine, plowmen dig my earth
> None of them along the line know what any of it is worth"
>
> "No reason to get excited" the thief, he kindly spoke
> "There are many here among us who feel that life is but a joke
> But you and I, we've been through that, and this is not our fate
> So let us not talk falsely now, the hour is getting late"
>
> All along the watchtower, princes kept the view
> While all the women came and went, barefoot servants, too
>
> Outside in the distance a wildcat did growl
> Two riders were approaching, the wind began to howl

"Debe haber alguna forma de salir de aquí —le dijo el bufón
[al ladrón —,
no encuentro alivio, hay demasiada confusión;
los negociantes se toman mi vino, los campesinos labran mi tierra,
pero ninguno de ellos sabe el valor de estas cosas."

"No hay razón para exaltarse —dijo amablemente el ladrón—
muchos de nosotros pensamos que la vida es sólo una broma;
pero tú y yo ya pasamos por eso, y ése no es nuestro destino,
así que dejémonos de falsedades, que ya se está haciendo tarde."

Desde la atalaya los príncipes vigilaban el paisaje
y las mujeres iban y venían lo mismo que los sirvientes descalzos.

Afuera, a la distancia, un gato montés gruñó,
dos jinetes se acercaban y el viento comenzó a aullar.

Más allá de las rimas perfectas del original —que no han sido conservadas en la traducción al español que ahora ofrezco— la letra de Dylan nos habla de un compositor que ha hecho su tarea: conoce su tradición poética y la pone al servicio de la música. Mucho se ha discutido si el Premio Nobel de Literatura que le fue otorgado a Dylan es justificado o no; pero más allá de hablar de los méritos —mayores, desde mi punto de vista— de poetas como W. S. Merwin o Gary Snyder, creo que el Nobel de Dylan se puede entender, además del guiño a la contracultura que hizo la Academia Sueca, como un reconocimiento a la supervivencia del recurso de la rima en la poesía contemporánea. Y esto es un hecho literario que, indiscutiblemente, le debe mucho al rock.

Los logros literarios del rock, como el que acabo de citar de Dylan, han sido posibles, en gran medida, gracias a la influencia de los beats. El nexo entre Bob Dylan y Alen Ginsberg, bien conocido y ampliamente documentado, es aquí un eslabón capital. Pero la tradición de la que Ginsberg hizo partícipe a Dylan viene de mucho más lejos. Donovan ya nos había hablado de esto mismo. La figura del poeta-bardo-cantor en el rock se remonta hasta el mismísimo William Blake gracias a las visiones de Ginsberg.

La extraña experiencia de 1948 a la que Allen Ginsberg se refirió una y otra vez como su "Blake Vision" fue fundamental para su identidad y carrera como poeta y activista. Su compulsión por contar con frecuencia esta historia era comparable a la de "The Rime of the Ancient Mariner", de Coleridge. Esta visión se convirtió en una parte central del mito beat y en un elemento fundamental de la misión de proselitismo que Ginsberg llevó a cabo en nombre de William Blake dentro de la contracultura de los años sesenta y setenta. Pero no todo el monte era de orégano. Robbie Robertson relata cómo un día se presentó el poeta en Big Pink: "¡Uf, no, ahí viene otra vez con su armonio! [...] Nosotros disfrutábamos de sus visitas, sí, pero cuando comenzaba a tocar y cantar...". The Band se las ingenió para que se fuera con todo y su instrumento: "Nos vemos luego", le dijo Rick, mientras Garth, aguantándose la risa, se llevaba un dedo a los labios haciendo ese gesto universal que significa: shhhhh...

Mucho menos político es Keith Richards, que en *Life* platica del tiempo en que Ginsberg estaba viviendo con Jagger en Londres: "y nos pasamos toda una tarde oyendo al *gasbag* [literalmente: bolsa de gases], pontificando sobre todo y todos, en una época en que le gustaba sentarse a tocar su concertina [armonio] mal y a hacer ommmmm...". Y me consta que no exagera; yo pude escuchar a Ginsberg tocar y cantar en San Francisco en los años setenta, y lo menos que puedo decir es que de músico no tenía nada. Tenía oído de artillero. Lo cual no deja de ser irónico (y significativo) tratándose del poeta que más influencia tuvo en el rock.

En todo caso, la cadena de transmisión que venía desde William Blake se continuó a través de Allen Ginsberg y, aunada al ejemplo y las lecciones de la escritura jazzística de Kerouac, llegó a Dylan, hasta encontrar en John Lennon a su primer e ilustre beneficiario. A partir de allí, y sin desdeñar la presencia y la influencia de otros poetas señeros, como Villon, Rimbaud, Dylan Thomas, Brecht o García Lorca, la plana mayor de los mejores compositores del rock en los sesenta se dio a la tarea de escribir letras significativas, inquietantes, bellas y complejas. Baste citar los ejemplos de la escritura de Ray Davies, Jim Morrison, Leonard Cohen, Paul Simon, Joni Mitchell, Tom Waits, Van Morrison, Pete Townshend, Roger Waters, Lou Reed, Keith Reid, Randy Newman, Captain Beefheart, Neil Young y, más tarde, autores como Jonathan Richman (al frente de los Modern Lovers), Robyn Hitchcock, Nick Cave, Patti Smith y Kurt Cobain.

Esta relación entre la gran poesía y el rock es tan rica, o más, que la que se dio entre el rock y la música contemporánea y clásica. No hay que olvidar, por ejemplo, que otro de los beats, Michael McClure, fue el albacea literario de Jim Morrison; y que William Burroughs grabó con Laurie Anderson, e influyó tanto en David Bowie como en Frank Zappa, o en grupos como Steely Dan y Soft Machine, que le deben, ambos, su nombre. John Cale, violista, compositor, cantante y miembro fundador de Velvet Underground, le dedicó todo un disco muy notable a Dylan Thomas, y The Doors revivieron a Bertolt Brecht.

Cuando tuve la oportunidad de conocer a Michael McClure y leer con él en San Francisco, platicamos largo y tendido sobre Jim Morrison y su poesía que, a McClure, siempre le pareció que tenía una gran intensidad lírica y que abría las puertas de la imaginación.

> Jim tenía un don lírico, y me refiero a un don lírico no en el sentido de la letra de una canción, sino *poesía*. Jim tenía un don para la poesía y luego también descubrió que podía cantar y escribir canciones. Entonces hizo lo inteligente: mantuvo estas dos vertientes separadas… y cuanto más separadas las mantenía, mejores los resultados.

Hay otros grandes letristas que cabe aquí mencionar: Mick Jagger, Gene Clark, Donovan, Nick Drake, Bernie Taupin, Tim Buckley, Jackson Browne, Bruce Springsteen, Elvis Costello, Sinéad O'Connor, Michael Stipe, Lucinda Williams, Warren Zevon, Tom Yorke y más. Una lista que podría volverse interminable. Lo cual subraya lo dicho: en muy pocos años los mensajes que circularon a través del vehículo del rock pasaron de ser banalidades a ser poemas.

El perfecto ejemplo es lo que consiguió Marvin Gaye, que en 1968 tuvo un enorme éxito con la canción "I Heard It Through the Grapevine", pero que al año siguiente, inspirado en un incidente de violencia racial en Berkeley —lo que se conoció como el "Bloody Thursday"— escribió su obra maestra: "What's Going On". Aunque esta pieza vio la luz pública hasta 1971, su mensaje, muy en la línea de la no violencia de Gandhi y de Luther King, llegó con toda fuerza a la comunidad negra, y más allá. Llegó a quien tuviera ojos para ver y oídos para escuchar:

Mother, mother
There's too many of you crying
Brother, brother, brother
There's far too many of you dying
You know we've got to find a way
To bring some lovin' here today, yeah

Father, father
We don't need to escalate
You see, war is not the answer
For only love can conquer hate
You know we've got to find a way
To bring some lovin' here today, oh

Madre, madre,
hay demasiadas de ustedes llorando.

Hermano, hermano, hermano,
hay demasiados de ustedes muriendo.
Tenemos que encontrar la manera
de traer un poco de amor aquí y ahora.

Padre, padre,
no necesitamos escalar la violencia.
Ya ves que la guerra no es la respuesta,
porque sólo el amor puede conquistar el odio.
Tenemos que encontrar la manera
de traer un poco de amor aquí y ahora.

Siguiendo el ejemplo de Dylan, otro poeta en toda forma, ganador del prestigioso Premio Príncipe de Asturias de las Letras, en 2011, en España, Leonard Cohen, dijo en su discurso de aceptación del premio:

> Ustedes saben de mi profunda conexión con el poeta Federico García Lorca. Puedo decir que cuando era joven, un adolescente, y buscaba una voz en mí, estudié a los poetas ingleses y conocí bien su obra y copié sus estilos, pero no encontraba mi voz. Solamente cuando leí, aunque traducidas, las obras de Federico García Lorca, comprendí que tenía una voz.

Aquí tenemos un ejemplo inmejorable de un gran compositor dentro del rock que es también un gran escritor. Un poeta que estudió la tradición y que en un momento dado decidió ponerle música a sus poemas. Un artista que, sin ser ningún jovencito (ya tenía para entonces 33 años), editó a fines de 1967 su primer disco: el sorprendente *Songs of Leonard Cohen*. Aunque el acetato tuvo muy pobres ventas en Estados Unidos, en 1968 prendió en Inglaterra y se ha convertido en una piedra de toque. Este disco incluye una de sus máximas obras: "Suzanne". He aquí la letra de esta obra maestra:

Suzanne takes you down to her place near the river
You can hear the boats go by, you can spend the night beside her
And you know that she's half crazy but that's why you want to
[be there
And she feeds you tea and oranges that come all the way
[from China
And just when you mean to tell her that you have no love to
[give her
Then she gets you on her wavelength
And she lets the river answer that you've always been her lover

And you want to travel with her, and you want to travel blind
And you know that she will trust you
For you've touched her perfect body with your mind

And Jesus was a sailor when he walked upon the water
And he spent a long time watching from his lonely wooden
[tower
And when he knew for certain only drowning men could
[see him
He said all men will be sailors then until the sea shall free them
But he himself was broken, long before the sky would open
Forsaken, almost human, he sank beneath your wisdom like
[a stone

And you want to travel with him, and you want to travel blind
And you think maybe you'll trust him
For he's touched your perfect body with his mind

Now, Suzanne takes your hand and she leads you to the river
She's wearing rags and feathers from Salvation Army counters
And the sun pours down like honey on our lady of the harbor

And she shows you where to look among the garbage and [the flowers
There are heroes in the seaweed, there are children in the [morning
They are leaning out for love and they will lean that way forever
While Suzanne holds the mirror

And you want to travel with her, and you want to travel blind
And you know that you can trust her
For she's touched your perfect body with her mind

La traducción de este poema musicalizado de forma exquisita propone un viaje en tres partes: una relación amorosa de pareja, la escena donde Jesús camina sobre el agua en los Evangelios, y de vuelta a la escena íntima de una relación amorosa entre un hombre y una mujer.

Suzanne te lleva a su casa cerca del río.
Puedes escuchar a los barcos que pasan,
puedes pasar la noche a su lado
y sabes que está medio loca.
Pero es por eso que quieres estar allí,
y te da de comer té y naranjas
que vienen desde China.
Y justo cuando quieres decirle
que no tienes amor para darle,
ella te atrapa en su longitud de onda
y deja que el río responda
que siempre has sido su amante.

Y quieres viajar con ella, y quieres viajar a ciegas,
y sabes que ella confiará en ti
porque has tocado su cuerpo perfecto con tu mente.

Y Jesús era un marinero
cuando caminó sobre las aguas,
y pasó mucho tiempo observando
desde su solitaria torre de madera.
Y cuando supo con certeza
que sólo los ahogados podían verlo,
dijo: "Todos los hombres serán marineros entonces
hasta que el mar los libere".
Pero él mismo estaba roto
mucho antes de que el cielo se abriera,
abandonado, casi humano,
se hundió bajo tu sabiduría como una piedra.

Y quieres viajar con él, quieres viajar a ciegas,
y piensas que quizá le tendrás confianza
porque ha tocado tu cuerpo perfecto con su mente.

Ahora Suzanne toma tu mano y te lleva al río.
Viste trapos y plumas del Ejército de Salvación
y el sol se derrama como miel
en nuestra señora del puerto,
y ella te muestra dónde mirar
entre la basura y las flores.
Hay héroes en las algas marinas,
hay niños en la mañana:
se están inclinando hacia el amor
y se inclinarán de esta forma para siempre
mientras Suzanne tenga el espejo.

Y quieres viajar con ella, y quieres viajar a ciegas,
y sabes que puedes confiar en ella
porque ha tocado tu cuerpo perfecto con su mente.

En 1968, después de haber escuchado por primera vez canciones como "Like a Rolling Stone", "A Day in the Life", o las rolas del *Surrealistic Pillow* de Jefferson Airplane "Today", por ejemplo; o "Coming Back to Me", de Marty Balin, las letras de algunas canciones de rock comenzaron a cobrar para mí casi tanta importancia como los grandes libros de poesía. Las letras de Jim Morrison me parecían bellas a la vez que verdaderamente incendiarias, a una edad —los 17 años— en que yo había comenzado a descubrir la poesía en serio tras haber participado en el Movimiento del 68 como "base", como se decía entonces. O como en la canción de los Stones: "Street Fighting Man".

Poco antes de que estallara el movimiento, yo me había ido con una docena de amigos a la Huasteca. Decidimos, inmersos en el espíritu de la época, llevar a cabo una campaña de vacunación en la sierra y echar a andar una pequeña clínica en medio de la nada. Pasamos varias semanas en una serie de rancherías —ni pueblos se les podría llamar— donde no había caminos ni luz ni agua ni drenaje. No había nada más que miseria. Para cuando salimos de la sierra, hechos polvo y transformados para siempre, sacudidos hasta el último hueso, y llegamos por fin al pueblo de Tamazunchale (hoy ya una pequeña ciudad) aquello nos pareció la más rabiosa modernidad.

Nunca olvidaré que, sentados en una fonda donde había una rocola y donde por primera vez en semanas pudimos hacer una comida completa, nos quedamos encantados con "Lady Madonna", la rola que los Beatles acababan de lanzar como un sencillo, respaldada por "Inner Light", de Harrison. La rola recordaba el jubiloso piano de Fats Domino. La alegría de la canción se avino de perlas con el momento de relativo alivio temporal que estábamos viviendo. Nuestra felicidad se vio reflejada y acrecentada por el lado luminoso del rock. Y aquí, por cierto, debo consignar que ninguna banda de rock me ha hecho sentir más alegría que Chicago en sus dos primeros discos dobles, *Chicago Transit Authority*, de 1969, y, sobre todo, el prodigioso *Chicago*, de 1970. La vertiente solar del rock aún estaba viva a fines de los años sesenta.

En México, mientras tanto, en 1968 se seguía escuchando en los medios el supuesto "rocanrol mexicano" de los Rockin' Devils, Los Hitters, Los Belmonts y otras lindezas por el estilo, a la par que comenzaba a crecer el movimiento de la canción de protesta, con músicos como Óscar Chávez, Los Folkloristas, Judith Reyes y Amparo Ochoa a la cabeza. Después del movimiento estudiantil de 1968 esta música se convirtió en obligatoria para cualquier militante de izquierda o, por lo menos, no abiertamente reaccionario. Se podría pensar que era el equivalente de la escena folk de Greenwich Village diez años antes, y habría de dar lugar a las afanosas "peñas".

Sin embargo, nadando cual salmones a contracorriente, comenzaban a hacer poco a poco su aparición los primeros grupos que podrían considerarse como portavoces de un rock mexicano más o menos diferenciable del que se hacía en otras partes, comenzando por Javier Bátiz, los Dug Dug's, Tijuana Five y, ya desde entonces, el Three Souls in My Mind, que al paso del tiempo habría de convertirse en el sempiterno Tri con el no menos sempiterno Alex Lora al volante. Cabe sumar a La Máquina del Sonido, Factory, Peace and Love y Los Yaki, así como los loables esfuerzos de viejas agrupaciones como Los Sinners y Los Locos del Ritmo por ponerse al día. Sin embargo, casi todas estas bandas seguían dedicando su energía a fusilarse todo lo que oliera a blues, rocanrol y rock inglés y gabacho. Léanse los libros pioneros de Federico Arana sobre el tema.

En 1968 yo trabé contacto con el primer grupo de rock que me tocó conocer: Los Sedentarios, de José Amozurrutia, que un par de años después tocaría con mi primer grupo: La Comuna. Los Sedentarios eran uno de varios grupos de rock que pululaban en mi preparatoria: el inmenso CUM. La escuela era tan grande que daba para organizar festivales de rock inocuos dentro de sus límites. Pero lo inocuo no les quitaba lo excitante. Al menos no a nosotros, adolescentes clasemedieros, que nunca habíamos tenido la oportunidad de ver y oír tocar a una verdadera banda de rock. Por ellos conocí a la Decena Trágica y al Antiguo Testamento.

Y mientras en México el rock estaba en sus primeros balbuceos, al otro lado del charco, en España, la canción de protesta también hacía estragos. Con "Rosas en el mar", de Luis Eduardo Aute, Massiel se escuchaba a toda hora en la radio. Con mucho más estilo, el catalán Joan Manuel Serrat se apoyaba en los poemas de Antonio Machado para ofrecer una propuesta distinta que, sin ser aún rock en español, de alguna manera algo se acercaba. Para utilizar una imagen afín al exitazo de Massiel, Serrat le iba ganando terreno al mar. Cantar rock original en español ya no se veía tan lejano. Desde Andalucía, Camarón de la Isla haría su primera aparición en 1969, aunque su disco *La leyenda del tiempo*, la obra que cifra su primera alianza lograda entre el flamenco y el rock, tardaría diez años en llegar. Triana lo hizo antes (en 1975) con *El patio*.

Buenas bandas de rock comenzaron a brotar como hongos en muchas otras partes del mundo: en Australia, los Bee Gees; en Alemania, Tangerine Dream y Can; en Italia Premiata Forneria Marconi y Pookah; en Países Bajos, Focus, Shocking Blue y Golden Earring; en Grecia, Aphrodite's Child; en Francia, Gong, Serge Gainsbourg y Michel Polnareff; en Argentina, Manal y Almendra; en Perú, Los Saicos; en España, Los Brincos. En Canadá, que merece un capítulo aparte, el rock fue desarrollando una tradición propia a partir de Paul Anka en los años cincuenta. De Canadá son cantantes y compositores de country rock y folk rock como Gor don Lightfoot y Denny Doherty (de The Mamas & the Papas). De Canadá son David Clayton-Thomas (cantante de Blood, Sweat & Tears), Andy Kim y Zal Yanovsky (de Lovin' Spoonful) y John Kay (líder de Steppenwolf).

Un caso curioso es el de la banda The Guess Who?, por haber sido el primer grupo de rock canadiense clasificado al mismo tiempo en primer lugar en el Canadian Singles Chart y el Billboard Hot 100 con la canción "American Woman" en 1970. En la década de los setenta el rock explotaría de lleno en Canadá con bandas como Rush, Bachman-Turner Overdrive y Heart. Pero los artistas canadienses más importantes de los sesenta son, sin lugar a dudas, Joni Mitchell, Leonard Cohen, Neil Young y The Band.

En Inglaterra, el rock alcanzó en 1968 cimas incomparables, comenzando con el que muchos consideran el mejor disco de los Beatles: el *Álbum blanco*. Pero además de los discos que ya he mencionado y tratado en algún detalle en este capítulo, 1968 es el año en el que se editaron: *Beggars Banquet*, de los Rolling Stones; *The Kinks Are the Village Green Preservation Society*, de los Kinks; *A Saucerful of Secrets*, de Pink Floyd; *Wheels of Fire*, de Cream; *Astral Weeks*, de Van Morrison; *Odessey and Oracle*, de los Zombies; *Ogdens' Nut Gone Flake*, de Small Faces; *This Was*, de Jethro Tull; *In Search of the Lost Chord*, de Moody Blues; *S. F. Sorrow*, de Pretty Things; *Truth*, de Jeff Beck, y *Music in a Doll's House*, de Family, uno de los más grandes discos de la época, injustamente soslayado por la crítica, muy poco reconocido en Inglaterra y casi desconocido fuera de la isla. También se dieron a conocer los discos epónimos de Fairport Convention, Pentangle, Traffic y The Crazy World of Artur Brown. Y, por si fuera poco, se formaron y comenzaron a grabar sus primeros discos Led Zeppelin, Yes y Genesis. Ni más ni menos.

1968 también fue un año extraordinario para el rock en Estados Unidos, donde se editaron dos discos fundamentales de los Byrds: *The Notorious Byrd Brothers* y el seminal *Sweetheart of the Rodeo*, punto de partida de todo el country rock. Creedence Clearwater Revival se presentó tirando la puerta con "Suzie Q", un sencillo que se escuchó *ad nauseam* durante todo el año. A su exitoso disco debut, *Creedence Clearwater Revival*, le seguirían en 1969 tres discos clásicos: *Bayou Country*, *Green River* y *Willy and the Poor Boys*.

Del sonido de San Francisco surgieron en 1968 discos clave como *Cheap Thrills*, de Big Brother and the Holding Company, que marcó la presentación en sociedad de Janis Joplin con los dibujos underground de Robert Crumb en la portada; *Anthem of the Sun*, de Grateful Dead; *Crown of Creation*, de Jefferson Airplane; *Vincebus Eruptum*, de Blue Cheer; *Dance to the Music*, de Sly & the Family Stone; *Sailor*, de Steve Miller Band, y los discos epónimos de Quicksilver Messenger Service y Fever Tree.

Jimi Hendrix lanzó ese año su tercer y último álbum con The Experience: *Electric Ladyland*; The Velvet Underground sacó su segundo disco, *White Light/White Heat*, que fue el último en el que participó John Cale; Blood Sweat & Tears editó *Child Is Father to the Man* y poco después, ese mismo año, su organista estrella, Al Kooper, se combinó con Stephen Stills y Mike Bloomfield para grabar *Super Session*. Los Rascals dejaron de ser al fin los jóvenes Young Rascals y lanzaron su disco psicodélico y experimental *Once Upon a Dream*; Dr. John publicó su primera producción, *Gris-Gris*, mientras que Randy Newman y Neil Young editaron sus primeros y epónimos discos.

Cat Stevens, con sangre chipriota y sueca, se había dado a conocer en 1967 con dos discos notables: *Matthew and Son* y *New Masters*. En el segundo aparece la canción "First Cut Is the Deepest", que más tarde habría de ser un rotundo éxito cantada por Rod Stewart. Por desgracia, en 1969 contrajo una terrible tuberculosis que casi le cuesta la vida. Pero sobrevivió, y su vida y arte tomaron nuevos rumbos hasta llegar a tener un gran éxito internacional.

En 1968 el mexicano Carlos Santana se dio a conocer en el área de la Bahía de San Francisco, tocando con frecuencia en el Fillmore, compartiendo carteles con It's a Beautiful Day, Johnny Winter o Moby Grape. Bill Graham, el empresario, dueño, promotor y productor de un sinfín de grupos en los Fillmore y en otros escenarios, fue quien le brindó a Santana la oportunidad de tocar no sólo en sus espacios, sino que convenció a los organizadores de Woodstock de programar a un guitarrista mexicano, chicano, y su banda, que nadie conocía entonces, para que se presentara ante medio millón de personas.

El primer disco de Santana todavía no circulaba cuando se plantó en Woodstock. "Hubo muchos ángeles que se hicieron presentes abriéndonos el camino para que esto sucediera... pero nadie merece más crédito que Bill Graham". De no haber sido por este Cecil B. DeMille del rock, "Soul Sacrifice" no habría sonado en Woodstock ni habría figurado en la película del festival. Santana se hizo famoso de la noche a la mañana.

Por otra parte, Steppenwolf también se hizo famoso de la noche a la mañana con sus primeras grabaciones, "Born to Be Wild" y "The Pusher", que forman parte de su primer disco, *Steppenwolf*, y figuraron prominentemente en la película de culto *Easy Rider*, un ícono de la contracultura que fue filmada en 1968 y estrenada en 1969. La cinta también incluye música de The Band, The Byrds y The Jimi Hendrix Experience. El antecedente de *Easy Rider* es una cinta rodada en 1967 que se hizo muy popular en 1968 y donde el rock se destaca ocupando un lugar central: *El graduado*, con música de Simon & Garfunkel. Un rock muy cercano al folk que se convirtió en un gran éxito gracias a la canción que encabeza la cinta: "Mrs. Robinson". Esta pieza se convirtió en el segundo éxito masivo del dúo, alcanzando el número uno en el Billboard Hot 100. Igual llegó al top 10 en el Reino Unido, Irlanda y España, entre otros países. En 1969 "Mrs. Robinson" se convirtió en la primera canción de rock en ganar el premio Grammy a la mejor grabación del año.

Al otro lado del mundo, la película que condensa lo mejor del rock inglés después de 1966 y 1967 es *Yellow Submarine*, con música de los Beatles, de 1968. A diferencia del fallido intento cinematográfico del *Magical Mystery Tour*, el *Submarino amarillo* logró obtener un apreciable éxito tanto de crítica como de público. La posibilidad de utilizar las películas de animación para llegar a un público adulto debe mucho a este proyecto que muchos asumen que fue obra del ilustrador Peter Max, muy famoso por entonces. Max dijo en una entrevista que Lennon lo llamó personalmente para pedirle que trabajara en *Yellow Submarine*, pero declinó la oferta y le recomendó a Lennon al artista Heinz Edelmann, quien era conocido como el "Peter Max alemán". Y si bien su obra gráfica es una fuente de inspiración para el *Yellow Submarine*, un antecedente estético, cabe aclarar que sólo hizo un trabajo de consultoría inicial para el proyecto. Edelmann había absorbido y combinado una amplia gama de artistas y estilos gráficos: dibujos de Aubrey Beardsley, monstruos del Bosco, ilustradores franceses de Julio Verne, las ilustraciones de Tenniel para los libros de Alicia.

Pero si el *Yellow Submarine* es la película que en gran medida representa lo mejor de la psicodelia de los años sesenta en su apogeo —con todo y los Beatles—, la que mejor exhibe la desesperada y violenta atmósfera post 1968, y el fin de la década, es *Zabriskie Point*, de Antonioni. Una película fallida que termina con una brutal explosión, mostrada sádicamente en cámara lenta y filmada desde muchos ángulos, que va acompañada de la formidable música de Pink Floyd: su aterradora pieza "Careful with That Axe, Eugene", de su disco doble de 1969, *Ummagumma*. Aunque el disco fue bien recibido tras su debut, el tiempo no le ha sido muy favorable. Los mismos integrantes de Pink Floyd no lo consideran como uno de sus mejores discos. "Lo mejor de *Ummagumma* —dijo años después Roger Waters— es que no lo volvimos a hacer".

Mención aparte merece el disco *Balaklava*, la obra maestra de los muy poco apreciados e injustamente olvidados Pearls Before Swine. *Balaklava* es un disco dramático con regrabaciones y manipulación de cintas, y con canciones que parecen canalizar la ira existencial hacia los amos de la guerra. El grupo lo consigue con referencias a desertores de la guerra civil e historias alegóricas de leprosos y rosas. Muy pocos álbumes son capaces de explorar la naturaleza más abyecta del hombre al mismo tiempo que glorifican la trascendencia de la naturaleza. En "I Saw the World" así como en "Images of April", Tom Rapp, el compositor y líder de la banda, se acerca a Leonard Cohen, Tim Buckley y Phil Ochs, pero con una calidad espiritual que hace que las canciones parezcan de la época de William Blake.

En Inglaterra, Joe Boyd, que había presentado a Fairport Convention, a John Martyn y a la Incredible String Band a una audiencia mayoritaria, era una figura mayor en la escena folk del Reino Unido. Cuando conoció a Nick Drake se dio cuenta de inmediato que había encontrado un diamante. Boyd se convirtió en su mentor a lo largo de su corta carrera. Drake grabó su álbum debut *Five Leaves Left* a finales de 1968, con Boyd como productor, y su último disco, *Pink Moon*, apenas tres años después.

Una extravagancia, no sólo musical, de los Stones, el *Rock and Roll Circus*, cerró el año de 1968. Se trató de un proyecto ambicioso (en el caso de Mick Jagger esto es un pleonasmo) de los Rolling Stones en combinación con la BBC de Londres, que les serviría como escaparate de lujo, toda vez que en el concierto y la filmación del *Rock and Roll Circus* participaron Jethro Tull, The Who, Taj Mahal, Marianne Faithfull, John Lennon y Yoko Ono. El concierto, que permaneció oculto por casi treinta años, es curioso porque da testimonio de la única vez que tocó The Dirty Mac, una banda conformada por John Lennon, Eric Clapton, Keith Richards y Mitch Mitchell. Un supergrupo antes de que el término se popularizara con bandas como Crosby, Stills, Nash & Young, Led Zeppelin y Blind Faith. El *Circus*, además, marca la última aparición de Brian Jones con Stones, ya que poco tiempo después sería hallado muerto en la piscina de su casa en Sussex, justo donde, irónicamente, A. A. Milne escribió en los años veinte un libro clásico para niños: las historias de Winnie-the-Pooh.

Una época tocaba a su fin. En México, en las afueras de San Miguel de Allende, junto a las vías del tren, se encontró el cuerpo sin vida del invencible Neal Cassady. Dean Moriarty, el aventurero por excelencia que protagoniza *On the Road*, el alucinante *Speed Limit*, como le llamaban los Pranksters, se había excedido esta vez… la mezcla del pulque que bebió en copiosas cantidades en la boda a la que asistió en San Miguel, mezclado con ingentes dosis de Seconal (un barbitúrico que usaba como vitamina), más el intenso frío de la madrugada en el Bajío (Cassady sólo vestía unos jeans y una camiseta) aunado a los excesos de siempre, terminaron con él una noche de 1968. Diez años después, Ken Kesey publicaría un relato corto, "Un día después de que murió Superman" ("The Day After Superman Died"), que estaba dedicado a la memoria de Neal Cassady. Llegaría, sólo unos días después, 1969 con los platos rotos. La muerte de Superman no podía ser un augurio más ominoso.

1969
Fin de fiesta

Los siniestros augurios de 1968 se cumplieron con creces en 1969. Pero todavía quedaba música por hacer en el camino de bajada, por supuesto; y en el camino de subida se habían escuchado prodigios. Señal de los tiempos fue que Creedence Clearwater Revival, que alcanzó muy rápidamente su apogeo en 1969, logró algo que ningún otro grupo había conseguido en los Estados Unidos desde 1964: superar en ventas a los Beatles. Sin embargo, Creedence fue siempre un grupo subestimado por la crítica y por muchos de los fans "serios" del rock. No así en México, donde su popularidad fue desde un principio arrolladora y comparable a la de los Beatles. Por años tuvimos en la radio en México un programa de "batallas musicales" entre los Beatles y los *Cridens*. Han tenido que pasar muchos años —décadas, en realidad— para que su líder, cantante y compositor, John Fogerty, sea reconocido como lo que es: uno de los grandes de la música.

"Todos tienen el más jodido respeto por los Beatles —se quejaba en un tiempo el baterista de Creedence, Doug Clifford—, pero no se dan cuenta de que nosotros somos el grupo estadounidense más grande". Y no le faltaba razón a Clifford. Creedence surgió de la misma escena musical del área de la Bahía que incluía a Sly & the Family Stone, Santana, Country Joe & the Fish, Big Brother and the Holding Company, Grateful Dead, Jefferson Airplane. Pero no obtuvieron entonces el respeto que se merecían; en aquella época se les veía como conservadores. Muchas de sus canciones, de dos o tres minutos de duración —antecedentes del grunge—, son verdaderas joyas del rock, a pesar de estar muy alejadas de las interminables improvisaciones de las bandas de la generación Woodstock. Las audiencias pasadísimas de los Fillmore se referían a ellos en broma como los "boy scouts del rock and roll".

También hubo otras razones: "Proud Mary", la primera de varias rolas muy populares de la banda, casi de inmediato se hizo más conocida como una pieza de Ike y Tina Turner. Y en Woodstock, Creedence pisó el escenario entre Grateful Dead y Janis Joplin; pero a Fogerty la experiencia le pareció más que insatisfactoria y se quedaron fuera de la película del concierto, así como de su banda sonora. En pocas palabras: fue como si no hubieran participado.

Y si bien es cierto que Creedence Clearwater Revival no fue considerado como uno de los portavoces de la contracultura, hay que decir que no le dieron la espalda a la agenda política de los sesenta. Muchos de sus grandes éxitos, como "Green River" y "Proud Mary", no hablaban de protestas y problemas, es cierto, pero sí tocaban la vida norteamericana de todos los días entre la gente común y corriente del sur estadounidense. Una canción como "Fortunate Son", en cambio, sí habla de la guerra en Vietnam y de cómo las desigualdades económicas y sociales determinan quién va a la guerra y quién no:

> Yeah-yeah, some folks inherit star-spangled eyes
> Hoo, they send you down to war, Lord
> And when you ask 'em, "How much should we give?"
> Hoo, they only answer, "More, more, more"
>
> It ain't me, it ain't me
> I ain't no military son, son, Lord

It ain't me, it ain't me
I ain't no fortunate one, one

Algunos nacen con ojos tachonados de estrellas,
Dios mío, y te mandan a la guerra.
Y si les preguntas "¿cuánto tenemos que dar?",
sólo responden "más, más, más".

Pero yo no soy, yo no soy
yo no soy el hijo de un militar, Señor,
yo no soy, yo no soy
uno de los privilegiados

Incluida en el tercer disco de Creedence de 1969 —una hazaña casi inconcebible si se toma en cuenta que durante todo el año el grupo estuvo de gira por todo Estados Unidos—, *Willy and the Poor Boys* muestra al Creedence asumiendo la identidad de una jug band (banda de jarros) de antaño llamada justamente como el disco. La portada del acetato no miente.

Incluso una pieza aparentemente tan inocua como "Have You Ever Seen the Rain" tiene miga. Mark Deming, de AllMusic.com, sugiere que esta canción trata de cómo se fue perdiendo el idealismo al final de los sesenta. A raíz de acontecimientos como el festival de Altamont y la matanza de estudiantes en Kent State, la energía creativa de la juventud se fue volviendo algo mucho más decadente y egocéntrico. Fogerty sugiere en esta letra que los temas por los que valía la pena luchar en los años sesenta todavía estaban presentes en la nueva década, pero se había perdido el coraje y la visión para enfrentarlos.

En 2016 el cantante y compositor más famoso de México, Juan Gabriel, grabó una versión de "Have You Ever Seen the Rain", que Fogerty escribió, tal y como lo platicó años más tarde, luego de la tormenta que casi terminó con el Festival de Woodstock, y que a ellos les afectó decisivamente. Mucha gente ha querido ver en la pieza otra canción de protesta contra la guerra en Vietnam y la lluvia de bombas que arrasaron los campos de cultivo y las poblaciones del sureste asiático. Aunque Juan Gabriel le quita todo filo a la letra, su versión es muy respetuosa del original —se trata de un verdadero homenaje— y tiene un ritmo muy rico. Al morir Juan Gabriel poco tiempo después de esta grabación, John Fogerty declaró: "Mi corazón está triste y apesadumbrado porque Juan Gabriel ha fallecido. Juan es una leyenda en el mundo de la música latina y alguien a quien realmente admiro".

Por cierto, los nexos entre Creedence y América Latina no se limitan sólo a México ("Cotton Fields" fue la canción número uno en México en 1969). La presencia constante de la banda en las divertidas novelas del cubano Leonardo Padura —"John Fogerty canta como Dios"— bastaría para ejemplificarlo.

Back to the roots (de vuelta a las raíces) parecía ser el grito de batalla de muchas bandas en 1969. Al escuchar la música de Grateful Dead —sobre todo la de sus dos grandes álbumes de canciones de 1970: *Workingman's Dead* y *American Beauty*— no deja de sorprender que un sonido tan suave, tan enraizado en la gran tradición de la música popular norteamericana, haya sido el elegido por la raza en San Francisco para seguir con el viaje y aterrizarlo de la mejor manera posible. Música que viene directamente de Robert Johnson, y que pasa por toda la gama del blues, folk, la música country y el bluegrass. Una gama no muy distinta a la que formó a Bob Dylan y también a The Band. No sorprende que a ratos su música se parezca, aunque la de Grateful Dead en estos dos discos sea casi siempre muy suave, pausada; para decirlo con una sola y expresiva palabra: pachequísima.

Jerry Garcia, hijo de un inmigrante gallego, músico, y de una madre de origen irlandés, pianista, convivió con la música desde siempre. A lo largo de treinta años con Grateful Dead, compuso mucha música, con letras de Robert Hunter. Sus versos dan una buena idea del rock y de la onda de Grateful Dead: "Standing on the moon with nothing left to do. A lovely view of heaven but I'd rather be with you" / "De pie en la luna sin nada que hacer. Una hermosa vista del cielo, pero prefiero estar contigo". "Wake up to find out that you are the eyes of the world" / "Despierta para descubrir que eres los ojos del mundo". "Without love in the dream it will never come true" / "Sin amor en el sueño nunca se hará realidad". El amor y el sueño...

Muy pronto habrían de seguir por este camino Crosby, Stills & Nash, James Taylor, Cat Stevens, Carole King, America, Eagles, y todo el soft rock que comenzó en Laurel Canyon. El volumen bajaba... ahora se podían escuchar las versiones acústicas de un trío cantando sólo con sus guitarras o un piano y una voz. Muy atrás quedaban las bravatas jactanciosas del altísimo volumen con el que tocaban grupos como Vanilla Fudge que, literalmente, eran capaces de desprender pedazos del techo de los auditorios donde se presentaban.

Pero ya vendría Led Zeppelin a reverdecer los viejos lauros de los volúmenes demenciales de The Who. Y detrás de Led Zeppelin toda la ola inglesa del hard rock, y detrás de ellos el heavy metal de Deep Purple, Black Sabbath, etcétera. Por lo pronto, lo que sucedió frente a la sofisticación sonora de la segunda mitad de los sesenta, el rock psicodélico y experimental, el avance tecnológico en los estudios de grabación y los mil efectos electrónicos, fue algo que tan sólo se puede describir como una reacción. Un recular ético y estético que se manifestó en muchos frentes como una vuelta a una música más tradicional, sencilla y directa; hacia letras menos duras y contestatarias; un retorno a las endémicas y rapaces prácticas de las disqueras, esas dulces hermanas de la caridad que por un momento perdieron el piso y se dejaron llevar por la algarabía de los *sixties*, arriesgando contra sus costumbres; un regreso al confort de casa. En pocas palabras, una regresión psicoanalítica a la infancia y al seno materno. Con sus excepciones, como siempre.

La simplicidad y el retorno a las raíces ya se habían hecho sentir en el disco de 1967 de Bob Dylan, *John Wesley Harding*, así como en la música de The Band. Pero la verdad es que ese sonido sencillo y de profundas raíces tradicionales nunca se había ido a ninguna parte. La música que después ha dado en llamarse "americana" estaba allí, como un telón de fondo, para la obra de teatro experimental del momento. Y no sólo eran Creedence o Dylan o The Band. Ahí están los blues tradicionales de Janis en *Cheap Thrills*, o el boogie refrito de Canned Heat; la música de Grateful Dead. Por allí se enfilarían, con más caña, Grand Funk Railroad y ZZ Top. Y poco después, Bruce Springsteen.

En el Reino Unido se experimentó algo semejante. *Back to the roots* fueron Fairport Convention, Fleetwood Mac (el Fleetwood Mac de Peter Green), Nick Drake, Lindisfarne, Dusty Springfield. De esta última, su álbum de 1969, *Dusty in Memphis*, no sólo fue el más exitoso de su carrera, sino que incluía "Son of a Preacher Man", una de las pocas canciones de soul cantada por una artista blanca, inglesa, que ha sido reconocida como un clásico del género.

Por su lado, Neil Young, después de tocar con la banda de folk-rock Buffalo Springfield y antes de unirse a Crosby, Stills & Nash, grabó con Crazy Horse en 1969 su álbum *Everybody Knows This Is Nowhere*. Una de las rolas del supergrupo, "Ohio", fue escrita por Neil Young y grabada con Crosby, Stills, Nash & Young en respuesta a los acontecimientos políticos de la época. La canción se inspiró en la muerte de cuatro estudiantes de la Universidad Estatal de Kent a manos de la Guardia Nacional durante una protesta contra la guerra en su campus, en mayo de 1970. Los cuatro estudiantes pasaron a ser leyendas en la música popular, mientras que los cientos de jóvenes muertos en México durante el Movimiento del 68 para el mundo pasaron en silencio.

Se puede considerar que el disco de los Byrds, *Sweetheart of the Rodeo* (1968), es el nacimiento en toda forma de la música americana. Y si no, por lo menos no hay duda de que es el origen del country rock. Pero, claro, siempre hay antecedentes, y se puede deshojar la margarita hasta que no quede nada sino el recuerdo de una imagen, o cortar pelos de rana en tres tratando de dar con los orígenes de cualquier cosa. Pero algo sí queda claro: en la música de los Byrds de ese momento hubo un músico que ejerció una influencia decisiva: Gram Parsons.

Luego de su muy breve y fructífera estadía con los Byrds para grabar su álbum seminal, *Sweetheart...* Gram Parsons decidió formar un nuevo grupo con Chris Hillman, fundador y bajista de los Byrds y futuro colaborador de Stills en su grupo Manassas: The Flying Burrito Brothers. Es común considerar a Gram Parsons como el creador del country rock. Aunque desdeñó siempre que se le llamara así, su trabajo sirvió de vínculo entre artistas y géneros musicales que estaban distantes, como Merle Haggard y los Eagles, que se convirtieron en el epítome del country rock de los años setenta. Numerosos artistas han citado a Parsons como una gran influencia en su música. Cantantes como Emmylou Harris (que colaboró con él en 1973), compositores como Elvis Costello o grupos como Uncle Tupelo y Wilco lo citan como un adelantado.

Keith Richards conoció a Gram Parsons en 1968 y sintió, luego de un par de días, que se habían conocido toda la vida. "Hubo un reconocimiento inmediato", escribió en su libro, *Life*. "¡Lo que podríamos haber hecho si nos hubiéramos conocido antes!". Y por si fuera poco, agregó: "De los músicos que conocí personalmente (aunque Otis Redding, a quien no conocí, también podría estar en la lista), los dos que tenían una actitud hacia la música similar a la mía eran Gram Parsons y John Lennon. [...] Gram y John eran músicos realmente puros". Los Flying Burrito Brothers lanzaron en 1969 su primer álbum, *The Gilded Palace of Sin*, y su muerte ocurrida cuatro años más tarde a la edad de 26 años consolidó aún más su imagen de leyenda y su legado como pionero del country rock.

Cuando se piensa en cuántos buenos compositores y músicos se fueron tan jóvenes —Gram Parsons ni siquiera llegó al infame

Club de los 27, pues murió de una sobredosis de morfina combinada con alcohol en Joshua Park a los 26—, perdieron el camino y las ganas de vivir, dilapidaron su talento y se ahogaron en las drogas o murieron trágicamente antes de alcanzar todo su potencial, no queda más remedio que quitarse el sombrero con Dylan. Inusual ha sido contemplar la redondez de una vida tan larga y completa en el mundo espinoso del rock, hasta apreciarla en su totalidad. Una leyenda y una gran obra que nos ayuda a comprender los tiempos que nos ha tocado vivir.

Cuando Kurt Cobain se suicidó en 1994 a la edad de 27 años, se hizo popular la noción del nefasto Club de los 27, que pudo haber comenzado con el asesinato en 1938, a la edad canónica de los 27 años, de Robert Johnson, el padre fundador del blues. Cuando Amy Winehouse murió en 2011 de una sobredosis a los 27 años, el Club de los 27 era ya una profecía autocumplida. De 27 años murieron también Brian Jones; Alan *Blind Owl* Wilson, guitarrista de Canned Heat; Jimi Hendrix; Janis Joplin; Jim Morrison; Ron *Pigpen* McKernan, uno de los fundadores de Grateful Dead; Pete Ham, guitarrista de Badfinger; Chris Bell, motor de Big Star… y la triste lista sigue, hasta llegar a Basquiat.

Si recordamos la historia de la caverna de Platón, aquellos que siguen viendo sombras y nada más no ven la realidad ni creen nada de lo que se les dice al respecto desconfían de inmediato de los que dicen ver más y rechazan su mensaje, que les parece en extremo peligroso. Platón lo dejó bien dicho: en cuanto puedan les van a quitar la vida a los que ven más lejos. O tal vez se la van a quitar ellos mismos… como dejó demostrado de sobra el rock. Una vida llena de riesgos y excesos cobra impuestos.

Jóvenes murieron Sam Cooke, asesinado; Marc Bolan, de T. Rex, en un accidente de auto; Duane Allman, líder de los Allman Brothers Band, en un accidente de motocicleta; Stevie Ray Vaughan, en un accidente de aviación, igual que Ronnie Van Zant, el cantante y líder de Lynyrd Skynyrd, lo mismo que el incomparable

Buddy Holly, treinta años antes, junto con Ritchie Valens (todos sabían que su apellido era Valenzuela) y el Big Bopper; Nick Drake, víctima de una sobredosis accidental; el *Bonzo* John Bonham, baterista de Led Zeppelin, y Keith Moon, baterista de The Who, de sobredosis de pastillas, alcohol y vida de rocanroleros llevada hasta el extremo; lo mismo que Tim Buckley y su hijo Jeff Buckley, con veinte años de distancia; Terry Kath, el guitarrista original de Chicago, y Sid Vicious, el bajista de Sex Pistols, se quitaron la vida con sendos disparos; Ian Curtis, el cantante de Joy Division, se suicidó ahorcándose. En el caso de Elliott Smith aún no se sabe si fue suicidio o asesinato, pero con John Lennon no cabe ni la menor duda: murió cobardemente asesinado. A dos meses se quedó Gram Parsons del Club de los 27. La lista es demasiado larga como para no ser patética y significativa. Platón tenía razón.

Pero no perdamos de vista nunca el otro lado de la luna; el otro gato de la historia de don Juan Matus. En septiembre de 1969, unos días después de Woodstock, los Hollies sacaron en Inglaterra el sencillo "He Ain't Heavy, He's My Brother". Grabado en los estudios de Abbey Road apenas un mes antes de Woodstock, cuenta con el gran Elton John en los teclados. No puedo escuchar esta canción sin lágrimas en los ojos. Un himno a la hermandad, si los hay.

Este sentimiento de hermandad fue el que condujo a cientos de miles de jóvenes a viajar desde todos los rincones de Estados Unidos, y aun desde otros países y continentes, para atender al llamado del Festival de Woodstock. Tres días de paz y música, tal y como lo anunciaba su cartel con la imagen de una paloma posada sobre el cuello de una guitarra. Woodstock se planteó como el primer megafestival de rock. Una gran fiesta a la que fueron invitados muchos de los mejores grupos y músicos del rock en esos momentos.

El festival de música de Woodstock (realmente sucedió en Bethel) que se llevó a cabo en agosto de 1969, más que el broche de oro del rock en los sesenta, señaló el principio del final. He aquí la lista de los participantes:

Viernes 15:

Richie Havens
Sweetwater
Bert Sommer
Tim Hardin
Ravi Shankar
Melanie
Arlo Guthrie
Joan Baez

Sábado 16:

Quill
Country Joe McDonald
John B. Sebastian
Keef Hartley Band
Santana
Incredible String Band
Canned Heat
Grateful Dead
Leslie West & Mountain
Creedence Clearwater Revival
Janis Joplin
Sly & the Family Stone
The Who
Jefferson Airplane

Domingo 17:

Joe Cocker
Country Joe & the Fish
Ten Years After

Johnny Winter
Blood, Sweat & Tears
Crosby, Stills, Nash & Young
Paul Butterfield Blues Band
Sha Na Na
Jimi Hendrix

Sin embargo, en la película *Woodstock* estrenada en 1970, y que es lo que la inmensa mayoría de los fans tiene presente, la mitad de los músicos y grupos que participaron en el festival no aparecen en pantalla, bien sea porque no dieron permiso de que así fuera, o por cualquiera otra razón.

Los que sí aparecen en la película han quedado en el ánimo del público y en el (ahora sí que) inconsciente colectivo como los que de veras tocaron en Woodstock. He aquí la lista por orden de aparición en la cinta y lo que tocaron: Crosby, Stills & Nash (audio): "Long Time Gone"; Canned Heat: "Going Up the Country"; Crosby, Stills, Nash & Young: "Wooden Ships"; Richie Havens: "Handsome Johnny", "Freedom" / "Sometimes I Feel Like a Motherless Child"; Joan Baez: "Joe Hill", "Swing Low Sweet Chariot"; The Who: "We're Not Gonna Take It" / "See Me, Feel Me", "Summertime Blues"; Sha Na Na: "At the Hop"; Joe Cocker / The Grease Band: "With a Little Help from My Friends"; Country Joe & the Fish: "Rock and Soul Music"; Arlo Guthrie: "Coming into Los Angeles"; Crosby, Stills, Nash & Young: "Suite: Judy Blue Eyes"; Ten Years After: "I'm Going Home"; John Sebastian: "Younger Generation"; Country Joe McDonald: "Fish Cheer / I-Feel-Like-I'm-Fixing-to-Die-Rag"; Santana: "Soul Sacrifice"; Sly & the Family Stone: "Dance to the Music" / "I Want to Take You Higher"; Jimi Hendrix: "The Star-Spangled Banner", "Purple Haze"; Crosby, Stills, Nash & Young (audio): "Woodstock".

Como puede verse a simple vista, las consideraciones especiales de las que gozaron Crosby, Stills, Nash & Young (aunque el último se negó de último momento a aparecer en la película... ¡gesto muy típico de Neil Young!) dejan ver a las claras qué clase de estatus tenía la banda sin banda, el grupo-no-grupo en ese momento. La gran ausencia, aparte de casi todas las grandes bandas inglesas, como los Stones, Kinks, King Crimson, Yes, etcétera, y de algunas bandas gringas que en ese momento estaban en su pico creativo, como Chicago y The Flock, fue, indudablemente, Bob Dylan. Una ausencia en extremo significativa, sobre todo si se toma en cuenta que para entonces Dylan vivía en Woodstock, a unos cuantos pasos del lugar del festival. Dylan no sólo se negó a participar, sino que manifestó una actitud muy negativa hacia el festival y los hippies, y todo lo que significaban. De hecho, poco tiempo después, y harto del acoso de los fans y de toda clase de *freaks* que llegaban hasta su puerta, si no es que se metían hasta la cocina, Dylan se mudó a California.

El caso de Frank Zappa —otra ausencia notabilísima— es un punto y aparte. En 1969 decidió desbandar a Mothers, pero no aminoró el paso; al contrario. Presentó la antología de *Mothermania* y los discos *Uncle Meat* y *Hot Rats*. Por cierto que *Mothermania* fue el primer disco de Zappa que yo tuve y que pude escuchar con todo detenimiento una y otra vez. Es poco lo que puedo decir de cómo y cuánto me impresionó su música. De inmediato me di cuenta de que Zappa estaba a años luz de todos los demás roqueros.

En 1968 Zappa había dado a conocer dos producciones radicalmente distintas con The Mothers of Invention. La primera fue *We're Only in It for the Money*, una sátira cruel, tan chistosa como despiadada, del *Sgt. Pepper's*. La parodia de la portada no dejaba lugar a dudas. Y las letras hacen escarnio del American Way of Life, de punta a punta. Con este disco Zappa se instaló en las antípodas del jipismo y la buena onda del Verano del Amor y de Woodstock. El segundo disco es una verdadera delicia: su homenaje, parodia y sátira —todo a la vez— del doo wop: *Cruising with Ruben & the Jets*.

¿No había nada que Zappa respetara en el mundo del rock? Sí. Como dijo en la entrevista que le hicieron en la revista *Rolling Stone* a mediados de 1968:

> —¿Hay algún grupo en el negocio de la música que sientas que tiene alguna legitimidad?
>
> —Sí. Me gusta Jimi Hendrix. Cream. Captain Beefheart. Traffic. Y no necesariamente en este orden.

Bien podría haber sumado Zappa a su lista a King Crimson, que desde un principio dio muestras, gracias a la incorruptible batuta de Robert Fripp, de una musicalidad del más alto nivel y de una vocación experimental digna de los más avanzados compositores de música contemporánea.

Cuando Dick Cavett entrevistó poco después de Woodstock a Hendrix en su muy popular programa de televisión y le preguntó cómo se preparaba para la avalancha de cartas que de seguro se le iban a venir encima como protesta por haber hecho pedazos el himno americano y haber ofrecido algo tan bizarro, Hendrix, con toda inocencia, le respondió: "A mí me pareció bello". Y procedió a recordar cómo de niño lo hacían cantar el himno con todos los demás niños de la escuela... él sólo quería recuperar un momento de inocencia infantil.

Este retorno a las fuentes se dio entonces en muchos frentes y no era sino un claro síntoma del miedo y la profunda necesidad psicológica de recular ante los excesos de los años sesenta. Pero Hendrix no estaba diciendo toda la verdad en la entrevista con Cavett. Su desgarradora versión de *Star-Spangled Banner* transportó a miles y miles de jóvenes en edad de ser reclutados para ir a Vietnam a los frentes mismos de batalla. Utilizando su guitarra como una orquesta, una banda, un estudio de grabación y de posproducción, Hendrix consiguió de forma inverosímil construir una obra maestra en poco más de tres minutos. Es el gran momento de

Woodstock, en el último día, el fin de la fiesta, cuando ya la mayoría de la gente se había retirado y no quedaba sino un paisaje postapocalíptico de detritus y basura.

Sin embargo, este paisaje lamentable no fue nada si se le compara con lo que quedó del escenario (nada), las instalaciones y los alrededores del festival de Woodstock de 1999, convocado treinta años después por el mismo Michael Lang que, de milagro, no había generado una tragedia en Woodstock en 1969. Porque las condiciones estuvieron dadas para que sucediera... pero la energía, la buena vibra, la buena voluntad del personal y mucha suerte se confabularon para que nada malo pasara en el primer y auténtico Woodstock. El engendro comercial (porque fue planeado descaradamente como un festival para hacer ricos a sus organizadores) de Woodstock 1999 dio por resultado el que se ha considerado como el peor festival de toda la historia: violencia sin límites, incendios, abusos sexuales, violaciones y la más demencial drogadicción.

Cuando los Red Hot Chili Peppers tomaron el escenario en el último día del festival estalló una violencia inusitada y el fuego se extendió por todas partes hasta llegar al escenario y las torres de sonido, que se prendieron. El vocalista de los Peppers, Anthony Kiedis, comentó lo impresionantes que se veían las llamas desde el escenario, comparándolas con la película *Apocalypse Now*. Parangón significativo, toda vez que la cinta de Coppola comienza con "The End", de los Doors, e incluye "Satisfaction", de los Stones; "Surfin' Safari", de los Beach Boys, y "Suzie Q", de Creedence.

Red Hot Chili Peppers comenzó a tocar "Sir Psycho Sexy" (el título lo dice todo), que habría de ser seguida por "Fire", la creación de Jimi Hendrix, cuando se les vino encima el apocalipsis. Kiedis declaró en su autobiografía, *Scar Tissue*, que la hermana de Hendrix les había pedido que tocaran "Fire" en honor a Jimi Hendrix. No hizo falta. Enormes hogueras arrasaron con todo. Hasta los cajeros automáticos (¡qué indicador más claro de lo mucho que habían cambiado los tiempos desde 1969... cajeros automáticos en un festival supuestamente contracultural!) fueron destruidos junto con autos, camiones y su mercancía, y buena parte del equipo de sonido, así como las tiendas de los vendedores, abandonadas primero y luego quemadas.

Se ha dicho muchas veces que el festival convocado por Jagger & Co. en Altamont marcó el final de los años sesenta y de todo el movimiento hippie y del Peace & Love. *All you needed* WAS *love*. Pero el testamento de violencia y de un desorden generalizado ya había sido escrito por Jimi Hendrix en el remate ominoso de Woodstock. No hay mejor epílogo para la década que vio nacer el rock que la impresionante escena de Jimi Hendrix, solo, tocando su versión espeluznante del himno americano.

> Altamont fue el lado oscuro de la naturaleza humana, lo que podía suceder en el corazón de la oscuridad, un descenso al hombre de las cavernas en unas cuantas horas, gracias a los Hells Angels. Y al mal vino tinto: Thunderbird y Ripple, los peores matarratas que existen. Además, muy mal ácido. Era el final del sueño en lo que a mí respecta. Hubo en un momento algo llamado Flower Power. No es que lo viéramos mucho, pero el impulso estaba ahí. Y no me cabe duda de que vivir en Haight-Ashbury del 66 al 70, e incluso después, tal vez fue genial. Se dice que todos se llevaban bien y que había una manera diferente de hacer las cosas. Pero Estados Unidos es muy extremo, oscilando entre los cuáqueros y el amor libre en un minuto. Y sigue siendo así.

A esta larga cita de *Life*, de Keith Richards, no hay mucho que agregar. Si acaso, que me parece significativa la alusión al "corazón de las tinieblas" (*The Heart of Darkness*), el escalofriante libro de Joseph Conrad que le sirve a Coppola como base para su película *Apocalypse Now*. Y a Marlon Brando para dar rienda suelta a sus demonios. De nueva cuenta, el apocalipsis y el rock.

El contraste entre Woodstock y Altamont (con sólo un poco más de tres meses de diferencia), entre la luz y la sombra, el cielo y el infierno, no puede ser más marcado. Y así como existen dos polos opuestos entre la sincronía y la diacronía —sim/cronos y dia/cronos—, se podría argumentar que un festival fue sim-bólico y el otro fue dia-bólico. Ese hombre de las cavernas del que habla Keith Richards al ofrecer su punto de vista sobre el desastroso festival de Altamont se hizo presente cuando se desató el pandemonio en lo que se pretendía fuera la fiesta de fin de año —1969— y del fin de la década.

Pero hay un antecedente: un par de meses antes de Woodstock, en julio de 1969, los Rolling Stones ofrecieron un concierto gratuito en Hyde Park, apenas dos días después de la muerte de Brian Jones. El concierto —convertido por necesidad en una ceremonia en honor de Brian Jones— reunió a un cuarto de millón de personas. En realidad el evento había sido planeado para presentar a su nuevo guitarrista: el joven prodigio Mick Taylor, que ya había mostrado y demostrado sobradamente con John Mayall y los Blues Breakers de lo que era capaz. The Stones in the Park, como fue conocido este concierto, tuvo, a su vez, un antecedente notable: el concierto gratuito en Hyde Park ofrecido por uno de los primeros supergrupos, Blind Faith, que consiguió reunir a unos ciento cincuenta mil fans un par de meses antes.

A manera de elogio y despedida de Brian Jones, Mick Jagger leyó unas estrofas del poema que Shelley escribió a la muerte de Keats, "Adonaïs", y fueron liberadas miles de mariposas blancas. Sin embargo, la presentación de los Stones, que tenían tiempo sin tocar en público, distó de ser una de sus mejores. En realidad, los grupos que se llevaron las palmas fueron los excelentes teloneros: Family y un grupo de muy reciente formación que estaba haciendo muchas olas en Londres después de su estancia en el Marquee: King Crimson, un grupo que —como dijo esa tarde el presentador— "está destinado a llegar muy lejos". Nadie hubiera imaginado entonces qué tan lejos... King Crimson lograría —ya desde su primer disco, el clásico *In the Court of the Crimson King*, con su inconfundible portada de un hombre aullando ("21st Century Schizoid Man")— establecerse como un referente para el rock progresivo, el heavy metal, el rock alternativo, sinfónico, industrial y hasta post-punk. Con su formación inicial comandada por el jefe Robert Fripp en la guitarra y las circunvoluciones cerebrales, King Crimson incluía a Greg Lake (que sería bajista y cantante de Emerson, Lake & Palmer), Ian MacDonald y Michael Giles (que después formarían el dueto MacDonald & Giles), y el poeta Peter Sinfield, que más tarde colaboraría con Roxy Music, Emerson, Lake & Palmer y Premiata Forneria Marconi.

El concierto gratuito de los Rolling Stones en Altamont se confabuló para que sucediera una auténtica diablura. Los Ángeles del Infierno comenzaron a golpear al personal a diestra y siniestra, entre otros, a Marty Balin, vocalista de Jefferson Airplane, que se derrumbó sin sentido en plena actuación de su banda tras ser golpeado por uno de los angelitos. Más tarde "sus Satánicas Majestades" tocarían, ni más ni menos, "Sympathy for the Devil":

> Please allow me to introduce myself
> I'm a man of wealth and taste
> I've been around for a long, long year
> Stole million man's soul an faith
>
> Permítanme presentarme:
> soy un hombre rico y de buen gusto;
> he andado por aquí un larguísimo año
> y he robado el alma y la fe de millones.

Y es que, como lo reconoce Mircea Eliade, el gran erudito rumano que dedicó su vida al estudio de las religiones, en su *Autobiografía*: "No hay nada más fuerte en este mundo que la gloria del desorden". Sucede en todas partes y ha sucedido siempre: el desorden es popular y fascinante. Sigo con Eliade: "Tal vez aplaudimos la anarquía de la juventud porque nosotros no haríamos nunca cosa semejante". Y remato con una cita más extensa:

> Un ser humano decente, bueno, inteligente, etcétera, no provoca la "magia" de los desordenados. La perfección moral no atrae compañeros, amigos ni "admiradores". Y por eso lo más probable es que el destino de una vida moral y decentemente vivida sea la soledad. Pero no se hable de anarquía, porque ya los obstáculos se allanan y sobreviene la admiración.

El lado oscuro del rock robó el alma y la fe de millones, pero también les abrió las puertas de la percepción a un mundo mejor. Sin embargo, es cierto que el diablo cobra caro y hubo que pagar el precio. Estos contrastes no son sólo de los sesenta, sino de todos los tiempos.

A fin de cuentas, tal vez aquí radica la almendra de la atracción que no dejan de ejercer los *sixties* en tanta gente. No fue sólo el rock ni los Beatles ni la pléyade de músicos y artistas. Fue, creo yo, el hecho de que por un instante —1966 en Londres, 1967 en San Francisco, 1968 en todo el mundo y 1969 en Woodstock— ser una persona decente, buena, inteligente, provocó la magia que sólo los desordenados y anarquistas son capaces de concitar. Un ser humano creativo. En la cúspide de los *sixties* ser buena onda fue, por un instante, buena onda. La violencia y la fealdad no llevaron la voz cantante. Lo bello se vio como bello. Marchando a contracorriente de todo el siglo XX lo bonito se aceptó como bonito, sin ironía y sin sarcasmo.

Por un breve tiempo (un verdadero paréntesis), en el mundo del arte no se cantaron las alabanzas de los adefesios de Picasso y De Kooning: mujeres violentadas y desfiguradas hasta resultar irreconocibles. No. Las bellezas de Mucha fueron aceptadas como bellezas. No se escucharon los aplausos de los conocedores y *the happy few* para los chafarrinones de Jackson Pollock; fueron las líneas sinuosas y armoniosas de Aubrey Beardsley las que ocuparon el lugar central de los carteles de los conciertos y los festivales de rock. No se les dio primacía a los trazos desbalagados de Cy Twombly o las feas máquinas de Joseph Beuys; la atención de millones de jóvenes en todo el mundo se centró en las pinturas alucinadas de Bob Venosa y Mati Klarwein.

Pero, claro, la violencia estaba allí; no se había ido del mundo. La fealdad seguía rigiendo la vida de millones y millones, de tal manera que el sueño fue breve. Intenso, pero breve. Y el regusto que dejó en una generación justificó, dependiendo del temperamento y la conciencia de cada individuo, una cierta esperanza teñida de nostalgia, un escéptico idealismo, o acaso la amargura y hasta una profunda decepción que sólo se acrecentaría con los años. Pero los sesenta no pasaron en balde. Las obras de arte que dejó el rock son una luminosa muestra de ello. Es difícil escuchar hoy en día música del mismo talante. El mundo es otro, y la música que lo acompaña y expresa, también.

Es la misma historia de siempre: las revoluciones comienzan con un despertar urgente, intenso, y hasta podría decirse que luminoso, para transitar poco a poco hacia una normalidad que se parece cada vez más al mundo de antes. Los regímenes revolucionarios al paso del tiempo se convierten en todo aquello contra lo que lucharon en un principio. Y los ideales —y los idealistas— no dejarán de lamentarse. Esto lo expresa muy bien Kenneth Rexroth en un poema escrito en 1957, diez buenos años antes de las decepciones del Verano del Amor, hablando de algo que había sucedido veinte años antes. Los versos forman parte de "Fish Peddler and Cobbler", una parte de la trilogía sobre el sonado caso de Sacco y Vanzetti, de 1937.

> We thought then that we were the men
> Of the years of the great change,
> That we were the forerunners
> Of the normal life of mankind.

We thought that soon all things would
Be changed, not just economic
And social relationships, but
Painting, poetry, music, dance,
Architecture, even the food
We ate and the clothes we wore
Would be ennobled. It will take
Longer than we expected.

Nos creíamos los hombres
de los años del cambio,
los precursores
de la vida normal de la humanidad.
Creíamos que pronto todo
cambiaría, no sólo las relaciones
económicas y sociales, sino también
la pintura, la poesía, la música, la danza,
la arquitectura, hasta la comida
que comíamos y las ropas que usábamos
se ennoblecerían. Se llevará más tiempo
del que esperábamos.

En la segunda mitad de los años sesenta, millones de jóvenes en todo el mundo creyeron —creímos, al menos por un instante— que éramos los hombres del gran cambio, los precursores, los adelantados de una nueva vida —o, como reza la retórica de las revoluciones, desde la Revolución francesa, pasando por la rusa, la mexicana, la cubana y muchas otras— que asistíamos al nacimiento del "nuevo hombre". La imaginación colectiva quiso soñar con algo grande: un cambio económico, social, cultural, artístico, sexual. Pero, como siempre, la realidad se impuso. Hubo que reconocer que todo esto se llevaría más tiempo. O acaso —lo más probable— no sucederá nunca. Pero el sueño está vivo.

Son muchos los jóvenes que, sin haber vivido esos años —más que por interposición de sus padres o hasta de sus abuelos—, sienten y aprecian que entonces sucedió algo distinto. A través de la música algo de su perfume les llega; los alcanza a prender un halo de luz que ya no se corresponde con nada del mundo que los rodea. Y no fue tan sólo el rock. En otros campos pasó lo mismo. Se hicieron las cosas de un modo diferente. Es el caso del ajedrecista Bobby Fisher, del futbolista Johan Cruyff o del físico Stephen Hawking.

Yo puedo dar testimonio de que esa corriente creativa se pudo sentir con fuerza en México durante la etapa "romántica" del Movimiento del 68, antes de que la represión alcanzara niveles grotescos. Y sí, fue también sólo un momento: un paisaje oscuro iluminado por un relámpago… ¡pero pudimos ver! Y eso es lo que cuenta. Para mí sucedió en la Marcha del Silencio del 13 de septiembre de 1968, en la que tuve la fortuna de participar. Como digo en el arranque del poema que le dediqué a ese momento de gloria:

> Tarde o temprano
> alguien que escuche estos pasos
> en un futuro sentirá de nuevo
> aquel calor que animaba el pulso
> y subía a golpes por la vida,
> aquella sangre que inflamara las antorchas,
> los rostros, las ves de la victoria
> en una espléndida celebración.
>
> Un triunfo del silencio voluntario
> frente al rumor impuesto.
>
> Un triunfo musical
> sobre el barullo ensordecedor.

Sin embargo, la ilusión revolucionaria del rock no pasó de ser un sueño fugaz. El contraste entre los músicos superexitosos y la banda de hippies y jipitecas con poco o nada a su favor era enorme y se hizo cada vez mayor. Lo mismo pasó con la brecha entre el compromiso político y el puro hedonismo.

Como escribió Ellen Willis en su artículo del 29 de agosto de 1969, diez días después de terminado el festival en "The Not-So-Groovy Side of Woodstock": "Los relatos de la paz y la generosidad de los asistentes al festival son todos ciertos, pero tienden a estar desenfocados". Cito en extenso:

> Lo que los revolucionarios culturales no parecen comprender es que, lejos de ser una forma de arte popular y espontánea que ha sido asumida por los empresarios, el rock nació de la explotación comercial del blues. Es acendradamente burgués en su esencia: una mercancía producida en masa, dependiente de la tecnología avanzada y, por lo tanto, del dinero controlado por quienes están en el poder. Su rebeldía no implica un contenido político específico; puede ser, y ha sido, criminal, fascista y fríamente individualista, lo mismo que revolucionario. El estilo de vida moderno tampoco es intrínsecamente radical. Simplemente puede ser una forma más placentera de sobrevivir dentro del sistema, que es de lo que siempre se ha tratado la sensibilidad pop. De eso se trataba Woodstock… La verdad es que no puede haber una cultura revolucionaria hasta que no haya una revolución.

La revolución cultural de los años sesenta no se iba a decantar por el lado psicodélico. La lucha de las mujeres y las minorías sexuales por conseguir la igualdad y un reconocimiento sin cortapisas en todo el mundo sí que ha implicado una verdadera revolución cultural. Otro tanto se podría decir —aunque con menos éxito hasta ahora— de la revolución verde: las urgentes reivindicaciones ecologistas que exigen cambios inmediatos para remediar el desorden ambiental. Y, claro, la lucha de la población negra por liberarse de la opresión blanca en Estados Unidos.

Porque ése es otro contraste en Woodstock del que muy poco se habla: el contraste racial. A las grandes ausencias de Dylan, Zappa y la realeza del rock británico (excepción hecha de The Who, Joe Cocker, Incredible String Band y Ten Years After), hay que sumar en Woodstock la ausencia casi total de la música negra.

Poca gente sabe —porque, además, casi nunca se habla de ello— que en el verano de 1969, mientras cuatrocientos mil chavos gringos, en su mayoría blancos, peregrinaron a Woodstock, otros trescientos mil, en su mayoría estadounidenses negros, asistieron a un festival de música de seis fines de semana en mero Harlem, que reunió a luminarias de todo el espectro musical negro. Allí estuvieron Mahalia Jackson, Nina Simone, Gladys Knight & the Pips, The Staple Singers, B. B. King, Stevie Wonder, The 5th Dimension y Sly & the Family Stone, que fue el único grupo que tocó en los dos festivales.

Existe una película del festival, *Summer of Soul*, que ha tardado mucho en darse a conocer y que refleja muy bien el contexto histórico en el que se produjo. La película aborda la infranqueable brecha de realidad entre la América blanca y la negra. El fin de semana del 20 de julio de 1969, la humorista Moms Mabley estaba en el escenario del festival con el micrófono en la mano: "Dicen que acaba de llegar un hombre a la Luna". Y el público abucheó de inmediato. Mabley siguió sin inmutarse: "Bueno, yo también quise ir a la Luna, pero sólo llegué hasta Baltimore…". La multitud la vitoreó.

"No me importa nada la llegada a la Luna... qué desperdicio de dinero... ¿por qué no mejor le dan de comer a la gente aquí en Harlem?". O bien: "¿Qué hay en la Luna? ¡Nada!". Comentarios de este tipo eran los que se escuchaban en "el otro Woodstock". Palabras cortantes que dejaban al descubierto la gran distancia entre blancos y negros en el país más rico del mundo. El abismo no era generacional, sino racial. "El hombre blanco quiere ir a la Luna; el hombre negro quiere ir de regreso a África. Y yo quiero quedarme aquí en Harlem con los puertorriqueños y divertirme un poco".

El 20 de julio de 1969, Neil Armstrong fue el primer ser humano en poner un pie en la Luna. Estados Unidos había ganado la "carrera espacial" y mucho se enorgullecía por ello. Una gran hazaña, sin duda. Para millones este evento marcó el comienzo de una era. *2001: Space Odyssey*, la película de Kubrick estrenada en 1968, ya había dejado escrita la gran narrativa.

La nueva odisea consiste en evolucionar por saltos cuánticos hacia un nuevo hombre. Salir del corazón de las tinieblas, de la oscuridad de la caverna y ver la luz. Para los pocos hombres o mujeres que son capaces de ver más allá del blanco y el negro, de las polaridades y las contradicciones, de las religiones y las ideologías, siempre se ha tratado de esto: salir del encierro. ¡Despertar! El impulso de ir más allá, hacia un más allá, que acaba siempre por ser el más acá de la vida cotidiana pero visto con otros ojos. No es tanto que el mundo haya cambiado; es que cambió nuestra manera de verlo.

El viaje de los Beatles —que va desde The Cavern hasta *Let It Be*, y que abarca toda la década de los sesenta— sigue el hilo de la metáfora de Platón: desde los esclavos sujetos a ver sombras hasta la liberación de uno de ellos que le permite ver el mundo como es. Y por un momento —en 1966— pareció que el rock lo conseguía. Esta sola posibilidad marcó un antes y un después en la música popular y en la cultura. Todo dio la vuelta. *Revolver*. Es lo que va de "Misery" y "Chains", de su primer disco, a "Here Comes the Sun" y "The End", del majestuoso *Abbey Road*.

Éste es justamente el hilo conductor de la película del *Yellow Submarine*: un viaje (¡no podía ser otra cosa más que un viaje!) desde la tierra y el mundo sin color de los blues hasta la tierra psicodélica del nuevo mundo. Otro tanto sucedió con los Stones, que peregrinaron desde su primer disco, que no es sino un largo y sentido homenaje al blues, hasta la tierra de los colores encendidos: "She is a Rainbow" / "In Another Land".

La última nueva canción de los Beatles, "I Me Mine", de George Harrison, se grabó el 3 de enero de 1970. Los sesenta habían terminado. Lennon, que se encontraba por entonces en Dinamarca, no participó en las sesiones. Y para terminar el álbum, que estaba incompleto aún, Alen Klein entregó en marzo las cintas de *Get Back* al productor estadounidense Phil Spector y su sobrevaluada pared de sonido. Una puñalada trapera a George Martin, que había sido el jefe durante todos los años dorados de los Beatles y en todos sus discos.

Mucho antes, en 1969, tres de los cuatro Beatles ya habían expresado su deseo de terminar con la banda, seguir con sus vidas, estar al lado de sus parejas y dedicarse a proyectos personales. La presión de ser Beatles los agobiaba. Pero ninguno quería ser el primero en dar el paso al frente definitivo que los llevara al rompimiento sin arreglo posible. Se ha dicho que fue Yoko Ono la que acabó con los Beatles; o que fue Linda Eastman (McCartney)... la verdad es que lo que se terminó en ese punto fue un viaje, una aventura, un sueño.

Y como en todas las aventuras, tenía que haber un villano; en el caso de la separación de los Beatles todo indica que fue el porcallón de Alan Klein, el nefasto hombre de negocios que estuvo a punto de terminar con los Rolling Stones y que le dio la puntilla al cuarteto de Liverpool. Desde fines de los años cincuenta Klein refinó un plan de negocios que le permitió conseguir jugosos adelantos para sus clientes y quedarse él con la mayor parte de las ganancias. Este juego le dio tremendos resultados con Sam Cooke tras su asesinato: Klein se quedó con todo el dinero y a la familia de Sam no le tocó ni un centavo. Por algo McCartney, a pesar de que Lennon y Harrison decidieron darle a Klein las riendas de los Beatles, no quiso saber nada de él. Por si fuera poco, fue Klein quien involucró a Phil Spector como productor de *Let It Be*, a pesar de que George Martin estuvo presente en las grabaciones y acompañó a los Beatles desde su primer disco. Ésta fue la gota que derramó el vaso para McCartney, que el 10 de abril de 1970 dijo adiós. Los Beatles comenzaron como un sueño y el éxito y el dinero acabaron con ellos. La misma historia de siempre.

En la reciente serie documental de Peter Jackson, *The Beatles: Get Back*, puede verse al cuarteto trabajando en la música de lo que sería su último disco editado (que no grabado), sabiendo que estaban siendo filmados. Sin embargo, es posible ver que aún parecía haber mucho amor (o al menos cierta tolerancia alegre) entre ellos, a pesar de sus crecientes rencores. Todavía funcionaban en muy buena forma como una banda. La prueba está en la conmovedora calidad con la que tocaron en su concierto de despedida en el techo de Apple.

Ése fue el cerrojazo de una época en muchos sentidos maravillosa, rica y trágica también, corta y contradictoria. Un tiempo incomparable que quedó grabado en la película de despedida de los Beatles: *Let It Be*. Puedo recordar perfectamente en foco la escena con mi banda, La Comuna, a medianoche, en un auto, escuchando "The Long and Winding Road" con lágrimas en los ojos... El sueño había terminado. Y para nosotros, como para todo México, América Latina y la mayor parte del mundo, había terminado antes de comenzar.

Cuando leo en la autobiografía de Donovan, *The Hurdy Gurdy Man*, que un niño pobre de Escocia ("yo ni siquiera sabía que éramos pobres") creció con un padre que le leía a Blake y a Shelley, a Byron y a Yeats, a Shakespeare y a su homólogo escocés, Robert Burns, dan ganas de decir adiós al reflexionar sobre la pobreza cultural de la sociedad mexicana en su conjunto. No hablo de las excepciones —que siempre las hay, y en todas las áreas y actividades— sino del promedio, si es que en las artes es válido hablar de estadísticas.

Sólo así me puedo explicar que en 1970, mientras mi banda, La Comuna, batallaba por conseguir un micrófono y dominar los tresillos, en el Reino Unido Pete Townshend lanzaba "Won't Get

Fooled Again", una de las primeras rolas donde los sintetizadores brillaron de un modo espectacular. Inspirado en los sufíes y sus nociones de que todo en el universo es ritmo y armonía —o lo contrario—, Townshend se dio a la improbable tarea de recopilar información de ritmos respiratorios, cardiacos, sueños, etcétera, de mucha gente y de transformar toda esa información en patrones de sonido, rítmicos, armónicos, musicales. Una composición que estaba a años luz de lo que se hacía en México.

La pobreza social, cultural y musical de nuestro país se manifestó en toda forma en la famosa —o infame— visita de los Doors a México, cuyo más inmediato antecedente fue la tocada de The Animals en 1968 en el Teatro Metropolitan. Sucedió en 1969, después de *The Soft Parade*, cuando a The Doors se les cerraron las puertas en todo Estados Unidos por el "incidente" de Jim en Miami, que le costó un cargo por obscenidad, y a Doors, su carrera.

Jim Morrison, Ray Manzarek, Robby Krieger y John Densmore, los cuatro integrantes originales de The Doors, visitaron la Ciudad de México e hicieron cuatro presentaciones entre el 27 y el 30 de junio de 1969 en la "sala de conciertos" (un cabaret) de los Hermanos Castro: el Forum. Se había planeado que tocaran en la Plaza de Toros de Cuatro Caminos, pero ese concierto nunca sucedió. La prohibición expresa del presidente de infausta memoria, Gustavo Díaz Ordaz, no impidió, sin embargo, que su hijo, Alfredito, fan del grupo, los llevara a compartir una mítica tarde en la residencia oficial de Los Pinos.

Yo nunca traté a Alfredito, a pesar de que estuvo en la misma prepa que yo, el CUM, un año debajo de mí. Sí tuve amistad, en cambio, con el fotógrafo Ricardo Kirchner, quien, por no sé qué azares del destino, recibió a Jim Morrison en su casa durante su estancia en México. Hasta el final de sus días Ricardo conservó sin pintar un espacio en un muro de la sala de su casa donde Morrison estuvo recargado gran parte de la noche. Así de venerables resultaban los migajas roqueras que llegaban a México.

Por una conciencia roquera —por increíble que parezca, ¡se les pedía a los asistentes al Forum llevar corbata!; yo me negué a hacerlo— y porque no me sobraba la plata, no fui con mis compañeros de La Comuna a escuchar a los Doors en el Forum. Nunca me arrepentí de no haber ido, aunque me dolió no verlos. Además, me ahorré ver a Jim Morrison completamente borracho, harto de todo el circo y en plena decadencia. Tuve que esperar algunos años para peregrinar hasta el Père Lachaise, el cementerio más grande de París y uno de los más famosos del mundo, para visitar el Morrison Hotel.

El 4 de julio de 1971, estando yo en el festival de Weeley —el festival de rock más grande en Inglaterra de ese año— al amanecer del segundo día, con el cielo apenas clareando entre nubes de un azul muy pálido y rosa, los cientos de miles de chavos que de alguna manera acampamos allí fuimos despertados por una música que no habíamos escuchado nunca, pero que era inconfundible: "Riders on the Storm". Y el anuncio: "Anoche, en París, murió Jim Morrison".

El silencio y la estupefacción que se apoderó de toda la raza, todavía estragada por los excesos de la noche anterior, dio paso a un mar de lágrimas entre los verdes valles de Weeley. Aunque la reacción obligada era decir "no es posible...", todos sabíamos que no sólo era posible sino probable. Después de las muertes de las otras tres jotas —Jones, Janis y Jimi— parecía inevitable la muerte de la cuarta: Jim Morrison. Una fatalidad.

> Debajo de la superficie, los progresistas años sesenta escondían toda clase de cosas desagradables: sexismo, racismo y actitudes y políticas reaccionarias. No hay sorpresa alguna. La idea de que las drogas, el sexo y la música podían transformar el mundo siempre fue un sueño bastante ingenuo. A medida que crecía el efecto de la contracultura en la sociedad, sus valores y su estética decaían. Los desastres políticos de los siguientes años acapararon los titulares, mientras que la dilución de los ideales se

produjo de forma cada vez más silenciosa, pero no obstante vívida para quienes se dieron cuenta.

Estas palabras lapidarias de Joe Boyd resumen cabalmente lo que fue el cierre de la década de los sesenta, y ponen las cosas en una fría perspectiva. Haciendo un balance en pocas líneas entre lo positivo y lo negativo, entre las realidades y los sueños, el rock aparece como una criatura contradictoria. Y al centro de las contradicciones, 1966 se ve como el fiel de la balanza.

Los Rolling Stones, que en 1966 habían pintado el mundo de negro con su "Paint It, Black", y que en 68 y 69 se convirtieron en verdaderos íconos revolucionarios, al grado de ser recibidos por los grupos más radicales de San Francisco como mesías de la contracultura y la revolución, no tardaron en dar la vuelta al disco. Un par de años después de "Street Fighting Man", Mick Jagger se casaba en la Côte d'Azur de Francia, vestido inmaculadamente de blanco y rodeado del *jet set & the beautiful people*, con la socialité nicaragüense Blanca Pérez-Mora Macías, mejor conocida como Bianca Jagger. La novia, gemela de Jagger, vistió un atuendo de Yves Saint Laurent. ¿Dónde había quedado la banda más rebelde del rock de los sesenta?

La respuesta no es nada edificante: entrampada entre las drogas y el billete. Y en medio, la música. *Rock & roll.* "Mick es rock y yo soy roll", decía Keith Richards. Mientras que Jagger, por su parte, declaraba: "El rock & roll me aburre", y anunciaba su retiro del circo rocanrolero a los 33 años. Una más de las balandronadas de la primera rockstar, en una época en la que a nadie, pero —lo subrayo— *a nadie* se le había ocurrido que medio siglo después se seguiría escuchando su música, vendiendo sus discos, hablando de las grandes bandas de los años sesenta, utilizando su piezas como el soundtrack de películas, series y documentales; escribiéndose artículos, ensayos y libros, como este mismo que el lector o la lectora tienen enfrente. Un fenómeno inusual en las artes populares que, por su naturaleza misma, suelen tener una presencia muy poco duradera, cuando no efímera, en la atención y el gusto de la gente.

Es muy probable que el rock haya muerto hace décadas sin que nos diéramos cuenta de sus metamorfosis. El rock de los sesenta se fragmentó en una serie de tendencias que crecieron en la siguiente década: pop, soft rock, rock progresivo, metal, rock urbano, R&B, country rock, punk rock, hard rock, rock sureño, blues rock, funk, glam, techno, industrial, hasta llegar al grunge, indie, alternativo, rap, hip-hop, trip hop, post-rock y más. El hecho mismo de que tantas formas de la música popular hoy en día utilicen elementos propios del rock, como son los instrumentos fundamentales —el bajo, la batería y las guitarras eléctricas, así como la electrónica en todas sus facetas, desde los instrumentos hasta los métodos de grabación, edición y reproducción de la música, por no hablar de los gestos, las actitudes y el público—, sin ser rock, es una prueba fehaciente de cómo se transformó el género en otra cosa.

Hace más de cincuenta años Jagger decía: "No quiero ser cantante de rock toda mi vida. No soportaría terminar como Elvis Presley, cantando en Las Vegas para puras viejitas". En 2007, el día de la muerte de su querido padre, los Stones, con Jagger en el timón, daban un show en el MGM Grand Hotel de Las Vegas para un auditorio atiborrado de añosos fans.

Y sí, es verdad que sigue habiendo clubes hípicos, pero esto no prueba que el caballo siga siendo el modo favorito de locomoción para la mayor parte de los seres humanos. Que sigan existiendo bandas de rock en todo el mundo, discos y conciertos, estaciones de radio, películas, websites y podcasts que transmiten rock, coleccionistas y gente que —como yo mismo— escribe sobre rock, no quiere decir que el género represente lo más vivo de la cultura actual.

Pero tampoco quiere decir que el rock —sobre todo en sus mejores momentos, los más inspirados, los más poéticos— ya no tenga sentido. Sería como decir que la belleza no tiene sentido. Tampoco es verdad que con el fin de la alucinante década de los sesenta dejaron de producirse obras maestras dentro del rock. Sería absurdo negar grandes logros como los discos maduros de Pink Floyd, Led Zeppelin, King Crimson, Jethro Tull, Genesis, Yes, Roxy Music, Eagles, America, David Bowie, Leonard Cohen, Van Morrison, Elton John, Bob Marley, Neil Young, Elvis Costello, así como los de Joe Cocker y Leon Russell, Bruce Springsteen, Steely Dan, Queen, Supertramp, Dire Straits, The Clash, Police, Television, XTC, REM, U2, Prince, Nirvana, Radiohead, Nick Cave, Tom Waits, y un interminable etcétera. Sin dejar de lado los grandes logros de las roqueras comandadas por Joni Mitchell, Marianne Faithfull, Carole King, Kate Bush, Bonnie Raitt, Patti Smith, Chrissie Hynde, Tracy Chapman, Annie Lennox, P J Harvey, Sinéad O'Connor, Lucinda Williams, Liz Phair, Aimee Mann, Fiona Apple, Sam Phillips, Sade, Amy Winehouse, Björk, y otro largo etcétera.

Pero lo que sí acabó —aunque es imposible saber si para siempre— fue la sensación comunitaria de que era factible cambiar el mundo para bien con la música. Y, sin embargo, un idealismo así, hoy que el desorden es rampante en todo el mundo, parecería ser más necesario que nunca.

EPÍLOGO

El paisaje apocalíptico que dejó cifrado con su música y su actuación Jimi Hendrix —el más grande instrumentista que ha dado el rock— al final de la cinta documental del Festival de Woodstock es el que vivimos desde hace cincuenta años. De hecho, es el que habitamos desde el 16 de junio de 1945, día en el que se llevó a cabo la primera prueba de un arma nuclear en Trinity Site, en el desierto de Nuevo México. La bomba detonada usaba plutonio como material fisionable, igual que las bombas que fueron lanzadas menos de dos meses después sobre Hiroshima y Nagasaki. Y es que se nos olvida —o no queremos pensar en ello— que vivimos sentados sobre un arsenal de armas nucleares capaz de acabar con la presencia humana en el planeta.

En el mundo existen unas quince mil armas atómicas. Estados Unidos y Rusia tienen unas siete mil unidades cada uno, mientras que China, Reino Unido, Francia, India, Israel, Corea del Norte y Pakistán suman otras mil. Su poder destructivo alcanzaría para borrar todas las ciudades del planeta con más de cien mil habitantes. Y aún sobrarían mil quinientas bombas. Además, hay muchos más países haciendo cola para entrar a formar parte del "selecto" club de los que pueden arrasar la vida en la Tierra.

Se ha dicho, y con sobrada razón, que no se sabe si habrá una cuarta guerra mundial... lo que sí se sabe es que, si llegara a suceder, se disputaría a pedradas. ¿Qué sentido tiene algo así? ¿Para qué sirven todas estas armas de destrucción masiva que dejarían a la humanidad sin vencedores en una guerra por primera vez en la historia? La respuesta: tiene el mismo sentido que el déficit de Estados Unidos, el país considerado "más poderoso y próspero de la Tierra". Es obscenamente absurdo. Esta misma sociedad que vio cómo nacía el rock hace más de cincuenta años, capaz de poner un hombre en la Luna, también ha sido capaz de matar de hambre a millones de sus propios ciudadanos (sobre todo si son "de color"; los transparentes se salvan).

Pero a medida que el rock se movía fuera de los años sesenta, y el callejón sin salida de los excesos, la preciosidad drogada, improvisaciones de nunca terminar, cuentas y pachulí, maduraba, decaía y se miraba en el espejo retrovisor, quedó cada vez más claro que de todos aquellos años 1966 había sido el mejor. Un ejemplo de lo que es posible lograr cuando las energías se alinean: un mundo mejor al que se puede aspirar. Todo parecía posible.

Sin embargo, la alineación de los planetas que hicieron factible el sueño duró muy poco. Las muertes de varias de sus personalidades más destacadas marcaron el final de una época. Pero todas estas trágicas muertes no son el único factor que explica la crisis que enfrentó el rock a fines de la década de los sesenta. Además de la ambición desmedida de las disqueras y los hombres de negocios (Alan Klein es sólo un ejemplo de muchos) detrás de la "industria de la música", habría que mencionar algunos otros factores decisivos que en gran medida contribuyeron a la rápida decadencia, no del género, que siguió dando discos increíbles, sino de la noción ingenua de que con el rock, las drogas y el amor libre era posible cambiar el mundo.

El primer factor que cabría mencionar es un hecho que se gestó desde dentro del mundo mismo del rock y de las bandas: allí donde por unos cuantos años reinó la camaradería y el espíritu de cooperación y de competencia leal, amistosa, fraterna —con las excepciones y los asegunes de siempre— poco a poco se fue decantando una tendencia hacia la atomización. No sólo fue la emblemática disolución de los Beatles al fin de la década, que marcó el camino de los proyectos individuales de sus tres compositores —a Ringo no le quedó más remedio que hacer de tripas, corazón—, sino que bandas excelentes como The Doors, Big Brother y The Experience vieron cómo sus indiscutibles líderes, Jim Morrison, Janis Joplin y Jimi Hendrix, los dejaban de lado para perseguir sus sueños de realización personal o sus ambiciones de estrellato, antes de que el tsunami se los llevara. Zappa dejó atrás a las Madres huérfanas, y Brian Wilson dejó a los Beach Boys a la deriva para refugiarse en su cuarto por años.

Otro tanto pasó con Lovin' Spoonful, Byrds, Buffalo Springfield, Cream, etcétera. El problema endémico de las bandas que tan bien retrata Rudy Doyle en su novela, *The Commitments*, y que dio pie a la cinta del mismo nombre, dirigida por Alan Parker. Al final de la película, cuando la banda se desintegra, un gran personaje, Joey *The Lips*, le dice al director del grupo, Jimmy Rabbitte:

> Hermano, el éxito de la banda era irrelevante. ¡Tú elevaste sus expectativas de vida! ¡Levantaste sus horizontes! Claro que pudimos haber sido famosos, pero ¿y qué? Eso habría sido predecible. En cambio, así como acabó, es poesía.

Lo mismo se puede ver, en otro ámbito y en otro tiempo, en la cinta *Habana Blues*, donde los esfuerzos de una banda se hacen pedazos ante la perspectiva de salir de la isla para perseguir el éxito internacional. Como dice Mercury Rev en una de sus rolas más bellas, titulada significativamente "Holes": "Bands, those funny little plans that never work quite right" / "Las bandas, esos curiosos planes que nunca salen del todo bien".

Otro factor importante que explica la decadencia del rock a fines de los sesenta fue la popularización a gran escala de los valores enarbolados por el uso de las drogas, la práctica del amor libre y la agresividad (o la rebeldía) que el rock enalteció siempre frente a los principios tradicionales y restrictivos establecidos. En realidad, más tardaron en aparecer todas estas alternativas que en ser comercializadas y explotadas *ad nauseam*.

Un tercer factor fue la predecible reacción de las autoridades ante el poder de convocatoria de una música tan subversiva entre los jóvenes. Tras las protestas y las revueltas estudiantiles de 1968 en todo el mundo —aunque en los libros gringos y europeos tan sólo se habla de París y de Mayo del 68, y de los movimientos de protesta en Estados Unidos contra la guerra de Vietnam y los movimientos por las reivindicaciones de los afroamericanos, los derechos civiles, así como las incipientes tomas de posición del feminismo organizado y la libertad de las comunidades LGBT— las cosas cambiaron. La música también.

El cuarto factor, y siendo autocríticos, fue el endémico mal gusto del respetable, que en gran medida y sin el menor reparo fue siguiendo los dictados de los *moguls* de la música. Y así como habían viajado con las bandas de Frisco en el Verano del Amor, o se entregaron de lleno al sueño hippie de Woodstock, llenaron las discotecas y sus infaltables bolas de espejitos para bailar disco. Tal vez no eran los mismos jóvenes de Monterey y Woodstock, pero eran los jóvenes que compraban discos.

Y un quinto factor que, a mi parecer, puede explicar la corta duración de la Edad de Oro del rock, de la experimentación y la buena onda, es que debido, sobre todo, a la marihuana y el LSD, por unos cuanto años y de una manera absolutamente inusual, la música para los jóvenes NO fue música para bailar. O no *tan sólo* para bailar. El rock de la segunda mitad de los sesenta fue música para escuchar, sentir y viajar. Pero, agazapados en las sombras, estaban los *weirdos* de siempre que todo lo que querían era bailar. Los que no viajaron; los que no probaron nada; los que no se animaron; los que vieron con horror y a la distancia el mundo de los desastrados hippies; los jóvenes cuadrados y fresas que se cobrarían con creces el tiempo que los dejaron sentados en la banca sin poder bailar. La horrorosa música disco no tardó en hacer su aparición.

Aparejada con una serie de premisas ultraconservadoras, pero aprovechando lo que había avanzado la música negra en los años recientes (piénsese, a guisa de ejemplo, en James Brown), el disco y toda la demás dance music haría estragos en el gusto musical de la siguiente generación. A tal grado que hubo que soportar el tristísimo espectáculo de ver a grandes bandas y músicos de rock doblar las manos y hasta ponerse de rodillas con el disco. Desde los Stones hasta David Bowie, fueron muchos los roqueros que sucumbieron al atractivo comercial de esta tendencia. El ejemplo más triste es el de los Bee Gees, que habían llegado a grabar discos tan complejos, frescos e innovadores como *Odessa*, y que terminaron encasillados y multimillonarios en *Saturday Night Fever*.

Sin embargo, y para ser justos, también hay que tomar en cuenta no sólo las ambiciones económicas de la industria de la música, que en el nombre lleva la fama, y que nunca ha negado la cruz de su parroquia, sino la ambición monetaria de muchos músicos y las también desmedidas —más allá de sus capacidades musicales— ambiciones de muchas bandas, que creyeron que con fama, dinero y voluntad era posible igualarse a los grandes compositores de la música clásica o contemporánea. Los excesos del art rock y el rock progresivo habrían de engendrar la reacción punk.

Cuando la revista *Rolling Stone* hizo su gran encuesta en 2009 para ver cuáles se podrían considerar los cien mejores discos de rock de la historia, ocho de los primeros diez lugares fueron acetatos de los años sesenta: cuatro de los Beatles, dos de Bob Dylan, uno de Beach Boys y otro de los Rolling Stones. Tan sólo Marvin Gaye (en 1971) y *London Calling* de The Clash se colaron en el top ten saliéndose de este rango temporal. El hecho no deja de ser notable si se considera que la lista abarca cincuenta años de rock.

Cuando en 2016 se le otorgó el Premio Nobel a Bob Dylan, con todo y su pobre y tardío discurso de aceptación y el oso de Patti Smith en la ceremonia de entrega, se le estaba dando al rock su carta de naturalización en sociedad y, a pesar de los berrinches, poses y desplantes de Dylan, hasta un certificado de buena conducta. También se estaba reconociendo —¡al fin!— la literatura de los beats, que tan influyentes fueron en la segunda mitad del siglo XX, así como al surrealismo. Porque, por increíble que parezca, ninguno de los grandes poetas surrealistas o beats llegó a tener jamás un reconocimiento como el que se le dio finalmente a Dylan, un discípulo muy tardío. Y, por último, vale la pena hacer notar que con el Premio Nobel de Bob Dylan se reconoció uno de los recursos ancestrales de la poesía que —se supone— había desaparecido para siempre: la rima. Después de todo, ni los beats ni los surrealistas —salvo en algún caso muy raro y a manera de la excepción que confirmaría la regla— no sólo no utilizaron la rima en su poesía, sino que la despreciaron.

Cuando la revista *Rolling Stone* hizo su misma encuesta en 2022 para saber cuáles eran ahora los mejores quinientos discos de rock de la historia, resulta que los viejos éxitos inmortales ya no lo eran tanto… sólo quedaban dos discos de los *sixties* entre los diez primeros: *Pet Sounds* y *Abbey Road*, mientras que tres hip-hoperos aparecen por delante del *Sgt. Pepper's*. El maravilloso álbum triple de George Harrison, *All Things Must Pass*, considerado el mejor de todos los esfuerzos solistas de los Beatles, aparece en el lugar trescientos sesenta y ocho, en tanto que el disco de Hole (la banda de la viuda de Kurt Cobain) *Live Through This* ocupa el lugar ciento seis. *Sic transit gloria*. O *tempus fugit*. O *all you need is cash*.

Los tiempos parecen haber justificado el cínico juicio de Lester Bangs de que el rock se echó a perder el día que una banda aprendió a tocar más de dos acordes; también parecen darle la razón al consejo de Noel Redding, el bajista Stradivarius de The Jimi Hendrix Experience, a un músico joven que pretenda entrar a la industria de la música: "Estudia leyes y compra una pistola".

El viaje de los sesenta, concentrado y reconcentrado en 1966, es un proceso alquímico: pasó del plomo —blanco y negro— de la época previa —los cincuenta y antes— al oro del Summer of Love y la gloria de 1966 y 1967, plenos de luz y de color, diseños sonoros y visuales riquísimos, para comenzar un acelerado proceso de deterioro hasta convertir el oro de los tiempos (la bella inscripción en la lápida de André Breton) de nueva cuenta en plomo.

Sin embargo, el rock, la música de rock, el mundo del rock, festivales, conciertos, por no hablar de la experiencia misma de tocar rock para no pocos, y sus consabidos satélites —los psicotrópicos, el sexo libre, los viajes de todo tipo— fungieron como un ritual de paso para millones de adolescentes que tras la Segunda Guerra Mundial quedaron huérfanos de iniciación. La distancia entre el lenguaje y la música quedó abolida para una o más generaciones, que frente al abandono de los mayores se tuvo que inventar —corriendo muchos peligros por falta de guía y conocimiento— rituales de paso que sabían indispensables para su crecimiento.

Cierro este capítulo y este viaje alucinante con un álbum extraordinario y sorprendente de 1969: *Trout Mask Replica* (¡vaya título: una réplica de una máscara de trucha!) del Captain Beefheart, camarada, compañero, ayudante, colega, rival, colaborador y cómplice, secuaz, amigo y enemigo ("dos genios metidos en un tremendo *ego trip*", como los describió Jimmy Carl Black, el baterista cheyene de Mothers of Invention) de Frank Zappa, que alcanzó la más alta cumbre de la experimentación musical de los años sesenta con este disco doble e inexplicable. Una obra maestra compuesta en el piano por alguien que no sabía tocar piano. La voz de Beefheart en este disco ha sido descrita como el equivalente sonoro de un rollo de alambre de púas oxidado. La voz de Tom Waits suena como la de Julie Andrews comparada con la de Beefheart.

Se puede argumentar si Don Van Vliet, también conocido como Captain Beefheart, es el músico de rock más grande de todos los tiempos. Uno de los excéntricos más salvajes de su tiempo. Su música siempre fue un reflejo de lo que estaba sucediendo dentro de su mente iluminada o trastornada. Captain Beefheart es, sin duda, uno de los genios más originales e influyentes del siglo XX. Se dedicó a borrar por completo todos los dogmas musicales. Simplemente reinventó la música en sus propios términos. Formalmente su estilo combina el delta blues, el free jazz, la vanguardia cacofónica y el rock and roll, pero lo que es único en la música de Van Vliet es la estructura oblicua, sesgada, maníaca, impredecible y demente de sus composiciones.

El desierto (donde creció y vivió casi toda su vida) podría ser una mejor clave para entender su arte que cualquiera de las influencias que se pueden escuchar en sus discos. En el camino, Van Vliet también creó uno de los modos de cantar más originales de todos los tiempos; un estilo que revolucionó siglos de música vocal. El gorjeo áspero, abrasivo, propio de un hombre lobo, de Van Vliet venció a los músicos de blues en su propio juego; hizo más que expresar un estado de ánimo: redefinió lo que es un estado de ánimo. El canto de Van Vliet es una fuerza de la naturaleza.

Van Vliet, que ya había grabado un disco con Frank Zappa en 1959, formó The Magic Band en 1964. *Safe As Milk*, de 1967, presentó su versión dadaísta del blues, pero *Mirror Man*, grabado en 1967, es un testimonio mejor, aunque mucho más crudo, de la banda en su mejor momento, divagando sin rumbo alrededor de algunos acordes de blues conocidos. Después de *Strictly Personal*, de 1968, un álbum más "ácido" que fue arruinado por el productor, Van Vliet compuso lo que podría considerarse como la principal contribución del rock a la historia de la música: *Trout Mask Replica*, de 1969, que cierra la década de los sesenta. Esta obra maestra, que se extiende más allá de las fronteras del blues, el jazz, el rock y la música clásica, es un estudio posterior a Cage sobre la tonalidad.

Desafortunadamente, Captain Beefheart y la industria de la música nunca se llevaron bien. No es de sorprender. Sin embargo, tras el *Trout Mask Replica*, Beefheart se las ingenió para grabar al menos dos álbumes brillantes: *Shiny Beast* (extraoficialmente grabado como *Bat Chain Puller*, de 1976); y *Ice Cream for Crow*, de 1982. Después de regalarnos un helado para el cuervo, el Capitán se evaporó de la escena musical y decidió dedicarse a la pintura, con mucho éxito, por cierto. Las similitudes entre sus canciones y el arte de pintar se hicieron muy evidentes. La distancia entre Captain Beefheart y el resto del personal es semejante a la que separaba a Beethoven de los demás compositores de su época, con la excepción de Frank Zappa.

Sin embargo, su *Trout Mask Replica*, un disco dificilísimo de escuchar y disfrutar —ya no se diga de llegar a comprender— está considerado como una de las indiscutibles joyas musicales de la segunda mitad del siglo veinte. Para muchos músicos serios y con formación de conservatorio es, tal vez, la única obra maestra en la historia de la música del siglo XX que proviene de la música popular. Se requiere de análisis muy picudos de los mejores músicos y musicólogos de las escuelas de música y los grandes conservatorios del mundo para entender lo que hizo Don Van Vliet.

El reconocido compositor Samuel Andreyev ha analizado hasta el último detalle la pieza que abre *Trout Mask Replica*, la intimidante "Frownland". Para ello dividió la pista en sus partes componentes usando terminología musical formal, mostrando cuánta música se condensa en el escaso minuto y cuarenta segundos que dura la canción. Donde "You Really Got Me" —por dar un solo ejemplo de otra canción corta— sólo emplea dos temas, "Frownland" maneja más de veinte. Además, cada uno de los temas está tocado en un ritmo y en tiempos distintos; y todos los instrumentos utilizan tonalidades diferentes. "Es un gran logro artístico —dice Andreyev— que todo compositor y estudiante de música debe tener en cuenta. Incluso si lo odias, es importante saber qué es y cómo se hizo".

La fascinante complejidad de la música de Don Van Vliet sólo se puede parangonar con el increíble logro de los músicos que lo acompañaron y tocaron en *Trout Mask Replica*. Las condiciones en las que se compuso, se ensayó y se grabó este disco son punto menos que inverosímiles. Durante todo un año Don Van Vliet mantuvo a su Magic Band en reclusión domiciliaria —hay que decirlo: voluntariamente— en una casa de Los Ángeles, siguiendo cada uno de sus pasos, atendiendo una a una de sus extrañas instrucciones (que recuerdan las de Satie), traduciendo a un lenguaje musical comprensible sus composiciones —casi todas nada más silbadas— y grabando y tomando notas de sus arranques líricos, que eran poco más o poco menos que escritura automática en la más pura vena surrealista y en estado de trance. Por si fuera poco, la casa en la que estuvieron encerrados no tenía muebles (salvo la cama del *Captain, Oh My Captain!*) y la comida era casi inexistente.

Ry Cooder cuenta una historia sobre cómo Beefheart amenazaba a su gente con una ballesta cargada. Por su parte, el Capitán, sin pelos en la lengua, declaraba: "Quiero claridad en mi música. Yo no quiero tocar mi música para un público formado por *pickles* [pepinillos]. Me duele, realmente me duele ver a las niñas sentadas allí en los conciertos como puercoespines".

Qué mejor manera de compartir por escrito el viaje mágico y misterioso del submarino amarillo del rock que la letra de la primera pieza de este disco único. La portada de *Trout Mask Replica*, con su imagen incómoda y absurda de un personaje estrafalario con una horrenda máscara, que ni siquiera es de trucha, prepara al escucha para lo que está por venir. Ésta no es música como la que se conocía, y mucho menos material del *hit parade*. "Frownland", una simple palabra inventada por Beefheart, para ser traducida al español, de una frase completa: "La Tierra del Ceño Fruncido". Una Tierra —un mundo— que, tal y como lo vio Van Vliet, estaba rebosante de sombras resquebrajadas y que con el tiempo no ha hecho sino ahondar sus contradicciones —"deja que los demonios ardan y que el mendigo aprenda"— y agravar su condición.

FROWNLAND

My smile is stuck
I cannot go back to your Frownland
My spirit's made up of the ocean
And the sky 'n' the sun 'n' the moon
'N' all my eyes can see
I cannot go back to your land of gloom
Where black jagged shadows
Remind me of the coming of your doom
I want my own land
Take my hand and come with me
It's not too late for you
It's not too late for me
To find my homeland
Where a man can stand by another man
Without an ego flying
With no man lying
'N' no one dying by an earthly hand
Let the devils burn and the beggar learn
'N' the little girls that live in those old worlds
Take my kind hand
My smile is stuck
I cannot go back to your Frownland

LA TIERRA DEL CEÑO FRUNCIDO

Mi sonrisa llegó para quedarse,
no puedo volver a tu Tierra del Ceño Fruncido.
Mi espíritu está hecho del océano
y el cielo y el sol y la luna
y todo lo que mis ojos pueden ver.

No puedo volver a tu Tierra de la Tristeza,
donde negras sombras resquebrajadas
me recuerdan la llegada de tu pesimismo.

Quiero mi propia tierra.
Toma mi mano y ven conmigo,
no es demasiado tarde para ti
ni es muy tarde para mí,
para encontrar mi patria
donde un hombre puede estar junto a otro hombre
sin un ego desatado
sin nadie mintiendo
y sin nadie que muera a manos de otro.

Deja que los demonios ardan y el mendigo aprenda
y que las niñas que viven en esos viejos mundos
tomen mi mano amable.
Mi sonrisa llegó para quedarse,
no puedo volver a tu Tierra del Ceño Fruncido.

Sólo cabe agregar que Beefheart, al igual que Zappa, era enemigo jurado de las drogas en relación con la música. "Lo que hagan mis músicos en su vida privada no es asunto mío —decía Zappa—, pero cuando están grabando o están en escena, presentan mi música y me representan a mí. No admito alcohol ni drogas". Sólo que en el caso de Zappa fue así toda su vida, mientras que en el de Beefheart, después de haberse metido la farmacopea completa quién sabe cuántas veces, alcanzó su límite durante las grabaciones de *Trout Mask Replica* y decidió parar. Exigió otro tanto de sus músicos, que a esas alturas eran una especie de autómatas bajo el control despiadado de Beefheart.

La relación de Frank Zappa con la música clásica y contemporánea, sobre todo con la de Stravinski y Varèse, se puede calibrar muy bien en su excelente autobiografía: *The Real Frank Zappa Book*. Otro tanto sucede en el documental *Eat That Question: Frank Zappa in His Own Words*, donde dice que se propuso desde muy joven llegar a ser el puente entre Varèse, Stravinski y Webern. Nada más y nada menos. ¿Cuántos otros roqueros tuvieron ambiciones semejantes?

Una historia muy distinta de música de vanguardia es la de Spooky Tooth y Pierre Henry, una colaboración entre un músico contemporáneo en toda regla y una estupenda banda de rock, que dio como resultado *Ceremony*, de 1969. Este álbum, que fue un proyecto instigado por Gary Wright, tomó la forma de un servicio religioso. El experimento resultó un rotundo fracaso y acabó con la promisoria carrera de la banda. Así lo describe el mismo Gary Wright:

> Hicimos un proyecto que no era nuestro álbum. Fue con un compositor francés de música electrónica llamado Pierre Henry. Le dijimos al sello: "Saben bien que éste es *su* álbum, no nuestro álbum. Tocaremos en él como músicos". Y luego, cuando el álbum estuvo terminado, dijeron: "Oh, no, no, es genial. Vamos a lanzarlo como su próximo álbum". Dijimos: "No puedes hacer eso. No tiene nada que ver con la dirección de Spooky Tooth y arruinará nuestra carrera".

El disco del Captain Beefheart es el otro lado de la moneda. Siendo un disco de la más absoluta vanguardia, no necesitó del aval de ninguno de los grandes músicos contemporáneos para conseguir sus propósitos. El arte de Beefheart y su voluntad inalterable fueron más que suficientes. *Trout Mask Replica* es una actualización de la apuesta del impar Marcel Duchamp: una obra cuya composición es arbitraria, pero científicamente calculada; la fundación es totalmente absurda, pero no su realización. Algo verdaderamente único: una obra del más puro art brut pintada con la técnica de Rembrandt.

Satie, Stravinski, Varèse, Stockhausen, Cage… no hay muchos músicos del siglo XX más radicales. Que la música de estos genios haya estado relacionada con la de figuras y grupos centrales en la escena del rock, como McCartney, Lennon, Zappa, Beefheart, Velvet Underground, Grateful Dead y Jefferson Airplane es más que significativo. Implica la vuelta de tuerca que le permitió al rock elevarse desde las inanes planicies del *baby, baby*… a los Himalayas de *Revolver*, *Pet Sounds*, *Trout Mask Replica* y *Freak Out!*

Y es que todo en la historia del rock de los años sesenta ha contribuido a la educación sistemática del oído: las presencias tanto como las ausencias; la construcción, la desconstrucción y la reconstrucción de lo que nuestros oídos aceptan hoy en día como música. El sistemático desarreglo de los sentidos que preconizaba Rimbaud, también. Los extremos se tocan. Y todo forma parte de un proceso que no es sino la historia de la música misma, como bien lo señala Alex Ross en su indispensable *The Rest Is Noise*:

> Los acordes de escándalo de Schönberg, tótems del artista vienés en rebeldía contra la sociedad burguesa, trasminaron hasta los *thrillers* de Hollywood y el jazz de la posguerra. […] La notación indeterminada de Morton Feldman dio la vuelta hasta llegar a los Beatles y su "A Day in the Life". Los procesos graduales de Steve Reich infiltraron discos de gran éxito comercial de bandas como Talking Heads y U2.

Un aprendizaje musical y una educación del oído que desemboca —¡qué paradojas!— en un verdadero desaprendizaje: escuchar todo por primera vez y con frescura, sin atavismos ni preconcepciones. Ya se sabe que, con el paso del tiempo, toda música —y aunque parezca inconcebible, todo ruido— termina convirtiéndose en música clásica. Las matracas, las sirenas de barco, el ruido de las máquinas de escribir del *Parade* de Satie así nos lo confirman. Y así lo entendió, lo comprendió y aceptó Jefferson Airplane, que incorporó esta misma máquina de escribir en su música. Todo es cuestión de saber escuchar hasta llegar a ser capaces de compartir los secretos del sonido.

En última instancia, el arte —y la música no es una excepción— es una práctica de atención. Esto lo sabe bien cualquier artista auténtico. "Si quieres convertirte en un artista —decía el controvertido monje tibetano Chögyam Trungpa, fundador del Naropa Institute, en Boulder, Colorado, y maestro de John Cage, el infaltable Ginsberg, Burroughs, Corso y Joni Mitchell, entre muchos otros—, tienes que comenzar por prestar atención". Con la atención debida se puede hacer la música más bella barriendo el piso con una escoba.

Se trata, pues, de vivir la música, ese misterio, tal y como lo quería Edgar Varèse: no como un relato ni como una filosofía. Porque la música es… sencillamente la música. Basta con escucharla con toda atención para llegar a descubrir el milagro de que todo lo que suena es —o bien puede llegar a ser— música, incluida la conversación de los platos y los cubiertos en el lavadero, las teclas de mi computadora o el suave aleteo de las hojas del libro entre tus manos… siempre que cumpla con la función de recordarnos —como de una manera inmejorable decía García Márquez—que ésta es la vida.

A lo largo de cincuenta años de escuchar y cantar rock, de leer y volver a escuchar, componer y tocar, sólo he tenido la oportunidad de trabar contacto con tres figuras importantes de la escena roquera internacional: Donovan, Kate St. John (extraordinaria música de The Dream Academy) y, a través de mi hija Dana, roquera de corazón, Devendra Banhart. En los tres casos el vehículo que me permitió llegar hasta ellos ha sido mi libro de poemas publicado en 1995 por Lawrence Ferlinghetti en su editorial City Lights, la casa matriz de los beats: *Dawn of the Senses*. El poder de la poesía y el rock establecieron un pacto que desde Dylan ha resultado ser tan invaluable cuanto inalterable. Reconozco que las letras de algunas de las mejores rolas del rock se filtraron en mis poemas.

Con Donovan tuve oportunidad de charlar antes de la presentación de su disco *Beat Cafe*, en el Joe's Café, en 2004, en Nueva

York. Mucho de lo que me dijo lo dejó escrito en su ya citada autobiografía, que comparto como coda:

> Sí, se supone que la música pop es frívola y divertida en su mayor parte y, sin embargo, sentí y sigo sintiendo que la música popular es un medio a través del cual se pueden introducir ideas y valores importantes.
>
> La actitud liberal de los años sesenta abrió muchas puertas a la percepción, no principalmente a través del uso de drogas que expanden la mente (aunque desempeñaron un buen papel), sino a través de la difusión deliberada de ideas y nuevas formas de ver que inundaron la cultura popular en esos años.
>
> No crean la propaganda del *establishment* que dice que la cultura juvenil de los años sesenta es responsable de la situación desesperada en la que se encuentra el mundo occidental hoy en día.

Mi primer grupo de rock, La Comuna, comenzó a ensayar el día en que terminaron los años sesenta: el primero de enero de 1970. Por la edad —yo tenía 18 años— y por vivir en México, en la periferia de Occidente y el mundo moderno, habíamos llegado tarde a todo. La fiesta se había terminado… y aun así, doy fe, pude sentir —y como yo, muchos más— el poder transformador de la Música y la poderosa válvula de escape del rock. Yo entonces sólo tocaba la armónica, cantaba y comenzaba a componer mis primeras canciones en inglés y en español, en piano y en guitarra, que apenas empezaba a aprender. Pero en medio de la pálida sombra y del esplendor de los sesenta, doy testimonio de que alcancé a experimentar una sensación distinta a todo lo demás que me rodeaba. Ya no, desde luego, la certeza —ni remotamente— de que el mundo podía cambiar con *sex, drugs & rock'n roll*, pero sí de que había algo nuevo y distinto para los jóvenes en México y en todas partes. Algo que no se parecía al mundo de nuestros padres, sus valores y sus credos. Algo más.

Los años sesenta produjeron, entre tantas otras cosas, un nuevo tipo de músico. Un músico que no existía antes. Un músico que se siente a gusto lo mismo en la sofisticada música clásica y contemporánea que tocando los aires populares. Y los sesenta produjeron un nuevo tipo de auditorio también, con los oídos más abiertos y con un gusto mucho más cosmopolita y universal, con los Beatles como guías.

A lo largo del sinuoso camino, el cuarteto genial fue incorporando a su lenguaje musical una gama extraordinaria de recursos que serían explorados y explotados por ellos, y luego por un sinfín de grupos en los años que siguieron. Bajo la tutela de George Martin, los Beatles construyeron edificios sonoros imposibles de presentar en vivo. Una razón más que suficiente para no hacer más presentaciones. Salvo la última y excepcional tocada en el techo de Apple para despedirse del mundo y de los sesenta que quedó grabada en la película *Let It Be*. Una cinta que tiene un antecedente: la filmación que en 1968 hizo Goddard, en la calle 45 de Nueva York, de Jefferson Airplane tocando a toda máquina en el techo del Hotel Schuyler al otro lado de la calle. *Get back*.

Se puede pensar en el final de la década como un verdadero fin de fiesta. Así lo vio George Harrison (y no sólo con respecto a los sesenta, la música y el rock, sino en lo que toca a su vida toda) que en sus últimos momentos dijo: "¿Así que ya se acabó la fiesta?" *Let it be*.

En sus memorias, Jan Wenner, fundador de *Rolling Stone*, recuerda la primera entrevista con John Lennon, con la que inició la revista:

> John me dijo: "El sueño ha terminado… y no estoy hablando sólo de los Beatles, hablo de toda la onda de esta generación. Se acabó. Y tenemos que —ciertamente yo tengo que— aterrizar". ¡Qué sueño ha sido! Pero si sólo era un sueño, ¿por qué nunca ha terminado?

El sueño ha terminado para algunos, para otros no. Pero todo lo que empieza tiene que terminar. Es inevitable. El sueño de la caverna ha terminado. Para los que despertaron, no queda más que contemplar el cielo. Y si comencé este libro citando a Baudelaire y su célebre soneto de las correspondencias, justo es que lo termine con otra cita suya, proveniente de sus *Diarios íntimos*: "La música llega al fondo del cielo".

The One remains, the many change and pass…

Adonaïs, de PERCY SHELLEY,
escrito a la muerte de John Keats
y leído por Mick Jagger en Hyde Park
el 5 de julio de 1969, en memoria
de Brian Jones.

Las nueve ilustraciones en blanco y negro que abren los capítulos de este libro fueron hechas especialmente por Luis Fernando para *1966. El año del nacimiento del rock.* Las dieciséis ilustraciones que conforman el pliego en color fueron hechas por el mismo artista para ser portadas de la revista *Dos filos.* Agradecemos sinceramente a su director, José de Jesús Sampedro, y, por supuesto, a Luis Fernando, la amistosa complicidad y el permiso concedido para incluirlas en este libro.

Lista de ilustraciones

Capítulos

Pliego

1966. El año del nacimiento del rock de Alberto Blanco
se terminó de imprimir en el mes de mayo de 2024
en los talleres de Diversidad Gráfica S.A. de C.V.
Privada de Av. 11 #1 Col. El Vergel, Iztapalapa,
C.P. 09880, Ciudad de México.